行为设计学

DECISIVE

[美]奇普·希思　丹·希思_著　宝静雅_译

掌控关键决策

HOW TO MAKE BETTER CHOICES IN LIFE AND WORK

中信出版集团 | 北京

图书在版编目（CIP）数据

行为设计学．掌控关键决策 /（美）奇普·希思，（美）丹·希思著；宝静雅译．-- 北京：中信出版社，2018.10（2024.2 重印）

书名原文：Decisive: How to Make Better Choices in Life and Work

ISBN 978-7-5086-9519-8

I. ①行… II. ①奇… ②丹… ③宝… III. ①商业心理学－研究 IV. ① F713.55

中国版本图书馆 CIP 数据核字（2018）第 219129 号

行为设计学：掌控关键决策

著　　者：[美]奇普·希思　[美]丹·希思
译　　者：宝静雅
出版发行：中信出版集团股份有限公司
（北京市朝阳区东三环北路 27 号嘉铭中心　邮编　100020）
承 印 者：河北鹏润印刷有限公司

开　　本：880mm×1230mm　1/32　　印　　张：14　　字　　数：272 千字
版　　次：2018 年 10 月第 1 版　　印　　次：2024 年 2 月第 12 次印刷
京权图字：01–2013–4573
书　　号：ISBN 978–7–5086–9519–8
定　　价：68.00 元

关于封面设计的故事

你需要读一本关于如何做出更好决定的书的原因是，基于认知研究，人类天生就会做出不明智的决定。做出一个正确的决策有那么难吗？《行为设计学：掌控关键决策》提倡通过批判性的思维方式“拓宽选择空间；把假设放到现实中检验；在做出决策前，留出一段距离来考虑；做好出错的准备”，进而做出正确的决策。

希思兄弟的著作特点是有见地、实用、结构简单，这像是一个通过简单学习就可以掌控的操作界面——方法论操作界面。“决策”界面的设计就像是四维操作盘，通过四个数值的合理比对，提高决策过程的质量，盘心中央充满力量感的“拳头”手势，寓意最终满意的结果。

致我们各自的妻子

苏珊和阿曼达，

与你们的结合

是我们做过的最正确的决定。

目 录

前言

香农是一家小型咨询公司的负责人，她正面临一个艰难的抉择——是否解雇技术部经理克莱夫。过去的一年中，克莱夫只勉强达到了工作的最低要求。其实他并非毫无天赋，相反，他聪明机敏。他擅长即时提出低成本的技术解决方案，但他在工作中毫无主动性。更糟糕的是，他态度恶劣。会议上，他经常质疑别人的观点，有时还连带挖苦和嘲讽。

遗憾的是，解雇克莱夫会在短期内引发某些问题，因为他比其他任何人都更清楚如何维护公司的客户端数据库。

在这种情况下，你会给香农提出怎样的建议？她是否应该辞退克莱夫呢？

如果你回想一下过去数秒内自己的心理活动，那么你一定会惊讶地发现自己在片刻间就已经形成了某种观点。我们中的大多数人在思考克莱夫这个案例时，都觉得自己已有足够的信息去给出建议。你可能会建议香农解雇克莱夫，或是鼓励香农再给克莱夫一次机会。但你可能不会举棋不定。

“在你的精神世界里，很显然，你极少被某个问题难住。”丹尼尔·卡尼曼（Daniel Kahneman）说。这位获得诺贝尔经济学奖的心理学家，证明了人类的决策行为与经济学家假设的严格理性是有区别的。在他引人入胜的《思考，快与慢》（*Thinking, Fast and Slow*）一书中，他这样描述人们是如何轻易地做出论断的："正常情况下，你的思维几乎会对发生的所有事情做出直觉反应并形成某种看法：在尚未熟悉某个人之前，你已经产生了喜欢或厌恶的感觉；你可能不知道自己为什么会信任或怀疑陌生人；或是在未对某一公司做出任何分析和评估的情况下就认定它一定会成功。"

卡尼曼认为，人们之所以会匆忙做出结论，是因为我们对眼前的信息太过关注，从而忽视了视线之外的信息。他称这种倾向是"目光所及，便是一切"。与卡尼曼提出的视觉隐喻相一致，我们将这种倾向称为"聚光灯效应"（想想剧院里的聚光灯是如何吸引我们的视线的，灯光内的一切东西都被清晰地照亮）。

克莱夫的例子便是聚光灯效应的体现。当我们得到有关克莱夫的这些信息——他只达到工作的最低要求，缺乏主动性，态度恶劣，面临被老板解雇的可能——我们发现利用这些现成的信息，能够很轻易地得出结论。

可聚光灯集中照射的毕竟只是一个区域，灯光外的一切都被忽略了。因此在克莱夫的例子中，我们不会立刻去问那些显而易见的问题。比如，与其解雇克莱夫，为什么不转变他的工作角色，从而更好地匹配他的能力呢？毕竟他擅长及时提出低成本的解决方案。或者可以找一位导师来帮助他树立更宏伟的目标，少做些尖刻的评论。

此外，如果我们深入研究，会不会发现克莱夫的同事们很喜欢性格执拗、说话直率的他？他可能是IT（信息技术）版的豪斯医生[①]。是什么让我们以为香农对克莱夫的看法准确无误并不容置疑呢？如果香农是一个糟糕的管理者呢？当我们将聚光灯从一端打到另一端时，整件事情看起来便大不相同了。如果没有调整这个聚光灯的话，怕是很难对克莱夫做出准确的判断。然而不这么做也可以轻易地形成观点。

从本质上来讲，这恰恰是决策的核心难题：灯光内的东西不能说明一切，我们很难凭借这些信息做出一个好的决断，但我们时常会忘了调整聚光灯的方向。实际上，我们有时完全忘了聚光灯的存在，长时间地栖身在小光圈的内部，这使我们忘记了光圈外有着更广阔的风景。

如果分析人们做出的各种决策和其结果，你就会发现，人们通常不会有特别出色的决策记录。

比如，人们常常放弃职业选择，或者对自己的职业选择感到后悔。美国律师协会的一项调查显示，44%的律师建议年轻人不要从事法律方面的职业。一项针对两万名经理层人士的调查显示，在18个月内，40%的高级行政人员或被开除，或因不能胜任工作主动请辞。半数以上的教师在4年内辞去了工作。事实上，一份对美国费

① 豪斯医生为美国悬疑剧《豪斯医生》中的角色，是一个性格乖戾、医术高超的内科医师。——编者注

城学校的研究显示，教师离岗的概率几乎是学生辍学概率的两倍。

商业决策常常存在缺陷。一份针对企业并购的研究——管理者做出的风险最高的决策——显示 83% 的决策没有为股东创造任何价值。另一个调查小组让 2 207 名管理者对他们机构内的决策进行评价，其中 60% 的管理者称，糟糕的决策和好的决策出现的次数几乎一样多。

在个人生活方面，决策的情况也并不乐观。人们在退休前攒不到足够多的钱，而在可以攒钱的时候，又由于高价买入、低价卖出的行为消耗着自己的股票投资组合（stock portfolios）。年轻人结交损友，中年人为工作所累，老年人又在考虑为何没有在年轻的时候多去闻一闻玫瑰花香。

为什么做出好的决策对我们来说会这么难？近年来，一些引人入胜的书籍和文章提出了这个问题，并探讨了人们在决策时遇到的难题，即主观偏见、非理性。谈及决策这件事，很显然我们的大脑不是毫无瑕疵的仪器。但人们很少注意到另一个不可忽视的问题：鉴于我们天生会做一些荒唐的事，那要怎样才能改善这种情况呢？①

① 本书已列出有关决策的推荐书目，详细内容请参照延伸阅读的内容。想要弄清我们决策时面临的问题，可重点阅读丹尼尔·卡尼曼的著作《思考，快与慢》以及丹·艾瑞里的《怪诞行为学》。在为数不多的指导人们做出更好决定的书籍中，理查德·H. 塞勒和卡斯·R. 桑斯坦所著的《助推》，是为商业和政府中的“选择建筑师”们，也就是构建诸如退休计划和器官捐赠政策等各种决策体系的人们而著。它已被美国、英国等国家用来改善政府的政策。

当面临重大决定的时候，我们偶尔会得到这样的建议——相信自己的直觉。不幸的是，我们的直觉也充满着靠不住的冲动。比如，美国芝士蛋糕厂（Cheesecake Factory）的至尊红色天鹅绒芝士蛋糕可谓名副其实的美味甜品，与此同时，它含有1 540卡路里的热量，相当于3个麦当劳双层奶酪汉堡外加一包彩虹糖（Skittles）。这就是我们在正餐后吃的甜品。

这款芝士蛋糕正是我们的直觉感兴趣的东西，但没有人会把这种直觉错认成智慧的指引。当然，从没有人会在审慎地做出一份膳食计划后嘴里仍嚷着，我要再来一块芝士蛋糕。

在重大抉择面前，我们的直觉也没有起到更好的作用。1975年10月10日，伊丽莎白·泰勒（Elizabeth Taylor）和理查德·伯顿（Richard Burton）[①]举行了一场幸福的婚礼。泰勒是第六次结婚，而伯顿之前也有过两次婚姻。塞缪尔·约翰逊（Samuel Johnson）[②]曾将第二次婚姻形容为“希望战胜了经验”。但是鉴于泰勒和伯顿的过去，这段婚姻具备了更大的意义：希望战胜了堆积如山的经验（这段婚姻持续了10个月）。

我们的直觉往往犹豫不决。2009年，美国人洗掉了约61 535

① 伊丽莎白·泰勒（1932.2.27—2011.3.23）为美国演员，曾获第39届奥斯卡最佳女主角。理查德·伯顿（1925.11.10—1984.8.5）为英国演员，是20世纪60年代好莱坞最炙手可热的明星。——编者注

② 塞缪尔·约翰逊（1709.9.18—1784.12.3）为英国作家、文学评论家和诗人。——编者注

个文身。英国一项针对 3 000 多人的调查发现，88% 的新年计划未得到实现，而其中 68% 的计划仅仅是“要更好地享受生活”。四分卫名将布雷特·法弗（Brett Favre）曾几度退役又复出。本书付印时，他又退役了。

如果自己的直觉都不可信，那还可以信任什么？许多商业人士相信缜密的分析。为了测试这种信任度，两位研究人员——悉尼大学的教授丹·洛瓦洛（Dan Lovallo）和麦肯锡公司（McKinsey & Company）的董事奥利维耶·西博尼（Olivier Sibony）——在 5 年多的时间里对 1 048 个商业决策进行了调查，追踪了解这些决策产生的方式及其对收入、利润和市场份额等方面的影响。这些决策都很重要，比如是否推出新产品和服务，是否改变组织结构，是否进驻新的国家，是否收购一家公司。

研究人员发现，在多数决策过程中，各团队都进行了缜密的分析。他们建立了完整的财务模型，还评估了投资者对他们的计划可能做出的反应。

除了了解这些分析，洛瓦洛和西博尼还问到了团队的决策流程，也就是决策中软性的、不那么侧重分析的部分。对于决策中依然存在的不确定因素，团队是否进行了详细讨论？对那些与高管意见相异的看法，他们加以考虑了吗？他们是否发动了那些持不同观点的人并使其参与到决策？

好的决策有助于增加收入、提高利润和扩大市场份额，那么在制定这样的决策时，流程和分析哪个更重要？研究人员通过对比发现，决策流程更为重要——比分析重要6倍。通常一个好的流程可以识别出错误的逻辑，从而引出更好的分析。但反之则不尽然，如果决策流程不能赋予分析一个合理的展示机会，再精辟的分析也是无用的。

为了说明大多数机构的决策流程存在缺陷，西博尼用法律系统做了一个类比：

> 想象自己走入一间法庭，庭审程序以一名检察官展示幻灯片为主。通过20张极具说服力的图表，检察官论证了为何被告有罪。然后法官对检方提及的一些事实进行质疑，但检察官对于每一个质疑都做出了令人满意的回答。因此，法官做出裁决，被告获刑。这不是正当的法律程序，对吗？如果你对法庭上的这种程序感到震惊，那么，同样的情形在投资决策过程中出现时，为什么你会认为它可以接受呢？
>
> 当然，这么类比显得过于简单，但这正是大多数公司决策时所遵循的程序。这些公司有一个团队，只为项目的一方提供论证，该团队可以选择论点并决定相应的论证方式。而最终的决策者既是质疑者，又是“终审法官”。建立一个好的决策流程，可以在很大程度上确保不再出现这些缺陷。

丹·洛瓦洛表示，当他和公司领导谈论起决策流程时，他们都持有怀疑的态度。“他们不相信软性因素会比硬性因素更加重要，”他说，“他们不会在这上面花费太多时间，人人都觉得自己知道如何做决策。”那些真正关注流程的人确实得到了回报：一个好的流程极大程度地改善了决策结果以及与决策相关的经济收益。

一些优秀的公司决策者所体现的行为准则——探求不同的观点，识别不确定因素，寻找与他们见解相悖的证据——在我们的家庭生活和与朋友交往的过程中同样有帮助。一个可靠的流程不仅对工作有利，也益于我们的生活。

为什么流程如此重要呢？因为认识到自身缺点并不足以帮助我们改掉缺点。比如，知道自己近视就会让你看得更清楚吗？知道自己脾气不好就可以消除坏脾气吗？同样，仅仅认识到心理过程中存在的偏见，是很难对其进行纠正的。

做重要决策时，我们中的大多数人很少将“流程”的概念运用到思考中，比如是否解雇克莱夫，是否换一份新工作，或者如何对待我们年老体弱的父母。唯一被广泛采用的决策流程是列出利弊清单。这种方式的优点在于它经过了深思熟虑。比如在克莱夫的例子中，我们不是即刻就下定论，而是确定它的正反两面——通过不断地调整聚光灯的方向——直到我们觉得能够做出决定。

你可能不知道，利弊清单的方法在历史上可是系出名门。1772 年，本杰明·富兰克林的一位同行得到一次不寻常的工作机会，因此向富兰克林寻求建议。富兰克林在回信中表示，因为对具体情况不甚了解，所以不能建议他是否接受这份工作，但提出了一个可以让他自己做出决定的方法。富兰克林说："这种方法就是用一条分割线把纸面划为两栏，分别写入'利'和'弊'。"他还表示，在接下来的三四天，他会把想到的利弊因素随时记录在两栏中。接着，他又说：

> 当所有利弊一目了然的时候，我会努力去估量它们各自的重要性。检视两栏中的内容，如果有看似同等重要的"利"和"弊"，我会把两项都划掉；当一个"利"与两个"弊"对应时，我会把这三项划掉；如果两个"利"与三个"弊"对应，那么我就划掉这五项。通过这样的做法，我最终会找到其中的平衡点。如果一两天后发现两栏中都没有可以增加的新内容，我便可以做出相应的决定了。

富兰克林将这种方法称为"心理数学"。自这封信问世 200 多年以来，大多数人做选择时仍会沿用他的方法（前提是人们不相信自己的直觉）。我们也许不会听从富兰克林的建议，不会把拥有相似重要性的利弊因素划掉，但我们欣然接受这个过程体现的要领。当面临一个选择时，我们要对各选项的利弊进行比较，然后从中挑选出最有利的那个选项。

利弊法为人熟知，已经是种常识，却也存在巨大缺陷。

在过去 40 多年间，心理学研究已确定我们的思考过程中存在一系列偏见，这些偏见注定了决策中的利弊模式会失败。如果我们渴望做出更好的选择，那么就必须知道这些偏见是如何影响我们的，而我们又该如何与之斗争（用一些比利弊清单更有效的方法）。

接下来请阅读对决策制定最为有害的四个思维陷阱，以及一套用来抵消其影响的流程。

第一章

阻碍有效决策的四大思维陷阱

思维陷阱 1：思维狭隘

希望实验室（HopeLab）是一个旨在运用技术改善儿童健康状况的非营利性组织，该组织的研发副总裁史蒂夫·科尔（Steve Cole）说过："当你思考'我应该做什么，这个还是那个？'时问问你自己，'是否有两者都能兼顾的方法呢？'结果通常令人震惊，你往往可以同时做两件事。"

科尔和他的实验室团队因为一个重要的项目，需要找合作伙伴来协助设计一种便携式设备，用来测试孩子们锻炼时的运动量。在湾区（the Bay Area）内，至少有七八家公司能够胜任这项工作。在通常情况下，希望实验室本应该向每家公司征求方案，然后与优胜者签订一份大合同。

但与"选择优胜者"这种方式不同的是，科尔组织了一次"赛马"。他缩小了工作范围，仅仅选取了整个项目的第一阶段，然后雇了 5 家不同的公司，让它们在这一阶段独立实施作业。（需要明确的是，他这样做并不是要使预算呈5倍增长，因为作为非营利性机构，希望实验室的资源是有限的。科尔明白，他从第一阶段中了解到的情况有助于提高后面几个阶段的工作效率。）

通过“赛马”这一策略，科尔确保这项设备将会有多个备选方案。他可以选择最中意的方案，或是结合这几个方案的最佳特色。然后在设计的第二阶段，他就可以将任何一个响应迟缓或毫无成效的承包商淘汰出局。

科尔正在同影响决策的第一个陷阱——思维狭隘——做斗争。思维狭隘是指，我们倾向于将选择限制在极小的范围中，以二元化的简易思维看待选择。我们会问“我是否应该结束这段爱情”，而非“怎样才可以改善我们的关系”。我们会问自己“要不要买辆新车”，而不是“我想要花钱让我的家人过得更好，那么最好的花钱方式是什么”。

在本书前言中，当我们问“香农是否应该解雇克莱夫”时，我们就已经受限于狭隘的框架之中了。我们“照亮”了一个选项，却把所有其他的备选项置于“黑暗”之中。

科尔正在利用他的“赛马”策略突破这个困境。这并不是一个简单的选择，他必须在团队内部为此概念做斗争。“最初，同事们都以为我疯了。刚刚起步时，我们确实花费了一些钱和时间，可如今所有人都开始效仿我们的做法。你会接触到很多人，开始知道这个行业内各种各样的事情。你逐渐对某些议题有了全面的了解，所以你知道哪些是正确的，并且学会欣赏每个公司的特质。

然而仅仅通过和单独的某个人谈话，你不可能做到上述这些。当这 5 家公司都知道有另外 4 家公司和自己竞争的时候，他们就会努力做到最好。”

将此种方式和利弊清单法进行对照后可以发现，科尔本可以把每一个承包商所存在的优缺点一一列出并进行计算、分析，然后做出决定。但这却反映出了思维狭隘的缺陷。如果这样做，他就会持有一个内隐的假设，即“会有一个承包商有能力独自解决这个问题”，他可能单凭提案就选出了这家公司。

思维陷阱 2：证实倾向

这里还有一个更微妙的因素——在和几个公司的团队会面过程中，科尔不可避免地会倾向某个团队。虽然他可能会意识到自己喜欢的这些人不一定能提供最好的产品，但他会在使用利弊清单法时情不自禁地做出有利于这些人的判断。科尔也许并未察觉自己的行为，但因为利弊的观念产自主观头脑，所以我们很容易做出某种偏向性的选择。我们自认为在清醒地做着某种对比分析，但事实上，我们的大脑只是在执行直觉下达的命令。

生活中，我们往往习惯于对某种状况快速做出判断，然后找到支持我们判断的信息。我们把这一存在隐患的习惯称为“证实倾向”，也就是影响你做出正确决策的第二大陷阱。

很多人对此问题进行了研究。例如，20 世纪 60 年代，医学研究对于吸烟的危害还没有像今天这样清晰，对于《吸烟不会引起肺癌》和《吸烟引起肺癌》这样两篇文章，吸烟者似乎更容易对前者感兴趣。（想想这种做法可能引起的糟糕后果吧：你的老板手里有两份调查报告，它们的标题分别是《支持您观点的数据》和《不支持您观点的数据》。猜猜你的老板会在员工会议上引用哪份报告呢？）

研究人员的大量调查都得出了类似的结论。当人们有机会从现实世界中搜集信息时，人们更可能去搜集那些支持他们已有看法、信念和行动的信息。党派拥护者会寻求支持自己的媒体渠道，却极少去寻找对立的观点来质疑自己的信念。热衷新车或电脑的消费者会寻找各种理由来为自己的购买欲辩护，却不会以同样的热情去寻找理由来推迟自己的购买行为。

棘手的是，证实倾向看似非常严谨合理。毕竟，我们是在搜集资料。本书前言中提到的决策研究人员丹·洛瓦洛教授曾这样说道："证实倾向可能是商业中最棘手的问题，因为连最精明的人都会犯这个错误。人们四处搜集资料，却没有意识到自己是在捏造事实。"

在工作和生活中，当我们寻求认可时，常佯装自己在寻找真相，但"我穿这条牛仔裤看起来会不会很胖"和"你认为我写的这首诗怎么样"这类问题，可不是为了获得一个真诚的回答而提出的。

还有那些可怜的选手，尽管明显唱歌走调，却仍要在电视真人秀节目中来个现场演唱。听到评委们苛刻的反馈时，他们往往很震惊，似乎无法承受。这时你才恍然大悟：这是他们生命中第一次得到真诚的反馈。因为渴望被认可，所以他们将注意力锁定在家人和朋友的赞扬与支持上。鉴于人们身上普遍存在证实倾向，就不难理解他们为什么会认为自己有机会成为下一个“美国偶像”了。从一大堆被严重扭曲的信息中得出这样一个结论，是合情合理的。

证实倾向令人感到恐惧的地方在于：当我们希望某事成真的时候，便会关注支持这个希望的信息，而当我们从中得出自己想要的结论时，还会庆幸自己做了一个非常理智的决定。这就糟糕了！

思维陷阱 3：短期情绪

在《只有偏执狂才能生存》（*Only the Paranoid Survive*）一书中，安迪·格鲁夫（Andy Grove）讲述了 1985 年他任英特尔公司董事长时遇到的一个难题：是否要撤掉公司内存芯片的生产线。英特尔公司最早是以生产内存起家的。它一度还是世界上唯一的内存制造商。但到了 20 世纪 70 年代末，市场上已经出现了十几个竞争者。

当时，英特尔内部的一个团队已经开发出了新产品——微处理器。1981 年，该团队取得了一个重大突破，IBM（国际商业机器公司）决定选用它的微处理器作为其新研制的个人电脑的核心部分。英特尔团队因此忙于提高微处理器的生产能力。

从此，英特尔公司开始生产两种产品：内存和微处理器。内存生产依然是公司的主要收益来源，但到了20世纪80年代初，公司在内存行业的地位受到了日本公司的威胁。格鲁夫说："那些从日本参观回来的人告诉了我们可怕的事实。"据他们说，一家日本公司居然在同时设计好几代内存——一层楼的员工设计16千字节内存，往上一层楼设计64千字节内存，再上一层楼还有设计256千字节内存的团队。

英特尔的客户们开始热衷于讨论日本生产的内存的质量。"实际上，日本的内存质量可能超出了我们的想象，"格鲁夫说，"我们的第一反应是拒绝接受，认为这一定是搞错了。就像人们在这种情况下惯常做出的反应那样，我们群情激愤地抨击了这个信息。当我们亲自证实这个消息大致属实的时候，才开始在自己的产品质量上下功夫。可显然已落后于人了。"

1978~1988年，日本公司的市场份额翻到两倍——从30%上升到60%。为此，英特尔公司内部就如何应对来自日本的竞争对手展开了激烈的争论。管理层分为三个阵营。第一个阵营提出要在制造方面超过日本，他们提议建立一个新的巨型工厂来生产内存芯片。第二个阵营想要用先进的技术做赌注，他们认为日本人在这方面比不上英特尔。而第三个阵营主张更为坚决地执行"为专门市场提供服务"的策略。

争论在继续，却没有得出任何解决方案，而此时英特尔公司的经济损失越来越大。微处理器业务正在迅速增长，但内存业务的衰退渐渐拉低了公司的利润。1984年年底，格鲁夫总结道："这真是形势严峻又令人沮丧的一年。那段时间，我们努力地工作，却不清楚情况如何才会好转。我们迷失了方向。”

到1985年年中，公司内部的争论已经持续了好几个月，却没有任何结论。一天，格鲁夫和公司的董事会主席兼首席执行官戈登·摩尔（Gordon Moore）在他的办公室谈论内存业务遭遇的困境，此时二人都已经被公司内部的争议弄得疲惫不堪。突然，格鲁夫找到了灵感。

> 我望向窗外，远眺着大美洲主题公园那正在转动的摩天轮，转身问戈登："如果我们被辞掉了，董事会推选上来一名新总裁，你认为这个总裁会怎么做？"戈登毫不犹豫地回答道："他会让公司放弃内存业务。"
>
> 我呆呆地盯着他，然后说："那为什么你我不走出这扇门，再回来，然后自己动手呢？"

这一刻，一切都清晰了起来。在一些没有受到历史遗留问题和政治内斗影响的局外人看来，关停内存业务是不二选择。从另一个角度看问题——“我们的继任者会怎么做”——帮助格鲁夫和戈登看清了大局。

当然，放弃内存业务是很不容易的，格鲁夫的许多同事也都强烈反对这个想法。很多人认为内存是孕育英特尔技术的温床，如果没有了它，其他研发领域就会被削弱。另一些人坚持认为，英特尔的销售团队若不同时销售全系列的产品——内存和微处理器，肯定就得不到消费者的青睐。

在人们或心痛或气愤地“咬牙切齿”之后，格鲁夫依然坚持让销售团队告知公司的客户，英特尔将不再生产内存产品。客户们给出的反应基本上是一个疲惫的哈欠。其中一位客户说道：“这个决定花的时间可真长。”

自 1985 年这项决定实施以来，英特尔已经占领了微处理器市场。如果在格鲁夫顿悟的那天，你在英特尔投资了 1 000 美元，到 2012 年，你的投资价值可能就达到了 47 000 美元（根据标普 500 指数，若投资于其他大公司，你的综合投资价值仅为 7 600 美元）。几乎可以肯定地说，格鲁夫做了正确的决定。

格鲁夫的故事揭露了许多专家决策时存在的一个缺陷。通过回顾有关决策的调查资料，你会发现许多决策的模型基本上是一张张经过美化的电子表格。例如，你想要买间公寓，别人就可能建议你列出你所找到的 8 间公寓，将一些关键要素（价格、地理位置和面积大小等）排列，根据每个要素的重要性分配权重（比如价格比面积重要），然后通过计算得出答案（嗯，搬回家和父母一起住）。

这种分析方式忽略了一个决定性的要素：情感。如果格鲁夫只是缺少选项和信息，那么并不难做出决定。让这个决定变得困难的是他的内心冲突。眼前的压力和管理层的争议让他的思路变得不清晰，模糊了他对于退出内存领域的长远必要性的认识。

这个例子让我们看到了影响决策的第三大陷阱：短期情绪。面临艰难抉择时，我们的情绪也会夹杂其中。我们在脑海中重温争论的场景，我们烦恼于自身的际遇，我们每天都在改变主意。如果把我们的决定列在一张电子表格上，那么没有任何数据会改变——没有新增加的信息——但我们的大脑可不是这样想的。我们自己扬起了一堆尘土，所以看不见前行的路。在这种情形下，我们最需要清晰的视角。

本杰明·富兰克林意识到了临时情绪的影响。他的“心理数学”明智地建议人们在数天内反复使用利弊清单法，即在对某一想法更感兴趣或失去兴趣的过程中，及时对清单内容进行调整。尽管对各选项进行严格比较与审视更宏大的大局是两回事，但毫无疑问的是，安迪·格鲁夫多年来一直在编制着“退出内存行业”的利弊清单。这个分析使他麻痹了，而一刹那跳脱出自我的做法——从继任者的角度看问题——则是治愈麻痹的良方。

思维陷阱 4：过度自信

堆芯熔化[①]10 000 年才发生一次。

——维塔利·斯科里亚洛夫（Vitali Sklyarov）

乌克兰能源和电力部部长，

在切尔诺贝利核事件发生前两个月这样说道。

① 堆芯熔化（meltdown）是指核反应堆温度上升过高，造成燃料棒熔化并发生破损事故。——编者注

谁会想要听那些男演员在说什么鬼话?

——哈里·华纳（Harry Warner）

华纳兄弟电影公司，1927年

这家公司拿个电动玩具能干什么用啊?

——威廉·奥顿（William Orton）

西联电报公司董事长拒绝购买贝尔的电话专利，1876年

至于影响决策的最后一个陷阱，让我们重温1962年1月1日发生的事情。当时，一支名叫“披头士”（Beatles）的四人组摇滚乐队受邀去伦敦试唱，邀请他们的是英国两大唱片公司之一的德卡唱片公司。“我们都非常激动，”约翰·列侬（John Lennon）回忆说，“那可是德卡。”在一个小时的试唱中，他们展示了15首不同的歌曲，大多是翻唱。乐队成员和他们的经纪人布莱恩·爱泼斯坦（Brian Epstein）对于签约德卡满怀希望，他们焦急地等待着答复。

最终，他们得到的答复：德卡决定不与他们签约。迪克·罗威（Dick Lowe）是德卡唱片杰出的新秀发掘者，在给爱泼斯坦的信中写道：“我们不喜欢你们乐队男孩子的声音。乐队组合已经过时了，尤其是四人组的吉他乐队时代已宣告终结。”

迪克·罗威很快就发现，影响决策的第四大陷阱便是过度自信。对于未来会如何发展，人们自认为很了解，可事实却并非如此。

回想安迪·格鲁夫的同事们是怎样预测内存芯片停止生产后，英特尔可能遭遇的悲惨情况的——“我们会失去研发的温床，还有，不提供全套产品的话，我们的销售队伍就不会成功。”历史证明，他们错了，英特尔的研发力和销售力依旧很强大。有趣的是，做出此种声明的他们没有丝毫的不确定。他们并没有含糊地说“可能会……”或“我只是担心某一天会发生……”。他们知道自己是对的。他们就是知道。

一项调查显示，医生对某个诊断感到“非常确定”时，40%的情况下他们是错的。一群学生经过评估，认为自己犯错的概率仅仅是 1% 的时候，真正的概率却是 27%。

我们对自己的预测太过自信。在猜测未来的时候，我们只关注手边的信息，然后从中得出结论。让我们来看 1992 年一个旅行社老板的想法：在菲尼克斯①（Phoenix），我的旅行社是市场领跑者，我们还拥有最好的客户关系，这个领域发展如此迅速，看来我们很容易就能在接下来的 10 年里把规模扩大一倍。我们要先做准备，创建一些分公司。

问题在于，我们没有意识到自己不知道的东西。天哪！互联网！旅行社就到此为止吧。

未来总是会让你惊奇。如果我们不知道某些领域的存在，我们自然不会关注。

---

① 菲尼克斯，又称凤凰城，是美国亚利桑那州的州府及最大的城市。——编者注

• • •

现在让我们来做个总结。一个正常的决策过程通常包含四个步骤：

- 面临选择
- 分析选项
- 做出选择
- 接受结果

我们看到，每个阶段都有一个陷阱：

- 面临选择时，思维狭隘限制了你的选择范围；
- 分析选项时，证实倾向使你搜集利于自己的信息；
- 做出选择时，短期情绪常使你做出错误判断；
- 接受结果时，你对未来的走势过度自信。

此时此刻，我们已经知道自己碰上的是什么困难了。我们知道了影响自己决策的四大陷阱，我们也知道经典的利弊清单法不适用于避开这几个陷阱。实际上，清单法不能有效抵消其中的任意一个陷阱。

下面让我们把注意力转到一个更具积极意义的问题上：怎样的决策过程能够帮助我们避开这些陷阱，并且做出更好的选择呢？

一次成功的职业选择：如何避开所有思维陷阱

1772 年秋，一位名叫约瑟夫·普里斯特利（Joseph Priestley）的男人正面临着一个艰难的职业决定，在他做出决定的过程中，我们会看到其处理方式。

普里斯特利非常出色，在很多方面都具有惊人的天赋，并不缺少职业选择。他在英格兰利兹市的一个非国教教会做牧师。（所谓“非国教教会”，是指它不隶属于英国国教这一国家认可的宗教。）但他兴趣广泛，而每一个似乎都产生了历史影响。作为宗教宽容的支持者，他帮助建立了英国的一个神体一位论教会。作为一名哲学家，他写了关于形而上学的著作，据说这些著作对约翰·斯图尔特·穆勒（John Stuart Mill）和杰里米·边沁（Jeremy Bentham）都有很大影响。

作为一位成就卓著的科学家，普里斯特利发现了包括氨和一氧化碳在内的 10 种气体。他最为人熟知的是对最重要的气体——氧——的发现[①]。

作为政治演说家，普里斯特利声援法国大革命，而他的这种行为引起了政府和本国同胞的猜疑。后来，随着民众情绪的爆发，

① 普里斯特利把氧化汞样本放置在一个密封容器中，然后将太阳光线聚焦在上面。他搜集了产生的气体，并惊奇地发现老鼠在这种气体中可以很好地存活。然后他亲自尝试了一下，宣布说这是一种“比普通空气好五六倍的”更适合呼吸的气体。

一个暴徒烧毁了他的家和教堂，迫使他逃亡伦敦，最终到了美国，并在那里度过了余生。

普里斯特利是一位神学家、化学家、教育家和政治理论家，同时他还是一个丈夫和父亲。他出版了150多部作品，内容广泛，既涉及电力发展的历史，又有关于英语语法的开创性工作。他甚至发明了苏打水，因此，每次享用健怡可乐时，你都要感谢普里斯特利。

总之，普里斯特利的经历有点像18世纪版的阿甘（Forrest Gump）——如果阿甘是个天才的话。普里斯特利的生命与无数重要的历史运动和科学活动交织在了一起。但在1772年秋，他必须解决一个相对乏味的问题——缺钱。

普里斯特利的家庭成员逐渐增多，和所有的父亲一样，他担忧着家里的财务状况。他作为牧师的收入——一年100英镑——是不够给8个孩子进行大量储蓄的。所以他开始寻找其他机会，他的同事将他引荐给谢尔本伯爵（Earl of Shelburne），一个科学爱好者，曾在英格兰上议院对持异议的宗教团体表示支持。伯爵刚刚丧偶，他正在寻找一个可以和他交流知识，同时也可以帮助他培养孩子的人。

谢尔本伯爵提供给普里斯特利一份家庭教师和顾问的工作。这份工作一年有250英镑的薪金，需要普里斯特利监督孩子们的教育，同时在政治和政府事务上给伯爵提出建议。普里斯特利对这份工作产生了兴趣——当然，尤其是它的薪金——但同时也对签这份协议很谨慎。他给很多自己敬重的同行写信征求建议，其中就包括他在写电力发展史时遇到的足智多谋的人——本杰明·富兰克林。

在富兰克林的回信，也就是本书前言中提到的那封“心理数学”的回信中，他建议普里斯特利采用利弊清单法来指导自己做出决定。

多亏普里斯特利和朋友的通信记录，我们可以想象他是如何运用利弊清单法的。这份工作的有利之处：钱多，对家庭有更好的保障。

不利的因素有很多。这份工作可能要求他搬去伦敦，这让普里斯特利头疼不已，因为他说自己“很喜欢待在家里”，不愿远离家人。他还在担心和谢尔本的关系。会不会就像主人和仆人？就算开始比较融洽，但假如谢尔本对他厌烦了怎么办？最后，他还担心如果承诺了这个事情，会使他不能专心于其他更重要的工作。他会不会在教孩子们进行数学运算中消磨时日，而不是在宗教和科学领域开辟新的知识道路？

用利弊清单法来分析的话，接受这份工作看起来是一个非常糟糕的决定。实际上只有一个大的有利之处——薪金——在和一堆严重的弊端较量。虽然普里斯特利在很大程度上忽略了富兰克林的建议，但幸运的是，他发现了避开影响决策的四个陷阱的方法。

首先，他抵制了思维狭隘——我应该接受还是放弃这个机会？相反，他奋力争取新的、更好的选项。他考虑了很多可供选择的能够增加收入的方法，比如根据他的科学工作内容来做个巡回演讲。本着“兼顾二者，而非其一”的态度，他与谢尔本协商了一个更好的交易，而在那个时候人们还很少质疑贵族。普里斯特利使伯爵相信，除他以外的另一个家庭教师能够处理好孩子们的教育问题。他还安排自己和家人在乡下度过大部分时光，只是在谢尔本真的需要他的时候才去一趟伦敦。

其次，他规避了证实倾向。在事情发展的最初阶段，普里斯特利收到了一封来自朋友的措辞强烈的信件，他的朋友激烈地反对他接受这份工作，坚持认为这会使他受到羞辱并且依赖于一个贵族的施舍。普里斯特利认真研究了这个反对意见，他说有那么一刻，他自己也开始想拒绝那份工作了。但他没有因为心中的利弊清单苦恼，而是选择出去搜集更多的资料。更确切地说，他是去请教那些了解谢尔本的人，最终结论非常清晰：“那些熟悉谢尔本伯爵的人鼓励我接受伯爵的提议，但是那些从普世角度出发，却对谢尔本伯爵不太了解的人，大都劝阻我接受提议。”也就是说，最熟悉伯爵的人都是最看好这个提议的人。在综合分析的基础上，普里斯特利开始更加严肃地考虑这个提议。

再次，普里斯特利极力使自己少受短期情绪的影响。他不仅向朋友征求看法，还向富兰克林等更中立的同行寻求建议。他不容许自己受到内心感受的干扰：因得到上涨了 150% 的薪水而冲昏头脑，或是因被朋友认为“这是依赖的行为”而感到羞辱。他决定的依据是从长远来说自己最为关心的两个因素：家庭的幸福和学术的独立。

最后，他没有过度自信。他期望建立融洽的关系，但他知道这可能只是幻想。他尤其担心如果谢尔本突然改变了主意，他的家庭就可能因此面临经济困难。为了保险起见，他与谢尔本签订了一份这样的协议：谢尔本同意每年支付给普里斯特利 150 英镑，即使他们的雇用关系终止。

普里斯特利最终还是接受了这个工作，并为谢尔本伯爵工作了大概 7 年的时间。这是他创作生涯中成果最丰盛的时期之一，他创作出了自己最重要的哲学作品，并且发现了“氧”。

谢尔本和普里斯特利最终散伙。原因并不为人所知，但普里斯特利表示他们是“友善”地结束雇用关系的，而谢尔本也遵守协议，继续每年为普里斯特利提供 150 英镑。

WRAP 决策流程

我们认为普里斯特利为谢尔本工作的决定是正确的，但是也不能十分肯定。毕竟，和谢尔本在一起的时间可能恰巧耽误了他做出另一个历史性的贡献。（也许是肉桂卷，或是滑步舞？）但我们能肯定的是，普里斯特利做决策的过程很让人钦佩，因为他证明了影响决策的四个障碍是可以被克服的。

当然，他不是唯一取胜的人。希望实验室的史蒂夫·科尔通过思考“兼顾二者，而非其一”突破了思维狭隘，安迪·格鲁夫通过思考“我的继任者会怎么做”克服了短期情绪。

我们并不能消除自己的主观偏见，但这些人让我们认识到，通过正确的方式，我们能够克服偏见。每一个陷阱的本质都暗示了战胜它的策略：

（1）面临选择时，思维狭隘限制了你的选择范围。这时你应该……

——**拓宽选择空间**。如何拓宽选择空间呢？有的人很善于扩大选择范围，我们将研究这些人的行为习惯。我们的调查对象包括一名择校顾问，某些在全球性的经济危机中存活下来（甚至兴旺发展）的公司的决策者，还有为世界知名品牌（如黑莓手机、奔腾微处理器）构思品牌名的小咨询公司。

（2）分析选项时，证实倾向促使你去寻找支持自己观点的信息。这时你应该……

——**把假设放到现实中检验**。如何跳出固定思维并搜集对自己来说可靠的信息呢？我们要学习如何提出更为巧妙的问题，怎样让一个充满争议的会议在30秒内达成共识，以及应该对何种专家意见持有怀疑的态度。

（3）做出选择时，短期情绪往往使你做出错误的判断。这时你应该……

——在做出决策前，留出思考的距离。如何克服短期情绪和抵触心理，从而做出最恰当的选择？我们将研究如何战胜善于操控他人的汽车销售员，分析为何人们失去 50 美元所经历的痛苦要大于得到 50 美元所带来的快乐，而又是怎样简单的答案使得一个痛苦的抉择迎刃而解。

（4）接受结果时，你常常对未来的走势过度自信。这时你应该……

——做好出错的准备。对于一个不确定的未来，我们如何做规划才能让决策成功的可能性最大化呢？本书中，我们将讲述，一位女士是如何通过预先在心里做好协商的准备然后拿到奖金的，怎样阻止您配偶的那些疯狂的商业构想，以及为什么说提醒新员工他们将面临糟糕的工作是明智的做法。

本书的目标，就是把有助于做出更好决定的四个步骤教给读者。需要注意的是，这个助记符号“WRAP”[①] 捕捉了四个动词的含义。我们喜欢“流程”这个概念，也就是用 WRAP 流程“包裹”你常用的决策方式，帮助你免受一些我们已经察觉的主观偏见的影响。

① WRAP，即本书提出的决策流程四步骤的首字母组合：Widen your options（拓宽选择空间），Reality-test your assumptions（把假设放到现实中检验），Attain distance before deciding（在做出决策前，留出思考的距离），Prepare to be wrong（做好出错的准备）。——译者注

WRAP 模式的四个步骤是有顺序的，大体上，你可以按次序一步步来——但并不是必须严格这样做。有时你可以根据所知的信息返回先前的步骤。例如，在你搜集信息准备“把假设放到现实中检验”时，你可能会发现一个以前从未考虑过的新选项。在有些时候，你没有必要用到所有这四个步骤。对于一个期待已久的升职，你可能并不需要太长的考虑时间就会接受并开香槟庆祝。

WRAP 流程的核心，就是促使你将“自动”聚光灯转变为“手动”聚光灯。你将不再依靠那些自然引起你注意的东西做出决定——本能的情感、利己的信息和过度的自信等——你开始谨慎地关注更有策略性的因素。你开始将“灯光”调向更广阔的风景，让它把黑暗的角落照亮。

现在，你即将读到本书的下一部分——我们要向你保证，如果你十分认真地遵循了这四个步骤，那么你的人生将会是一幅对自我满意的图景。你会获得应有的东西，你的智慧将得到同伴的称赞。唉！但是就我们的经验来看，你仍将做出相当多的错误决定。

我们的目标是，使你更善于做出好的决定，并使你在决策时更果断一些（持有恰到好处的信心，而不是过度的自信）。同时，我们想要使你成为一个对同事和所爱的人来说都更好的劝告者，因为相对于自己存在的偏见，人们往往更容易发现他人的偏见。

本书将探讨那些需要超过 5 分钟时间才能做出的决定：要不要买新车，要不要找份新工作，要不要和男朋友分手，怎么搞定难缠的同事，如何在各部门间分配预算资金，要不要自己创业等。

如果一个决定只需考虑数秒——比如，如果你是NFL（美国职业橄榄球大联盟）的四分卫，正在考虑将球传给哪一个接球手——那么本书不会对你有帮助。直觉快速且准确，近年来关于它的作品已经有很多。但是——这是一个重要的“但是”——只有在经过严格训练的领域，直觉才会精确。对直觉的训练需要一个可以掌控的环境，在其中你会进行大量重复的动作，你做出的决定也会得到迅速的反馈。（欲了解更多相关信息，请参阅本书注释。）

如果你是一位国际象棋大师，那么你应该相信自己的直觉。（你已经研究并练习了几千个小时，并从中得到了即时反馈。）如果你是一位正在做聘请决定的经理，那么就不要相信直觉了。（这些年来，你可能只招聘了一小群员工，并且那些聘用的反馈是延迟的，还常常被其他因素混淆。）

我们希望你能欣然接受本书中概述的决策流程，并不断加以练习，直至它成为你的第二天性。这就像我们通过列购物清单来改善健忘一样。如果你和我们一样是健忘的人，那么不列购物清单的后果简直不堪设想。慢慢地，熟能生巧，你在突然想起需要买哪样东西的时候，就能够做到马上记录下来。在你购物的时候，就可以确信需要购买的所有东西都在这张清单上。购物清单很好地弥补了健忘的不足，而且和努力做到不健忘这件事情相比，它是一个更好的解决方法。

为了使 WRAP 流程有用且令人难忘，我们已经努力使它简单化。这是一个挑战，因为有关决策的文献资料繁多而复杂。因此，我们不得不省略一些非常有趣的研究，而将最有用的调查研究呈现出来。（如果你渴望阅读更多信息，请参阅书末的推荐阅读。）

WRAP 流程的某一方面有时可以使你产生绝妙的顿悟，比如史蒂夫·科尔的"赛马"策略和安迪·格鲁夫的"我们的继任者会怎么做"提问。最常见的是，它能使你在决策方式上得到微小却持续的进步——这十分关键。请看一个棒球手的击球率：如果他在一季赛事中每 4 次击球打中 1 次（击球率为 0.250），那么他是一个普通球员；如果他每 3 次击球打中 1 次（击球率 0.333），那么他便是一个全明星球员；如果他在球员生涯中能保持 0.333 的击球率，那么他便可以成为名人堂的成员了。但从普通球员到全明星球员再到名人堂球员，其击球率的差距是很小的，即在每 12 次击球中只有一个球是否击中的差别。

想要获得那种持续不断的进步是需要技巧和训练的。它需要一个流程。WRAP 流程的价值在于，它使我们能确切地关注那些可能被我们错过的东西：我们可能忽视的选项、抵触的信息，以及疏忽了的准备工作。WRAP 流程还能以一种更微妙的方式帮助我们，确保我们意识到做决定的需要。我们在此举一个大卫·李·罗斯（David Lee Roth）的例子。

20 世纪 70 年代中期至 80 年代中期，罗斯是范·海伦乐队（Van Halen）的主唱。这一时期，范·海伦接连创作了一个又一个成功的音乐作品：《与魔鬼狂奔》（“Runnin’ with the Devil”）、《彻夜共舞》（“Dance the Night Away”）、《跳跃》（“Jump”）和《献给老师的激情》（“Hot for Teacher”）等。乐队不知疲倦地巡回演出，仅在 1984 年就有超过 100 场的演出。在令听众甩头跳舞的感染力背后，是乐队专业的运营技术。他们是最早将大型舞台制作带入小型市场的摇滚乐队之一。罗斯在自传中追忆道：“我们要用上 9 辆装满设备的 18 轮大卡车，可当时的标准是最多 3 辆卡车。”

乐队的制作设计惊人地复杂。涉及舞台布置的具体说明的合同，据罗斯说：“很像中文的黄页。”因为它太专业和复杂，看起来就像一门外语。合同中典型的条款可能这样描述：“在 6 米长的空间均匀地安装 15 个电源插座，提供 19 安培的电流……”

范·海伦乐队有自己的巡演工作人员，在 18 轮卡车还没到之前，准备工作就需要提前做了。乐队的成员和他们的工作人员时常担心，演出场地内的舞台工作人员可能会出错，而造成乐队成员有受伤的危险。（同一时期，迈克尔·杰克逊在拍摄百事可乐广告时，由于烟火特效的失误，致使他头部烧伤。）但是，由于巡回演出的日程表排得非常满，所以乐队没有时间对每一个演出场地的安全性进行全面的检查。他们怎么可能知道什么时候会遭遇危险？

在他们的巡回演出期间，关于范·海伦成员幕后荒唐行为的谣言越传越大。他们是臭名昭著的派对爱好者，但由于摇滚乐队喜欢派对这事儿并不值得特别一提，范·海伦似乎致力于使自己的颓败充满艺术气息。罗斯在自传中写道："嗯，我们听说有人把一个电视机扔出了窗外，我们在想，那为什么不准备一根足够长的连接线……使电视在一路坠向地面的过程中，依然能接通电源？"

但有时与玩笑般的蓄意破坏相比，乐队的行为更像是自大狂的表现。有关乐队最夸张的传闻是，他们在合同的附加条款中要求在后台提供一碗 M&M's① 牌巧克力豆——去掉所有棕色的巧克力豆。又有传闻称罗斯走到后台发现了一粒棕色的巧克力豆，顿时暴跳如雷，捣毁了化妆室。

这个传闻后来被证明是真的。非棕色的 M&M's 巧克力豆因而成了摇滚明星耍大牌的最完美且骇人的代名词：一个乐队提出荒谬的要求，仅仅是因为他们可以这么做。

准备好改变你的认知吧。

范·海伦乐队的"M&M's 巧克力豆条款"被写入合同是有其特殊用意的。它被称为"126 号条款"，具体内容是这样的："在后台不允许出现棕色巧克力豆，对因违反此项约定而给演出造成的损失，责任方将给予充分补偿。"这项条款藏身于数不清的技术规范中。

每当罗斯到达一个新场馆，他都会立即去后台查看。如果发现棕色巧克力豆，他就会要求对场馆内的舞台布置进行线路检测。

① M&M's 是美国的一种巧克力豆品牌。——编者注

“你绝对找得到技术上的错误，”他说，“他们没有看合同……有时这可能会毁了整场表演。”

换句话说，大卫·李·罗斯并不是在耍大牌，他是一个运营高手。他需要通过一个快速的方法来判断每个场地的舞台工作人员是否足够细心，他们有没有认真阅读合同上的每个字并认真对待。也就是说，他需要一种方法来摆脱“思维上的顺其自然”，并让自己意识到必须做出决策。在范·海伦的世界里，棕色巧克力豆是引出潜藏问题的止损点。

难道我们其他人不能试着在生活中运用类似的道具吗？我们需要一个“体重标准”来提示我们有必要加强锻炼，或者是日历上的一个约会日期提醒我们反省自己是否在人际关系中投入了足够多的精力。有时做出一个好决定的最困难的部分，就是意识到有这么一个“决定”需要你去做。

生活中，我们常常是在“顺其自然”的状态下过日子，做着日常做的事情。可能每一天，我们做出的清醒的、深思熟虑的决定都是屈指可数的。虽然这些决定并不太占用我们的时间，但都对我们的生活产生重要的影响。心理学家罗伊·鲍迈斯特（Roy Baumeister）用驾车打了个比方——可能我们 95% 的时间都是在直行，但往往是转弯处决定我们驶向何处。

本书的内容便和那些转弯处相关。在接下来的章节中，我们将向你展示一个四步流程，它将使你更有可能到达你想要去的地方。

本章小结

1. 丹尼尔·卡尼曼说："在你的精神世界里，很显然，你极少被某个问题难住。"
   - 香农应该解雇克莱夫吗？我们毫不费力地形成看法。

2. 我们关注的是"最易获取的信息"与"我们对这个信息的解读"，但要做出好决定，这些信息还远远不够。

3. 我们决策的"历史记录"不是太好。信任直觉或进行严密分析都不能确保我们做出好决策，但一个好的流程却可以。
   - 研究："决策流程更为重要——比分析重要六倍。"

4. 我们可以通过调整关注的方向来克服阻碍决策的四大思维陷阱。

5. 陷阱一：思维狭隘（不恰当地限制可供选择的范围）
   - 希望实验室使五家公司在第一阶段同时作业；
   - "我可以两者兼顾吗？"

6. 陷阱二：证实倾向（寻找支持我们自己观点的信息）
   - 唱歌跑调的美国偶像选手……
   - 洛瓦洛说："证实倾向可能是商业中最为棘手的问题。"

7. 陷阱三：短期情绪（被那些过后会消失的情绪所左右）

- 英特尔公司的安迪·格鲁夫通过思考“我们的继任者会怎么做”克服了这个因素。

8. 陷阱四：过度自信（太相信自己的预测）
   - “尤其是四人组的吉他乐队时代已宣告终结。”

9. 利弊清单法不能校正上述问题，但是 WRAP 流程法可以做到。
   - 约瑟夫·普里斯特利战胜了全部陷阱。

10. 为了做出更好的决定，请使用 WRAP 流程法。
    - 拓宽选择空间；把假设放到现实中检验；在做出决策前，留出思考的距离；做好出错的准备。

拓宽选择空间

第二章

避免思维狭隘

要或不要，能或不能：选择只有两种吗?

2012年7月，一个名叫claireabelle的用户把自己遇到的麻烦写在了Ask.com网站（美国一个提问、回答和网页搜索网站）的问答贴吧里：

> claireabelle：要不要分手啊？我不知道该怎么办了。每次去男朋友家或者和他家人外出，我感觉自己一直被评头论足。他妹妹和我一样大，却总对我忽冷忽热的。他哥哥看我不顺眼，说我是一个讨厌的女人。他妈妈很无礼，对我开侮辱性的玩笑。我该怎么办啊？我喜欢他，可是我厌倦了被人评价，而且和他的家人在一起也感觉怪怪的。

仅在一天内，她就收到了十几条回复。包括下面这些：

> Shalie333：只要他不这么对待你，你就不用和他分手

啊。尽量不要和他家人一起出去！

eimis74523：别胡说八道了，他要是爱她，就应该支持她。要是我的家人这么对我女友，我会让他们到一边“不满”去。听我的，去告诉他你要因为他的家人离开他了，然后看看他什么反应——就能看出他爱不爱你了。

yolo1212：跟随心意走吧。

14Sweetie：如果他对你好的话，还是别和他分手了。做一些其他地方的出行计划吧，然后把原因告诉他。如果他接受不了，或者不理解你的感受，他就配不上你。

lovealwayz：实话说，如果他对家人只字未提这事，你就离开他吧。因为他没说，就是没在意。

Kuckleburg：……逃吧……逃得快些。这家人都是怪胎。

“分手”困境是青少年面临的经典决策之一，还包括其他诸如穿什么衣服，和谁一起出去玩，买什么牌子的车，车的使用寿命是多久等问题。请注意，当 claireabelle 问“我应不应该分手”这个问题时，她就已经使自己的决定受限于狭窄的框架中了。一些回帖的人接受了这个框架——“逃吧……逃得快些”，另一些人试着扩大她考虑的选择范围，建议她“做一些其他地方的出行计划吧，然后把原因告诉给他”。

卡内基梅隆大学的巴鲁克·菲施霍夫（Baruch Fischhoff）教授，想要调查并了解更多青少年的决策过程，所以他和同事们在宾夕法尼亚的匹兹堡市以及俄勒冈州的尤金市对 105 名青少年女孩进行了采访。他们让这些女孩详细描述了近期内在下列 7 个方面所做的决定：学校、父母、服装、同伴、健康、钱和空闲时间。

采访中，女孩们讲述了很多出人意料的决定。我们中的大多数人都认为，“决定”就是指我们必须在两个或两个以上的选项中做出选择：是去吃快餐还是去吃三明治？应该买哪种颜色的衬衫：深蓝色、黑色还是白色？但是青少年的决定很少有这样的框架。当菲施霍夫准备给孩子们的决定进行分类时，他发现最常见的决定类型是没有任何选项的，也就是他所说的“表决心”。比如，决定“我不再责怪别人”。

第二类最常见的类型是，青少年只对一个选项进行评定。例如，“我在考虑应不应该跟朋友一起抽烟”，或是类似 claireabelle 提的问题——“我在考虑要不要和男朋友分手。”（我们所说的决定都是这种“是否”型的决定。）这不是从多个备选项里做出决定，不同于在快餐和三明治两者间做选择——它只是对唯一的选项做出赞成或反对的决定。

上述两种分类——表明决心式和“是否”式决定——在青少年的决定中占比 65% 左右。也就是说，如果一个青少年在“做选择”，很可能根本就不存在任何选项！（说句题外话，第一次看见菲施霍夫的调查结果时，我们对青少年做选择时如此欠缺考虑的行为感到震惊。当我们兄弟俩把调查结果告诉给已抚养了两个青少年的姐姐时，她的反应很淡定。“你们在期待什么？”她说，“小孩子到了十几岁，荷尔蒙旺盛，智力罢工，这种情况是会持续几年的。”）

青少年意识不到选项的存在。他们无法摆脱思考“我应不应该去参加派对”这样的问题。派对是他们关注的中心，他们孤立地思考这个问题，而不去寻找其他的选择。一个更具智慧的青少年可能会让注意力有所转移：“我是应该整夜都待在那个派对，还是和几个朋友去看电影，或者参加一场篮球比赛，然后去派对待一会儿？”

总之，青少年容易变得思维狭隘，这也就是阻碍决策的第一个陷阱。那些可供选择的众多选项，就好比一个光谱，他们只看到了其中一色。事实证明，在做决定时，机构和组织的行为其实跟青少年的很相像。

选项背后的终极目标，指引你做出明智决策

1983 年，桂格公司（Quaker）的 CEO（首席执行官）威廉·史密斯伯格（William Smithburg）做出了一项大胆的决定：以 2.2 亿美元的价格收购佳得乐总公司（Gatorade）。当时的一份报告摘要显示：“史密斯伯格冲动地决定购买佳得乐，而这是以他的味蕾为依据。他试尝了佳得乐的产品，觉得还不错。”随后的事情证明他的味蕾颇有远见：桂格在市场上增长势头强劲，佳得乐的估值故而随之飙升。2.2 亿美元的收购价增长到了 30 亿美元的估值。

大约10年后的1994年，史密斯伯格提议以18亿美元的惊人价格收购另一家软饮料品牌——斯纳普（Snapple）。很多分析家抗议说这个价格可能高出了10亿，但是鉴于佳得乐案例取得了巨大成功，桂格的董事会这次没有提出异议。

对史密斯伯格来说，斯纳普收购看起来一定很像是佳得乐收购案的重演。他又有了一次豪赌的机会。如研究者保罗·纳特所写，史密斯伯格因为佳得乐收购案获得了“荣誉”，“他想再来一次华丽的收购”。斯纳普是另一个小众品牌，拥有进军大市场的潜力。

史密斯伯格知道，高额的收购价格会使桂格负债累累，但于他而言，这实际上是个额外收获。他担心桂格面临恶意收购，在他看来，背负债务就能阻止这样潜在的掠袭者。所以在董事会的支持下，史密斯伯格快速地展开了行动，终于，这笔交易于1994年达成。

结果却是惨败。

斯纳普收购案已被认为是商业史上较糟糕的决策之一。桂格发现斯纳普几乎完全不同于佳得乐。斯纳普的茶饮和果汁饮品对制造工艺和分销方法有非常特别的要求。桂格公司把斯纳普的品牌形象弄得一团糟，忽视了那些曾帮助斯纳普取得成功的古怪而真实可信的意见。（如果桂格的执行者们费些心去调查的话，这些问题本该在收购案前就被察觉。）

斯纳普的销售额没有像佳得乐那样飙升，这使桂格的执行者们遇到了棘手的问题。债务负担有可能击垮整个公司。3 年后，斯纳普被仓促地以 3 亿美元的价格——也就是当时收购价的六分之一——卖给了翠亚克公司（Triarc Corporation）。史密斯伯格感到很羞愧，他辞去了 CEO（首席执行官）一职。

他后来反省道："引进一个新的品牌，一个著名品牌，令人感到非常兴奋。其实，真该有一些人对这个提议说'不'的。"

这个反省可真是令人吃惊。在史密斯伯格的带领下，桂格酝酿着其历史上最大的收购计划，而它收购交易的条款被业内分析人员广泛嘲讽。令人不敢相信的是，在桂格公司内部却没有一个人反对这个收购计划！

桂格根本不是在做"是或否"的选择，而是在做"是或是"的决定。

桂格公司的决定确实令人震惊，但不明智地做出收购计划的公司可不止它一家。据毕马威公司的一项针对 700 例企业收购合并案的研究发现，其中 83% 的案例都没有提高股东价值。这为商界领导者们提供了一个很好的经验法则：在你已经花了数周甚至数月的时间来分析一个潜在的目标，而且你获得的信息已经说服了自己去进行报价的情况下，你应该拒绝据此做出的决定。这样你做出正确决策的概率就达到了 80%！

当然，我们不应该认为，掺杂着自我、情绪和竞争等因素的收购是组织决策的常态。一个在交易谈判圈子之外的普通经理做一个常规决策时，应该能轻易避开青少年易犯的错。难道不是吗？

至于答案，我们可以去问保罗·纳特，他可能比其他任何人都了解经理人是如何决策的。2010年，纳特从俄亥俄州立大学的商学院退休。他在教师生涯中花了30年的时间用类似集邮的方式搜集各种决策。他的分析涵盖了生意上的决策，如，麦当劳考虑新的店内装修。以及非营利性机构的决策：一个拥有250个床位的乡村医院考虑是否添加一个戒毒病房。还有政府机关的决策：佛罗里达州的医疗计划组思索如何修正欺诈防控系统。

在每种情形下，纳特都通过明确的途径搜集资料。他首先采访主要决策者，通常是一名CEO或COO（首席运营官）。然后与另两位“知情人士”反复核对得到的信息——“知情人士”通常是目睹决策过程的高级经理人。最后，由他评估决策是否成功。他不相信那些有可能从自己的利益考虑而看法偏颇的主要决策者，而是让知晓实情的人对决策的质量做出评价。决策是否可能被成功采纳？它经得起时间的考验吗？

1993年，纳特用这个费时费力的方法调查并分析了168个决策，得出的结论令人吃惊：在被调查的团队中，只有29%考虑了一个以上的选择。① 对比之下，在菲施霍夫对青少年的调查中，这个数据是30%。

那么依照保罗·纳特的调查，大多数的组织似乎和荷尔蒙旺

① 请注意，这里我们将“是或否”式决定作为一个选择。因为“是或否”式决定的这个选择不是被接受，就是被拒绝。

盛的青少年们进行着一样的决策过程。

和青少年一样，各组织机构同样意识不到多个选项的存在。而这造成的后果是很严重的：纳特发现 52% 的“是或否”式决定经不住时间的考验，而对于那些拥有两个或两个以上选项的决定，这个比例仅为 32%。

为什么“是或否”式的决定更易失败？纳特认为，当一个经理只追逐单一的选项时，他把大部分时间都花在了思考上面：“我怎样才能做好这份工作？怎么才能让同事们支持我？”这期间，其他重要的问题就被忽视了：“有没有更好的办法？我们还可以怎么做？”

为这些问题——“有没有更好的办法？我们还可以怎么做？”——找到答案，是本部分 WRAP 内容的目的：拓宽你的选择范围。我们能够打破思维狭隘并为自己找到更好的选项吗？

要达成那样的目标，第一步就是要学会不信任“是或否”式决定。实际上，我们希望每当你看到或是听到那几个字时，脑海里就要响起警铃，提醒你思考自己是不是陷入了思维狭隘的误区。

如果你愿意更加努力地探索更广阔的世界，你就会发现可供你选择的选项要比你最初想象的丰富得多。

• • •

海迪·普赖斯（Heidi Price）因为家里的一项决定感到很沮丧，因此，她后来自己创立了一项事业，来帮助其他家庭远离同样沮丧的事情。2003 年，她正帮自己的女儿——一名高中毕业班学生——选择合适的大学。但想找到值得信任的信息很难，大学宣传手册都大同小异——必有这么一张宣传图，上面是一群来自不同种族的学生在一棵大树下看书的照片。（这些照片应该更具时代感，比如可以换成来自不同种族的学生用智能手机从维基百科里抄袭的画面？）

考虑了几个月后，她的女儿决定报读堪萨斯大学的荣誉课程，但是查找资料的艰难使普赖斯苦恼不已。她们身边充斥着各种信息，但从中梳理出重要的信息却十分困难。出于好奇，普赖斯开始调查大学本科教育：究竟什么因素对学生来说是重要的？她开始和朋友们分享她的发现，很快，朋友们就来问她要建议：你觉得哪所大学适合我的孩子？

因为确信人们对更好的大学选择流程有需求，普赖斯和一个伙伴共同创立了 College Match（匹配大学）——一家位于堪萨斯的小公司。他们帮助学生与适合他们的大学进行匹配。普赖斯的早期客户中，有一个是她的侄子——考菲尔德·施纳格。他在得克萨斯州长大，但他和传统意义上的得克萨斯青少年有很大不同。他不爱运动，不是橄榄球迷。他热爱自由、聪明活泼，还有些古怪——在上高中的时候，他对吉他感兴趣，还加入了某支乐队，他在一次写作比赛中获奖，还帮爸爸写过剧本。他经常对学校感到无聊，成绩平平。他不太可能会被得克萨斯大学和得克萨斯 A&M 大学这样顶尖的大学录取。当他父亲带他去看州内其他可选的学校时，他还得被哄着才愿意从车里出来。

在参观一所大学时，他恰巧碰到一场兄弟会派对，大学生们用软管互相喷洒着酒。施纳格说："我脑海里的一个声音说这可真有趣，而另一个声音说这可真野蛮粗俗。"大学里"动物屋"[①]的景象对他没有任何吸引力。"我想知道自己是怎么了——我有没有擅长的东西。我觉得自己很聪明。我觉得自己有兴趣爱好，但它们是什么呢？我可不想要半打啤酒，那不是我的使命。"

普赖斯给施纳格推荐了很多学校，但她认为这个学校最适合施纳格：汉德里克斯学院，一个位于阿肯色州康威的小型文科类院校，以艺术、自由的文化而出名。施纳格从未听说过汉德里克斯，但他同意去这所学校看看。环境的变化吸引了他——他将从时尚的大城市奥斯汀搬到一个土里土气的阿肯色乡下小镇。"在那儿可能过得像个苦行僧，"他回忆说，"但我觉得自己可以专注学业了。"

施纳格在汉德里克斯发展得很好。那里很适合他。"在汉德里克斯的第一年，我每星期都会读三四本书，每天都会看一到三部外国影片。我修了哲学课程。我变成了一个搞学术的人。"他说道。

施纳格在学术方面做得很棒。他修了电影研究和英语双学位，并出国留学了两年，包括在牛津大学度过的一个秋季学期。在巴塞罗那旅游期间，他制作了一部关于建筑师高迪作品的纪录片。

这与老密尔沃基小桶酒和软管洒酒可大不相同。

---

① 《动物屋》（*Animal House*）是关于大学校园兄弟会的喜剧影片。——译者注

最终，他决定攻读电影研究的博士学位。（在他进入汉德里克斯学习前，他的家人可从没有期望过什么博士学位。）在被多个博士项目录取后，他选择了哈佛。2012 年，仅有三名学生进入了哈佛的视觉与电影研究博士项目，而他便是其中之一。

海迪·普赖斯帮助学生和家长摘去眼罩，让他们看到在美国可供选择的学校不是院校排行榜上前 20 位的学校，而是可以提供四年制学位的 2 719 所院校，大部分申请者都能被这些院校中的多数学校录取。高居榜首的学校无疑是很好的院校，但是这个排行榜的意义可能并不如我们所见的那样。家长们可能常常惊讶地得知，《美国新闻与世界报道》的名过其实的院校排行榜居然是以对教员薪酬和校友捐赠率的统计为根据，而这些与学生的体验并无多大关系。（榜单上没有任何一项指标直接显示学生们是否很享受自己的大学生活，或者学生们是否在学着什么知识。）

家长们常常对这种说法感到震惊，即具备一定天资的人，其一生的经济收入并不会因为他上的是哪个大学而有所变化。也就是说，如果你聪明到可以进耶鲁大学，那么无论你选择的是耶鲁还是一所花费更低的州立大学，就真的无关紧要了（从收入角度来讲）。

一个即将高中毕业的准大学生问的问题，按普赖斯的话讲，不应该是“我能让哪所顶级大学录取我”。相反，他应该问“我想从生活中得到什么，哪些选择能帮助我实现目标”。上面两个问题相去甚远。当一家人开始思考第二个问题时，他们发现自己可能拥有比想象中更多的选择。

灵修顾问也经常被找来做相似的“重构”工作。美国天主教主教会议的副秘书长 J. 布莱恩·布兰斯菲尔德神父（Father J. Brian Bransfield）表示，来向他寻求建议的教区居民有一种倾向，就像普赖斯的顾客们一样，过度地缩小其选择范围。人们常常因为两难困境来找他：我应该和这个人结婚吗？我应该接受另一个城市的工作吗？我能成为牧师吗？

教区居民常常苦恼“我真的不知道上帝要让我做什么”，他们期待地看着布兰斯菲尔德，希望他能代替上帝发言。“认为上帝让你做的只有一件事，那是很荒唐的，”他说，“我们花费太多时间去寻找那件事，生怕会犯错。”布兰斯菲尔德尝试拓宽他们的视野：

> 事实上，上帝会因为你在 18 件事情中做选择而感到非常高兴。你不用受限于是否成为牧师，不必苦恼是否和这个女人结婚。这个世界上有 60 亿人，而你却告诉我，上帝注视着你并且对你说：“你一生只可以做一件事。那么是什么事呢？你要不要猜一猜。”你是不是在把自己的想法强加给上帝呢？

布兰斯菲尔德的教区居民听到这番话时，大多数人的反应是很吃惊：“你说的是真的？”当他们听到自己并没有陷入绝境时，又感到十分欣慰。他们只是被蒙蔽了双眼。

为什么对于我们所有人而言，看到大局会这么难？为了弄清楚是什么在迷惑我们，是什么让我们的思维变得狭隘，我们将深入调查一个看似简单的决策——顾客选购立体音响——并揭示其中蕴含的复杂性。

犹豫不决时，先分析机会成本

20 世纪 90 年代初，谢恩·弗雷德里克还是一名研究生。一天，他在温哥华选购立体音响。面对一台售价 1 000 美元的先锋音响和一台售价 700 美元的索尼音响，他变得“犹豫不决”。他花了近一个小时的时间苦苦思索，直到一名销售员走过来问他：“试着这样考虑下——你是更想要一台先锋音响，还是一台附送价值为 300 美元唱片簿的索尼音响？”这一问题打破了弗雷德里克的思维僵局，他决定买下那款索尼音响。他知道先锋所具有的额外功能很酷，但唱片簿里最新的音乐更酷。

那天在电子商店里，弗雷德里克不仅买到了一台新音响，在他后来的职业生涯中，这台音响还促进了一系列的研究。在买音响的那个时期，他正在读环境专业的研究生，但后来他却读了决策科学的博士课程。作为博士生的他在想起自己买音响的经历后，做的第一个实验是探索消费者对机会成本的看法。

“机会成本”（Opportunity Cost）是经济学术语，指的是我们做出某一选择时所放弃的东西。例如，在星期五晚上，你和你的伴侣花 40 美元吃了顿墨西哥晚餐，然后去看电影（花费 20 美元），那么你的机会成本可能是一顿价值60美元的寿司晚餐外加在家中看电视。寿司与电视的组合就是你在花费相同的时间和金钱的情况下能做的次优选择。比如你既喜欢购物又喜欢远足，那么星期六下午逛商店的机会成本，可能就是放弃徒步穿行附近的公园。有时你会遇到机会成本非常高的选择——比如，我们邀请你参加“友邻歌唱会”，而在同一天晚上有超级碗[①]的比赛。假如你够明智，那么你就会拒绝我们的邀请，因为它的机会成本太大了。

音响销售员提出的问题为研究机会成本提供了一个典型例子：对弗雷德里克来说，购买1 000美元的先锋音响，就意味着他要牺牲一个机会：无法购买700美元的索尼音响外加价值300美元的音乐。这个问题引起了他的好奇，因为他还没有这么考虑过。一些经济学家则理所当然地认为消费者已经将机会成本纳入了考虑范围，对此，一篇学术文章这样总结道：“面对陈列柜中的大白鲟鱼子酱，决策者们考虑的是用同样的价钱可以买到多少汉堡……人们本能地考虑到了机会成本。”

但是弗雷德里克知道，在销售员介入之前，他并没做那种考虑。因为怀疑其他消费者可能也陷入同样的选择困境，他和他的同事们设计了一项调查来测试消费者是否自发地考虑了机会成本：

他们在调查中提到这样一个问题：

---

① 超级碗（Super Bowl）是美国职业橄榄球大联盟的年度冠军赛。超级碗是全美最受关注的体育赛事。——译者注

想想你一直在为计划中的采购做存钱准备，在你最近一次去音像店的时候，发现有一个新的录像带在特价销售。这部作品的主演是你最喜欢的男演员或女演员，它也恰好是你最爱看的那种类型（比如喜剧、正剧或惊悚片等）。这个作品你已经想买好久了，它的特价是 14.99 美元。

这种情形下你会怎么办？请圈出下列选项中的一个：

（A）买下这部录像带。

（B）不买这部录像带。

在这两者中，75% 的人选择购买，而只有 25% 的人选择不买。可能你也选择了把它买下来——毕竟那是你最喜欢的男演员（莱昂纳多·迪卡普里奥！）和你最爱的电影（沉船类电影！），并且你已经想了好长时间。

后来调查人员又向另一群人问了同样的问题，但是做了些小修改（以下用黑体字标出）：

（A）买下这部录像带。

（B）不买这部录像带。**把 14.99 美元存下来另作购买计划。**

黑体字内容确实不应该被加上去，因为它显而易见，甚至还有点儿冒犯人。我们真的有必要提醒人们把钱花在录像带以外的地方吗?

即便如此，当看到那简单到愚蠢的暗示时，45% 的人决定不购买。这个提示使不同意购买的比例增加了近一倍！这使我们想知道，如果桂格公司对选项稍加改进的话，是否就可能从中受益：

（A）收购斯纳普。

（B）不收购斯纳普。把 18 亿美元存下来另作购买计划。

这项调查为我们所有人带来了好消息。它表明身处一个哪怕是对其他选择仅有一点点暗示的情形中——如果愿意的话，你也可以用这些钱买其他的东西——也足够优化我们的购买决策了。①

如果你对于决策能够这么轻易地就被优化感到怀疑，我们表示理解。“纠正”我们的认知偏见可没有这么简单，就好像你听说禽流感可以通过拍手治愈一样。

但隐患在于：如果你没意识到自己得了禽流感，你就不会拍手。或者我们不用这个比喻：如果你没有意识到自己在忽视其他选项，你就不会考虑它们。通常，你无法察觉自己正陷入思维狭隘之中。

想想弗雷德里克的困境。他关注的是什么？两种音响。他盯

① 我们并不是说买录像带的想法不好。购买录像带对某些人来说可能是好的决定，但对另一些人并非如此——这要依据他们银行存款的多少和对电影的渴望程度。但我们可以确定的是，如果在购买前没有考虑过这些钱是否可以用来购买其他产品，这样的决策一定是不好的。

着它们看，脑海里将它们的式样、特性和价格进行对比。这不是个容易的过程，较宽的频率范围值多少钱，或者一个设计很酷的扬声器值多少钱。由于他只考虑了自己在意的事，他的大脑便自然地忽略了其他信息，比如他挑选了相对便宜的音响后就可以购买音乐。在某种意义上，他的专注能力反而让他深受其害。

专注对于选择的分析非常有帮助，却不利于发现更多选项。想想关于视觉的比喻——当注视某件东西的时候，我们便看不到周围的景象。这并没有自然的解决方法。生活不会干涉我们的关注，让我们把注意力投入到所有的选择上。

弗雷德里克遇到的音响销售员居然如此好心地打破了他的关注，并启发他思考机会成本。一个更唯利是图的、想要尽最大可能提高佣金的店员，也许永远都不会这样做。她有可能会让弗雷德里克的注意力集中在价格较贵的音响上："谢恩，你知道吗？这根本就是关乎质量的问题。多花一点儿钱，你就能更清晰地听到你喜爱的乐队的演奏，你觉得怎样？不值得吗？"（你永远不会遇到一个汽车销售员对你说："嗨，你怎么不买个入门级车型，然后用省下来的钱和家人去度假？"）

实际上，我们普遍对机会成本缺乏关注，所以发现机会成本的存在时，我们常常会大吃一惊。弗雷德里克和他的合著者援引了美国共和党总统（前将军）艾森豪威尔的一篇演讲稿，演讲时间是在 1953 年——他第一个任期就职刚刚几个月。"一架现代重型轰炸机所花费的成本相当于 30 多个城市的现代化砖房学校，两个各为6万人口的小镇提供电力的发电厂，两个设备齐全的医院，80千米长的混凝土公路。我们为一架战斗机要付出50万蒲式耳[①]小麦的代价，一艘驱逐舰的价值相当于可供8 000人居住的新房子。”

如果能有更多的人像艾森豪威尔那样考虑了机会成本，我们的决定会变成什么样呢？假使我们在开始做每个决定之前都问一些简单的问题：我们在做这个选择的时候放弃了什么？利用同样的时间和金钱，我们还可以做其他什么事情？

消失选项测试：丢掉现有选项，你还能想出新的可能性吗？

你还可以用另一种打破狭隘思维的方式，那就是“消失选项测试”。幻想阿拉丁神灯故事中的精灵还有个脾气古怪的哥哥，他并不帮人实现三个愿望，而是将人们的选择随意拿走。下面是一个通用的“消失选项测试”，你可以依据自己的情况来回答：

> 你不能选择任何一个你当前正考虑的选项。
> 你还能做些什么？

---

① 蒲式耳，英美计量谷物等农作物容量的单位，蒲式耳相当于36.268升。——编者注

想知道“消失选项测试”是怎么帮助你避免狭隘思维的话，就看看我们与玛格丽特·桑德斯，一位政府研究生学院的就业服务中心主任的对话吧。（为避免尴尬，此研究个案中出现的人名均系化名。）桑德斯正纠结于一个艰难的决定，她应该忍受一个表现欠佳的员工，还是，按她的话说，“开始那漫长、枯燥至极的调查过程，记录下她表现欠佳的书面证据，然后解雇她”。

这个被提到的员工是她的行政助理安娜，安娜有两项首要职责。第一，她要处理行政任务，比如跟踪开销情况，并管理团队的数据库；第二，她要充当“前台”的角色——办公室的门面，找工作的学生或者招聘学生的工作人员的第一个接触点。安娜善于处理第一类任务，但却挣扎于工作的社交方面。桑德斯在面试她时发现她有些内向，但实际上她比桑德斯所认为的还要内向。“我觉得让她和别人交谈，简直就是在折磨她。”桑德斯说道。不幸的是，社交对于这份工作来说至关重要，而安娜的内向降低了服务中心的工作效率。

但是解雇安娜并不容易，因为这个大学对解雇职工有严格的规定。桑德斯知道，还要经过好几个月安娜才能离职——如果成功解雇她的话——而这期间，要和她在只有 5 个人的办公室里一起工作，一定非常别扭。

在桑德斯正纠结要不要解雇安娜的时候，丹·希思有机会和她进行了一次交谈——在这儿需要打断一下，我们希望你在读到“要不要解雇安娜”时，“狭隘思维”能够响起警钟，我们已经看到，“要不要解雇安娜”是一个明显的警告信号——你没有考虑全部的选择。

所以，按照这种想法，丹用“消失选项测试”来引导与桑德斯的谈话：

丹：设想一下，如果你和安娜将无限期地共处一室，而你又无法委任她“前台”的工作，也就是说，她不能再做办公室的门面。你会怎么办？

桑德斯：嗯……我们可以让她离开那个职位，然后让其他员工担任“前台”。也许让每个专职人员工作一小时，其余时间可以招一些半工半读的学生。

丹：这个做法可行吗？你们负担得了这些学生们的工钱？

桑德斯：学生的劳动超级廉价。我们只支付给他们劳动一小时应得收入的25%，也就是每小时2.5美元。

你看，只需一点外力推动，桑德斯就轻易地打破了她的狭隘思维。她只花了不到一分钟就想到了另一个可行的选择——雇学生做“前台”，而安娜就可以做全职的行政工作。这个选择能解决问题，并且每天仅需花费20美元！（更不用说它可以让安娜把空出来的时间花在数据库或会计工作上。）

玛格丽特·桑德斯经历的这种思维突破并不少见。当人们想象自己不可能有选择时，便被迫将注意力转向他处——是真的转向——也许是长久以来的第一次。（对比之下，当被要求“想出另一个选择”的时候，人们常常三心二意地将注意力转移到几英寸[①]远的地方，而对现有的选择只做稍加变动。）

“需要是发明之母”这句老话看起来也适用于这里。如果不是被迫要找出新的选择，我们可能还只会专注于已有的选择。所以古怪的精灵哥哥也许第一眼看上去很残酷——他要拿走我们的选择——但其实他心地仁慈。实际上，拿走人类的选择反倒帮了人类——因为这让他们意识到自己犯了“一叶障目，不见泰山”的错误。（人们只有在想象中，而非现实中，才会更情愿让选项消失。）

在和玛格丽特·桑德斯交谈时，丹努力充当着决策顾问的角色，就像海迪·普赖斯充当了高中毕业班学生的决策顾问，布拉斯菲尔德神父充当了教民的决策顾问一样。我们希望，对于你的同事和你爱的人来说，你充当的也是同样的角色。

当你听到思维狭隘的警示信号——人们思考“应不应该”做出某个决定或是对有限的一组选择没完没了地做着论证——那么就推动他们拓宽选择范围吧。

鼓励他们思考机会成本：用相同的时间和钱还能做些什么？或试试“消失选项测试”，问问他们在现有的选择消失后会怎么做。

---

① 1 英寸 ≈2.54 厘米。——编者注

陷入思维狭隘的僵局是很难觉察的——但仅仅是当你身处其中的时候。当你置身其外，充当一个决策顾问时，你就可以清晰地看到你的同事或孩子是否在不必要地限制自己的选择。有时采取更广阔的视野，事情会大不相同。

本章小结

1. 青少年陷入思维狭隘之中。他们意识不到其他选项的存在。
   - “我应不应该去参加派对？”

2. 不幸的是，大多数组织机构做起决定来就像青少年一样。
   - 桂格公司因斯纳普收购案，3 年内损失了 15 亿美元。
   - 纳特的调查：只有 29% 的组织机构考虑了一种以上的选择（青少年为 30%）。

3. 可供我们选择的选项常常比预期的要丰富得多。
   - 大学选择顾问普赖斯帮助学生探索更广泛的选择范围。

4. 为什么我们会陷入思维狭隘之中？专注于目前的选择意味着对其他选项视而不见。
   - 弗雷德里克在两个音响中做艰难选择——他没有考虑其他的选项。

5. 我们应该如何避开思维狭隘？考虑机会成本。
   - 把 14.99 美元存下来另作购买计划。
   - 艾森豪威尔：一架轰炸机的成本 =30 多个城市的现代化砖房学校。

6. 或者试试“消失选项测试”：现有的选择消失后你会怎么做？
   - 玛格丽特·桑德斯发现，在解雇安娜这件事上，她有更好的选择。
   - 当我们的选择“消失”后，我们被迫转移注意力。

7. 身在其外——作为一个决策顾问，更容易发现思维的狭隘。“是或否”式决定应该引起警惕。

第三章

多目标追踪

从不同角度，同时考虑多个选项

在加利福尼亚的索萨利托小镇上，有一家名叫莱克西肯（Lexicon）的小公司。这个公司为15个价值高达10亿美元的品牌打造了品牌名，其中包括黑莓（Blackberry）、达萨尼饮料（Dasani）、纺必适清洁剂（Febreze）、安吉星信息服务（OnStar）、奔腾微处理器（Pentium）、赛恩汽车（Scion）和速易洁除尘（Swiffer）。这些名字并非源自突然产生闪电般见解的头脑风暴会议——毕竟，没有人能被闪电击中15次。相反，莱克西肯的神秘之处就在于它的创造过程，它帮助公司避免陷入思维狭隘之中。

比如2006年莱克西肯为高露洁公司做的设计。当时，高露洁正准备推出一款一次性的迷你牙刷。牙刷的中心带有一粒特殊牙膏，这种设计可以免去漱口的麻烦。因此，你可以随身带着这款牙刷，在出租车上或者飞机的厕所里刷完牙后，就能够把它扔掉。

莱克西肯的创始人兼CEO戴维·普拉赛克（David Placek）第一次看到它时说，这款牙刷的最特别之处是它小巧的体积。所以，如果你是莱克西肯团队中的成员，你的注意力放在这个迷你牙刷上，那么你就会开始抛出一个又一个强调它体积小巧的名字：娇小牙刷、迷你牙刷和微小牙刷等等。请注意，在这样的头脑风暴中，你已经令自己受困于一个有两种假设的思维框架中：（1）它的名字必须体现出小巧性；（2）“牙刷”两个字应该被放在名字中。

这种思维定势正是莱克西肯团队已经学会抗拒的东西。客户经常找上门来，他们对于“好名字”的含义往往只有一种狭隘的观念。比如，英特尔的客户曾想要给奔腾起名“普罗芯片”，宝洁公司的一些客户本来想把速易洁叫做“易扫除”。莱克西肯已经意识到最好的名字来自我们所说的“多目标追踪”——同时考虑多个选择。

为了熟悉这款新牙刷，莱克西肯的普拉赛克团队成员开始在日常生活中使用它。最初，大家的感觉是，不把牙膏沫吐出来真是奇怪极了（我们总是习惯把牙膏沫吐出来）。幸好，新牙刷不同于普通牙刷，它不会产生一大堆的薄荷味沫子，口感更轻盈、令人愉悦，更像是一片通气鼻贴。缺乏起泡度，就是这款牙刷的鲜明特征。这一点使团队成员领悟到，牙刷的名字不应该只体现它的小巧，而应该体现它轻盈、洁净和柔软的特点。

出于这样的认识，普拉赛克开始多目标追踪。他让其语言学家联络网——位于 50 个不同国家的 70 名语言学家——集思广益出表示“轻盈”的隐喻、声音及言辞表达。通过语言学家们各自独立工作，他们大大增加了备选名字的数量。

同时，他邀请了莱克西肯内部的另外两名同事来帮忙，但向他们隐瞒了客户和产品的信息。相反，他分配给这个小组——被称为“离题小组”——一个虚构的任务。他告诉他们，护肤品牌玉兰油有兴趣推出一个新系列的口腔护理产品，而他们的任务就是帮玉兰油想出产品的概念。

普拉赛克选中玉兰油的原因是，他认为“美丽”是这款新牙刷的隐性卖点。“好的口腔护理意味着亮白的牙齿，而亮白的牙齿让人赏心悦目。”普拉赛克说道。在一段时间的探索后，离题小组提出了一些有趣的产品概念，比如“玉兰油焕彩漱口液”，一款可以使你的牙齿发亮的漱口液。

最后，轻盈而非美丽的概念占据了上风。语言学家小组提交了一个长长的单子，上面都是可能用到的单词或短句。突然，一个单词跃入了普拉赛克团队的视线：“wisp（小缕、小束）。”这个词完美地和新牙刷的体验相呼应。它不重、不起泡沫，几乎让人无法感知到它的存在。这就是“wisp”的感觉。由此，高露洁Wisp一次性迷你牙刷诞生了。

你是否注意到莱克西肯的这个流程中缺失的东西：每个人都围坐在会议桌前，眼睛紧盯着牙刷，然后开始抛出各种名字。[喂，“吐服（Toof）牙刷”这个名字怎么样？——这个还没被别人用过！]

莱克西肯拒绝用一种路径进行思考。事实上，在它多数的起名项目里，莱克西肯会组成三个小组，每个小组有两个人，各小组都有不同的调查方向。而且通常都会有一个离题小组，对客户和产品全不知情，从相关领域寻找参照。“李维斯 Curve ID”牛仔裤为不同体型的人设计，给它命名的时候，离题小组对测量学和建筑学的参考资料进行了深入研究。

莱克西肯的多目标追踪经常导致工作“被浪费”。在 Wisp 案子里，离题小组的成员发现他们无法推进玉兰油的这项任务。但正是由于他们愿意并行地工作和忍受低效率，案子往往才有所突破。比如，莱克西肯非常著名的项目之一：为动态研究公司（RIM）制造的“黑莓”命名。

当时 RIM 告诉莱克西肯公司、普拉西克和他的团队，人们认为 PDA（Personal Digital Assistant，个人数字助理）嘈杂、颤动、使人烦躁并过度紧张，而 RIM 正与这样的负面关联做斗争。普拉西克给离题小组提出了挑战——在又一次不知道客户真实信息的情况下——列出世界上可以给我们带来欢乐，能放慢我们的步伐和让我们感到轻松的事物。其目的就是找出有可能抵消 PDA 负面关联的名字。

单子上的内容在快速增加：露营，骑单车，在星期五晚上喝杯马提尼酒，洗个泡泡浴，飞蝇钓鱼，烹饪，在星期四晚上喝杯马提尼，等等。后来，有人在单子上添加了“摘草莓”。其他人又从中挑出了“草莓”一词。但是莱克西肯手下的一位语言学家表示不好，草莓（Strawberry）听上去给人一种慢的感觉。[“drawl”（拖长音说话）、“dawdle”（磨磨蹭蹭）、“stall”（暂缓）这几个单词的长元音与它的相同。]

很快，它被划掉，并被换成了“黑莓”（black berry）一词。之后又有人发现 PDA 上的按键看起来就像黑莓上的种子。这仿佛是上帝的旨意！

实际上事情没这么顺利。RIM 的顾客由于自身狭隘思维的限制一开始并不支持用这个名字。他们一直倾向于使用更具描述性的名字，比如“简易邮”。普拉西克说：“大多数客户都觉得，当看到完美名字的时候，他们就会立即察觉，但实际情况却并非如此。”

最终，“黑莓”方案通过，接下来的事就众所周知了。

但客户最开始的抵触还是有指导意义的。有时当我们看到了正确的选项，我们就能够察觉出它，但有时却不会。在本章中，我们将看到，寻找其他选项——即使最后我们否决了它——会帮助我们做出更好的选择。

我们已经知道了思维狭隘的害处以及拓宽选择范围的好处。但接下来我们将看到新的内容，同时思考各选项的行为所具有的意想不到的力量。

一个方案改 6 次和 6 个方案快速筛选

对平面设计师的一项调查显示出多目标追踪的好处。设计师们接到的任务是为一个网络杂志制作横幅广告，他们被随机分配用两种方式进行创作。其中半数的设计师被要求一次设计一个广告，他们在做出每个新设计后会得到反馈。每个设计师想出一个广告设计，然后根据得到的反馈进行相应的5次调整，这样就一共产生了6个广告设计。另外一半的设计师被要求采用“同时进行”的方法，因此他们每个人做出3个广告，同时接收相应的3份反馈。随后，设计数目减少，反馈也由2次减少到最后的1次。

所有的设计师最终都设计出了相同数目的广告（6个），而且收到了相同数目的反馈（5个广告评论）。唯一的区别在于过程：同时设计多个还是一次设计一个。

结果证明，两种过程产生的结果非常不同：同时进行多个设计的设计师们做出的广告得到了杂志编辑和广告经理的较高评价，并且在对网站横幅的实际测试中，这些设计获得了更高的点击率。原因是什么呢？

对于同步进行的设计者能够取得更好成绩的原因，调查者这样解释：“由于（同步进行的）参与者同时收到了多个创意的反馈，他们就有可能同时阅读和分析多个评论。直接的对比也许使他们更好地理解了关键的设计原则，并且为后来的设计提供了更多有效的选择。”

换句话说，那些通过多目标追踪方式进行同步创作的设计师们，是在学习关于待解决问题的非常有用的信息。他们能够使最初的三个广告设计的特点紧密联系起来——把好的元素结合在一起，并把坏的删除。

你可能记起同样的逻辑也被史蒂夫·科尔——本书第一章中

想出“兼顾二者，而非其一”策略的人——用来解释为什么雇用好几个承包商来做一项工程是有益处的。他说：“你逐渐对某些议题有了全面的了解，所以你知道哪些是正确的，并且学会欣赏每个公司的特质。然而仅仅通过和单独的某个人谈话，你不可能做到上述这些。”

多目标追踪还有另一个出人意料的优点——令人“感觉更好”。在横幅广告调查结束后，两组设计师都接受了采访。当被要求评价在设计过程中他们得到的反馈的有效性时，同时设计几项广告的设计师中有 80% 以上的人都认为反馈是有帮助的。在采取“一次设计一个”方案的设计师中，只有 35% 的人承认反馈是有用的，并且实际上，他们中一半以上的人认为收到的反馈信息是批评他们的。（但那些同时设计几项广告的设计师中，没有一个人认为自己受到了批评。）这些同时进行几项设计的设计师还表示，有了这次经历，他们对自己的设计更有信心了。可“一次设计一个”的设计师们并不赞同这个说法。

为什么这次经历对“一次设计一个”的设计师们来说如此挫败？调查者们猜测，这是因为人们在单向工作时，让自己的工作过于个人化了，因此把他人的评论看成是“对自己唯一选择的非难”。或者像调查者斯科特·克莱默所说：“如果我只有一个设计，那么我的自我意识就会和这个设计完美结合。但是如果我有很多个设计，我就能把自己与它们分开”。

这是一个关键点：多目标追踪使我们时刻保持自省。如果你的老板有三个计划想要实施，那么她有可能愿意接受关于它们的各种各样的反馈。但如果仅有一个计划，那么她就会很难听进去真话，因为她的自我已经和那个计划合二为一了。

既然多目标追踪方法有这样明显的优点，那么为什么大多数组织机构没有接受它呢？许多执行者担心探索多个选择会花很长时间。这种担心是可以理解的，但是研究员凯思琳·艾森哈特（Kathleen Eisenhardt）发现在现实中结果却相反。在硅谷这样视速度高于一切的地方，她在对其最高层领导者进行的调查中发现，那些考虑多个选择的执行者能更快地做出决定。

这是个违反直觉的发现，艾森哈特提供了三个解释。

第一，对选择进行对比能够帮助执行者理解“现实情况”：什么是可能的，什么又是不可能的，其中含有什么变量。这种理解提供了做快速决定所需要的信心。

第二，考虑多个选择可能会削弱权力斗争。人们的选择越多，就越不会过于热衷于任何一个选择，进而越容易随着了解的深入而改变立场。就如横幅广告的研究中，多目标追踪好像会有助于控制自我。

第三，当领导们考虑多个选择的时候，他们已经给自己准备好了后备计划。举个例子，比如艾森哈特研究的某个公司同时在与多方伙伴进行磋商。当它与首选的伙伴磋商失败后，董事长就可以与第二位选择的伙伴达成协议。相反，如果这个公司一开始就认定了唯一的选择，那么那些磋商很可能会因为董事长奋力拯救协议而拖得很久。（并且董事长可能为了促成协议的达成而不得不做出太多让步。）

有了一些决定后，就容易找到更多的选择——你只需扩大你的搜索范围。你可以面试 3 名而非 1 名求职者，又或者当你要购房时，你可以参观 10 所房子而不是 5 所房子。毕竟，你不可能搬进一个你从未见过的梦想之家。

对于你要参观的房子的数量或者面试的求职者的人数，并不存在一个“正确的标准”。有一条经验法则：不停地寻找各种选择，直到你至少有两个心仪的选择。例如，当你发现某个职位只有一个合适的候选人时，你就会有一种冲动说服自己聘用她，这正是证实倾向的表现。你会为她的缺点找借口：她让我们不要向她过去的老板要推荐信，我们可以不要，因为她那个老板听起来真是个蠢人……

这个扩大搜索范围的逻辑同样适用于你选择汽车、大学或工作，虽然按常理来说都有限制，也就是说，在挑一个使用前，你可能不必喜欢上两个吹风机。如果你把这个方法用在婚姻上，那么上帝自会帮助你。

小心“虚假”选项：24 种果酱反而不利于消费决策

本章内容进行到这里，我们已经强调了多目标追踪的益处。我们暗示了选择越多越好。然而，如果你走进一家冰淇淋店，被众多选择弄得眼花缭乱时，你就会知道对于我们所说的“越多”，也是有一个数量限制的。这就牵涉到多目标追踪中的一个重要问题。巴里·施瓦茨（Barry Schwartz）等心理学家已经表明了“超负荷选择”的危害，即人们在面对众多选择时容易大脑停滞的倾向。多目标追踪会使人们陷入超负荷选择之中吗？

有调查显示，极端的多目标追踪是有害的。哥伦比亚大学的席娜·艾扬格（Sheena Iyengar）和马克·莱珀（Mark Lepper）进行过一个经典研究：他们监测了食品超市内消费者的购买行为。某天，超市内设立了一个可以试尝6种果酱的桌子，它受到了人们的喜爱；又有一天，超市摆放了一个陈列了24种果酱的桌子，比前一次还要受欢迎。但到了收银台那里却发生了令人惊讶的事：在6种果酱中进行挑选的顾客，他们掏钱购买一罐果酱的可能性比在24种果酱中挑选并购买的可能性高出9倍！看起来试尝24种果酱是很有趣的，但是从中挑选是令人痛苦的。这样的选择使人麻痹。

大多数情况不会迫使我们在24个选项里做选择，因为往往没有那么多选项。还记得第二章中我们看到：当大多数人和组织机构做决定时，更有可能只在一种果酱中做出选择。（我在考虑是否买草莓味的果酱。）

我们想要说明，在桌子上增添哪怕一种果酱——也就是为你的决定多加一个选项——也能够大幅优化你的决定并阻止你的决策瘫痪。（请有兴趣的读者注意：对于为什么我们认为多目标追踪不会导致决策瘫痪，本书注释部分包含的理论性讨论提供了更详细的解释。）

如果想要找到证据证明多增加一个选择可以引导好决定的产生，那么请看一项对德国一家中型私人技术公司所做的每项重大决定的研究。德国基尔大学的研究员和教授发现，这个公司做了极为详尽的会议记录，其中包含了对决议过程的记录。（记录被送至主要投资者那里，以使他们了解最新情况。）

18 个月后，档案显示，执行董事会讨论并解决了 83 个重大的决策问题。这些决策从未包含 3 个以上的选择，其中 95% 的决策要么是“是或否”式选择（40%），要么是有两个选项的选择（55%）。（这些决策者比本书中纳特调查的公司更巧妙地避开了狭隘思维。）

在这些决定被做出很多年后，大学研究员们发现了这份档案记录。在执行董事会的帮助下，根据它们后来的成功或失败，是能够对这些决定做出评价的。经过数小时的讨论和争辩，在激烈的等级评估程序中，董事会将 83 个决定按其效果归类为：非常好、满意和差。

研究人员在分析资料时，发现其数据是如此惊人：当执行委员会对一个以上的选择进行考虑时，他们做出“非常好”的决定的次数比只考虑一个选项时多出 5 倍多。（更确切地说，40% 的多项选择决定被评为“非常好”，而只有 6% 的“是或否”式决定被评为“非常好”。）这可不是一个微不足道的发现。

决策瘫痪在大多数情况中并不会产生重要影响——你不需要过剩的选择来优化你的决定。你只需要一两个额外的选择。忘了24种各不相同的果酱吧，两种或者三种就已足够让我们满足了。

并非所有选项的权重都相同。如果同时设计多个横幅广告的设计师们的作品只在字体大小上存在差异——你更喜欢11号字体还是12号字体？——那便不是在多目标追踪，更像是通过多目标微调。为了从多目标追踪中受益，我们需要探索出在本质上有所区别的选项。

我们还必须避开虚假选项，因为它们只会让"真实的"选择看起来更好。比如，许多房地产代理商承认，他们会先将一些不太好的房源展示给客户，从而使后面展示的房源看起来更具吸引力。

这个虚假选项技巧经常被用在权术中——老板们索取选项，可是却不一定重视对选项质量的评估。为了对此话题进行深入理解，我们需要提到操纵艺术的大师——前美国国务卿亨利·基辛格。

在他的回忆录《白宫岁月》（*White House Years*）中，基辛格谈到了一个发生在理查德·尼克松身上的经典的官场诡计。当时尼克松就欧洲相关的某个议题正在考虑对策，美国国务院提交给尼克松一份写有三个"选择"的备忘录。基辛格发现其中两个选择显然不可行，合理的选择就只有一个：

> 这就是典型的官场诡计，给决策者提供的选择中只有一个是真实的，并且为了方便将其识别出来，就把它放在最中

间。我曾开玩笑，最经典的例子就是让决策者在核战、当前政策和投降之间做选择。

尼克松可能以为他有选择的余地，但那不过是假象。他一直被限制在狭隘的思维之中。

如果总统都会上当受骗，那么你也会。管理者们应该奋力争取的是合理的方案，而不是虚假的选项。为了判断你的同事们构建的选项是真是假，你需要就这些选项调查他们的偏好。如果同事们意见不一，那说明你得到的是真的选项。一个容易达成的共识可能就是虚假选项的危险信号了。

的确，在本质上有所区别的选项有时是很难找出的，“聚光灯”效应是部分原因。比如，当我们想要在家里安装木质地板时，就会很自然地考虑木质地板的各种类型。如果真的要跳出思维定势，我们就可能考虑给房子做些其他的改进。但真正截然不同的选择——使用更多的地毯？只给地板刷漆，然后用节省下来的钱去夏威夷？把地板这回事儿忘了，去买辆车？——不太可能会出现，因为它们需要你大幅度地摆动聚光灯。

预防心态和进取心态

当我们陷入常规的思维路径时，不同选项的产生就更加不易了。研究者对两种思维定势进行了广泛的调查，作为普遍存在的心态，它们几乎影响着我们的每一项决定。当我们想着避开坏事情的时候，第一个思维定势便被触发，而第二个则会在我们追求美好事物的时候被触发。当我们处于一种心态时，便会常常忽视另一个。

为了说明这其中一种心态，请想象一个这样的清晨：十几岁的儿子告诉你，他作为一个具有服务意识的学生俱乐部主席所承担的职责。你为他感到骄傲，但同时你也希望他能理解自己做出的承诺。在你的车道上，你碰到了一位邻居，他告诉你街上那所待售了 6 个月的房子最近被低价卖掉了。在上班路上，你听到广播节目中说到一项新兴技术潜在的风险。

到达办公室一小时后，老板把你拉到一边，跟你说有一个新职位，工作内容包括带领一支小团队去创造和推出一个新的产品。它是一个高风险的产品概念，可老板却认为它很有市场潜力。老板想知道你对此是否感兴趣——它将需要你平级调动，也会让你比现在少管理一些人，但如果一切顺利的话，它带来的荣誉也更多。

你对这一工作的本能反应是什么？你可能会有些谨慎。因为它听起来可不太像是升职，此外你还有责任让你的团队完成当前的项目。还有，如果这个新产品失败了怎么办？会不会危及自己的职业前途？你一定想要审慎地考虑这个职位。毕竟，谨慎选择总比懊悔难过要好。

现在想象另一个不同的清晨。你的儿子告诉你他对新加入的学校俱乐部的愿景，你因为他正在追求远大目标而感受到为人父母的骄傲。你的邻居跟你说他有多喜爱自己的香草园，这使你开始考虑给家里的后院做园林美化。在上班的路上，你听到广播里说一项新兴技术带来的机遇。你到达办公室一小时后——跟之前一样——你的老板和你谈论一个新职位……

现在你对这份工作的本能反应是什么？这一次，你可能会变得更加开放热情。公司信任你去领导一个潜力巨大的新产品！毕竟不冒险，无所得。

简而言之，你对这一职位的反应，很大程度上取决于它提供给你时你的心理状态。心理学家已经发现了两种影响我们对新机遇的积极性和接受能力的心态：一种是“聚焦预防”，它促使我们避免消极结果；另一种是“聚焦进取”，它促使我们追求积极结果。

在上面的第一个情景里，你带着聚焦预防的心态去上班，这意味着你处于一种警惕的情绪中。你想要确保儿子不辜负他的使命，你担心自己的房子正在贬值，你真的希望决策者可以避开新技术的风险。所以当你考虑新职位时，你的聚光灯就会照亮那些有可能出错的地方和你可能会失去的东西。但在第二个情境中，你处于聚焦进取的心态，这意味着你是进取而非警惕的——你愿意接纳新想法和感受新体验。

两种心态都是有益的，在生活中考虑不同的决定时，我们就在这二者之间转换。然而，它们是不能轻易共存的，人们很难同时拥有它们。

最明智的决定可能是将预防心态的谨慎和进取心态的热情结合在一起。请看对 4700 个经历三次全球经济衰退的上市公司的调查（1980~1982 年，1990~1991 年，以及 2000~2002 年）。三名哈佛大学的研究人员——兰杰·古拉蒂（Ranjay Gulati）、尼汀·诺瑞亚（Nitin Nohria）和弗朗兹·沃格措根（Franz Wohlgezogen）仔细阅读了这些公司的财务报告，分析了它们应对艰难的市场状况的方式。调查结果发人深省：17% 的公司没能在相关的经济衰退中幸存下来，另有 40% 的公司的销售量和利润在经济衰退结束三年后没有恢复到衰退前的水平。

研究人员依据这些公司对衰退的反应将它们分类，其中两种分类是受了进取与预防心态的启发。聚焦预防型的公司首先采取防御性行动——它们缩减开支并努力减少风险。聚焦进取型的公司采取攻势，持续进行战略赌注和投资。

这几类公司都将经历痛苦，因为它们不成比例地将焦点放在一套方法上。研究人员报告说，关注削减成本的聚焦预防型公司易产生“受困心态”。身在这些公司内部，他们写道：“消极的情绪弥漫了整个公司。集权、严格控制以及面临更多裁员的不断威胁共同营造出一种无力感。人们关注的焦点仅仅是如何生存——对于个人和组织都是如此。”

然而，聚焦进取型公司则容易变得天真和反应迟缓。研究人员称这些公司形成了“一种乐观的文化，使得它们在长时间内否认危机的严重性”。

大多数成功的公司更像是多目标追踪者，将进取和预防的最强元素结合起来。比如，在2000年的经济衰退中，史泰博公司（Staples）关停了一些效益欠佳的商店，并且控制了它的运营成本，但是它也多雇了10%的员工，让他们去开发一些新的高端服务。同时，史泰博的头号竞争对手欧迪办公（Office Depot）采取了聚焦预防的行动，裁员6%，并且没有在新产业做出有可比性的投资。方法上的不同在两个公司的盈亏上呈现出不同的结果：经济危机发生后的三年内，史泰博的利润大约要高于欧迪30%。

最好的多目标追踪者，如史泰博公司，通过变得更有效率而非裁员来削减成本，并且它们一直坚持研发和新商业机会的投资。它们谨慎且保持创造的渴望，这样进退自如的特质大大增加了它们蓬勃发展的机会。研究人员通过寻找经济衰退后强力反弹的、在销售额增长和盈利增长方面超过对手10%甚至更多的公司的例子来定义成功。多目标追踪者大幅反弹的概率要比单单依靠聚焦进取的公司高出42%，而比单单依靠聚焦预防的公司高出76%。“兼顾二者，而非其一”是一个不错的企业战略。

简而言之，将两种心态混合在一起，是进行明智选择的秘诀。这就是为什么我们必须对任何一种单一的心态所主导的情况提高警觉的原因。在削减预算的环境中，预防心态起到主导作用：必须削减预算的话，怎样把伤害降到最小？如何保护自己免受损失？这种情况下，作为决策顾问的你可以将同事们向聚焦进取引导："我们都知道要削减 5%。但是如果我们可以削减 8%，并将省下的一些钱投资在最令我们激动的机会上又会怎么样呢？我们能够取得巨大进步的绝好机会是什么？"

在个人生活中，试想一个很有抱负的剧作家刚刚搬到了洛杉矶，他想象着无限机遇——激动人心的新故事，迷人的新朋友，有利可图的新交易，还有非常棒的行业聚会。这就需要一个富于同情心的朋友触发他的预防情绪：你拿什么保证在等待这些绝妙的机会出现时，你的经济不会入不敷出？

这种心态的混合对于个人和组织的决定都是至关重要的，但是我们并不总能凭着自己做到这点。比如密歇根大学的心理学家苏珊·诺伦·霍克西玛（Susan Nolen-Hoeksema）出版的一本书中讲到的多琳和弗兰克的例子。多琳是一名在洛杉矶社会福利部门工作的社会工作者，她非常敬业。但这份工作让她在情绪上很难承受。她对那些看起来没有自助意愿的冷漠对象感到生气，又因为那些贫穷的对象被从福利救济名单中移除而伤心不已。

情绪上的大起大落使多琳压力渐增，这种情绪也干扰到了她的家庭关系。诺伦·霍克西玛这样写道："许多个晚上，多琳要么因为一件小事对某个孩子大发脾气，比如在叫孩子吃饭的时候孩子没有关电视；要么就整晚把自己关在书房里，以免又为家里的事情而大发雷霆。"

在走投无路的时候，多琳去教堂拜访了一位导师，这位导师鼓励她积极主动地处理这种压力。她随后列出了可采取的解决办法：

① 辞掉工作。

② 改为半工半薪。

③ 让孩子们少惹人生气。

④ 让弗兰克多管教孩子。

⑤ 找个压力小一些的工作。

⑥ 在回家之前找到释放压力的方法。

注意，多琳在创造多个选择方面做得非常好。在类似多琳的情况中，人们总是容易陷入思维狭隘，而把情况归纳为一个单一的选择，比如是否辞职（或者是否把孩子的嘴堵上）。

遗憾的是，她列出的许多选择都是不可行的。因为家庭需要她的收入，所以前两项选择就被排除了。现在看选项③和选项④：她的孩子们不可能突然就转变成沉默和乖顺的孩子，把作为父母的负担更多地转移给弗兰克（已经尽职尽责）的做法也不对。她发现根本问题并不是出在孩子或丈夫身上，而是她自己对生活中正常的恼人事情反应过激了。

这使她专注于选项⑤：找个压力小一些的工作。换一个情绪负担少的工作可以使压力及时得到缓解。然而，这就像对自己的核心宗教信仰——需要为不幸的人们服务——的背叛。

多琳感觉自己被困住了，所以她跟丈夫弗兰克讨论了最后一个选项——在回家前释放压力。弗兰克给出了一些建议：为什么不在回家的路上听听舒缓的音乐？（多琳总是听新闻类节目，听那些可能会激怒她的各种社会问题。）他还建议她早点儿下班，然后在回家之前去基督教青年会服务。

这些都是简单的主意，可能我们中的许多人也想出了类似的方法。在这里，我们想要强调的是多琳的日常智慧——她与弗兰克（还有她的教堂导师）讨论选择的可能，还有弗兰克巧妙转变焦点的智慧。当多琳一直思考着预防和减少压力的方法（辞职、减少作为家长的责任）时，弗兰克说服她去思考可以增加幸福感的方法（兼职其他工作或者听好听的音乐）。他把进取心态添加到了她的预防心态中。

鼓励我们爱的人和同事将这两种心态混合在一起，可以帮助他们避免进入情绪上的死胡同。

当生活提供给我们“非此即彼”的选择时，我们应该勇敢地去探索是否存在一个“两者都选”的正确答案。

在上一章中，我们看到通过寻找多个选择来避开思维狭隘的益处。这一章又增加了新的内容：同一时间建立多个选项是值得的。就如我们看到的德国技术公司，拥有多个选择而做出的决定要比唯有一个选择时的决定明显好得多。

根据我们的经验，一些管理者会为狭隘的思维找借口，他们会如此争辩道：“尽管我们现在只考虑着一个选择，但它并非是一个‘是或不是’的简单决定，因为我们在过去几年里已经考虑过了很多其他选择。”遗憾的是，如我们所见的循序探索创意想法的横幅广告案例——虽然随着时间的推移，它提供了多个选择——但没有同时探索多个选择那样效果突出。多目标追踪使我们更好地理解了自己现在所面对的情况，它使我们把不同选择的最佳特性结合在一起，并时刻保持自省。

构建多个选择有时是困难的，因为我们的头脑并非总在想着“这个和那个”。比如，我们经常会陷入预防或者进取的心态中。如果我们可以做到两者兼顾——寻找既将危害最小化，又将机遇最大化的选择，我们就可能发现自己全部的选择范围。

到目前为止，我们还没有讲到一个问题。本章中的各个案例都有很多选择：莱克西肯公司考虑了几十个产品名字，横幅广告的设计师做出了6个广告，多琳想出了6个可采取的办法（不包括弗兰克的建议）。但假使你处于一个不易产生新选择的环境中又会怎么样？如果你陷入了一个看似死胡同的境遇呢？

这就是我们接下来要讨论的问题：你可以去哪里寻找新的选择？

本章小结

1. 多目标追踪等于同时思考一个以上的选择。
   - 命名公司莱克西肯拓宽选择范围是通过将一个任务分派给多个小团队，包括一个“离题小组”——从一个迥然不同的领域思考相关的任务。

2. 当你同时考虑多个选择的时候，你认识到了问题的“形状”。
   - 当设计师们同时设计多个广告时，他们的创造力和效率得分更高。

3. 多目标追踪同样也使我们时刻自省——而且速度更快！
   - 当你仅有一个选择时，你的自我意识会被束缚其中。
   - 艾森哈特对硅谷公司的调查：多目标追踪将政治因素最小化，并提供后备计划。

4. 考虑太多选择可能引起决策瘫痪，因此我们可只再多考虑 1~2 个选择。这样，得到的收益是巨大的。
   - 我们不提倡在 24 种果酱中做选择。当德国公司考虑两个或多个选择时，它做出“非常好”的决定的概率将提高 5 倍。

5. 警惕“虚假选择”。
   - 基辛格：“核战，当前政策，或投降。”

- 一个诊断方法：如果和你在一个团队的人对选择持有异议，那么你就得到了真实的选择。

6. 在预防心态和进取心态间转换。
   - 聚焦预防＝避免消极结果，聚焦进取＝追求积极结果。
   - 经济危机后，那些采取两种心态的公司表现更好。
   - 多琳的丈夫弗兰克鼓励她思考提升幸福感，而不仅仅是控制压力。

7. 争取“两项都选”，而不是“非此即彼”的选择。

第四章

借助外脑：咨询解决过同样问题的人

从外部寻找：竞争分析、基准数据和最优方法

沃尔玛公司2012年销售额达到4 440亿美元的巨大规模，相当于从世界上每个人那里各赚到64美元，这激发了人们的复杂情绪：敬畏、恐惧、崇拜和厌恶。然而，人们很容易忘记，位于阿肯色州本顿维尔市的沃尔玛曾是一家名不见经传的小企业。尽管沃尔玛的创始人山姆·沃尔顿成了全球商业巨子，但他却是从一个小商人起家的。

1954年，也就是沃尔玛创立多年之前，沃尔顿在本顿维尔市经营着一家杂货店。沃尔顿经常从别家商店寻找好点子。当他听闻明尼苏达州的一家本·富兰克林杂货店创造了一个新的结账方法时，他便决定亲自去看看。他坐上一辆公共汽车，跋涉600英里[①]后到达了明尼苏达州的派普斯通。

---

① 1英里≈1.609千米。——编者注

当他最终抵达目的地时——试想下经过了 12 小时的车程去做一个行业标杆研究——他发现了令他印象深刻的东西。在那些店铺里，所有的顾客都要到店门口的中心结账区付款。这是不同于行业内部门结账的一贯做法。在绝大多数店铺里，包括沃尔顿自己的店铺，购买厨房用品的顾客会在厨房用品柜台结账，如果他们还需要肥皂的话，那还要到洗漱用具柜台再付钱。

沃尔顿察觉到，集中化的结账模式有几个关键优势：它需要的收银员相对较少，这样就减少了工资支出；它减少了现金处理的次数，从而使出错和偷窃的概率降低；它保证了顾客购物后只需一次性结账。

因为相信富兰克林的方法更为优越，沃尔顿迅速地将这个方法应用到了自己的店里，而且沃尔玛现在仍沿用着这种模式，许多其他大型零售商也是如此。

沃尔顿在他的整个职业生涯中都时刻关注着好的想法。他曾说："我做的每件事情几乎都是从别人那里效仿来的。"在他早期经营连锁折扣店时，他在全国奔波以获得商业洞察力，范围从东北部的斯巴顿（Spartan）公司和马默斯玛特（Mammoth Mart）公司到加利福尼亚的菲德马特（FedMart）公司（均为零售百货公司）。在和菲德马特（FedMart）公司的一个领导交谈后，沃尔顿心中配送的概念清晰起来，而这日后成了沃尔玛的一个绝对优势。此外，他还欣赏凯马特零售百货[①]的商品组合和陈列的方式。"我

① Kmart，凯马特零售百货，由萨巴斯蒂安·克瑞斯吉在密歇根的加登城创立。

敢打赌我去过的凯马特商店比任何人都要多。”沃尔顿说。

他一次又一次地在职业生涯中通过自问“还有谁也在奋力解决相似的问题，我可以从他们那儿学到什么”而找到了聪明的解决方法。

为了摆脱思维狭隘的束缚，我们需要选择。而使选择产生的最基本途径之一，就是找到那个已帮你解决了问题的人。如果你不确定应该怎样对待一个有酗酒问题的亲戚，那么就和与你有相同遭遇的另一个人谈谈（这就是戒酒互助会存在的原因）。如果你对于经费申请流程不熟悉，那就找之前操作过这个流程的人谈一谈。

山姆·沃尔顿养成了一个研究竞争对手经营方法的习惯，以便寻找比他自己的想法更好的点子。如今，他那种对竞争分析的热情已经成为大多数高管都认同的传统智慧。他们早就学会了对竞争对手进行“标杆分析”，并吸收行业内的“最优方法”。这样的习惯大多都很有用，它们很少产生变革性的影响，但却能让好的想法经常被迅速地采纳。当所有的零售商都把集中化的结账作为一个“最优方法”时，那它对于任何人来说就不再是竞争优势了。

从内部寻找：以往的成功经验

在其他情况下，对某个组织有效的方法可能不适用于另一个组织，就像器官移植会出现排斥反应一样。（试想麦当劳受到影院的启发，开始出售 12 美元的可乐。）这就是为什么我们不应忘记搜寻新的选择时，同时看看自己组织内部的情况。有时，解决问题的人就是我们的同事。这就是拥有 900 万成员、全美较大的健康维护组织之一的凯撒医疗机构的领导者们发现的情况。

2008 年年初，阿兰·薇琵——北加州凯撒医疗集团的质量与安全医疗总监——看到了一组令她吃惊的数据。为了使他们的医院变得更好，薇琵和她的小组让北加州 21 个凯撒医疗机构所属医院的领导们分别对最近在其医院死亡的 50 名病人进行详尽的案例研究。这些医院积极医治的一种疾病——心脏病——仅导致了 3.5% 的患者死亡。但是脓毒症的死亡人数大约相当于其 10 倍，这是一种凯撒医疗机构和他们已知的多数其他医院都很少关注的疾病。

薇琵医生用了一个比喻解释脓毒症：“如果你的皮肤受到感染，它就会发炎——红肿、发热。但皮肤变红并不是因为感染本身，而是身体对感染的反应。”脓毒症是类似于血液感染的机体反应。机体的炎症反应会扩至全身，甚至到距离炎症处很远的地方——就像肺炎，它可以引发肾功能衰竭甚至脑损伤。

薇琵和她的团队意识到，内科医生们对感染性疾病，比如肺炎，都很留意，但对于常常引发病人死亡的脓毒症却没有加大治疗力度。

薇琵惊呆了。她遇到了一个问题：她需要找到方法来提高凯撒医疗机构对脓毒症的治疗，可去哪里能够找到这些方法呢？

她与凯撒的一名内部人员——圣克拉拉凯撒医疗机构的内科

医生戴安娜·克蕾格（Diane Craig）建立了重要的联系。克蕾格和她的同事多年来一直从事有关脓毒症治疗的工作，他们医院脓毒症患者的死亡率已有所下降。但是他们对于这一进展的速度感到沮丧——尤其是从治疗脓毒症的“秘诀”问世之后。2002 年，一篇激进的文章刊登在《新英格兰医学期刊》上，其中提到，如果脓毒症患者在被确诊后能得到快速的强化治疗，那么死亡的可能性将大大降低。

但是，说来容易做时难。依据自身经历，克蕾格知道快速强化的治疗是很难实现的，其原因有以下两点。第一，脓毒症很难察觉。患者可能在上午看起来气色还很好，午餐时间却突然病危，而此时出现的一系列内伤往往就很难救治了。第二，那篇文章推荐的治疗脓毒症的方案需要给患者使用大量的抗生素和注射液，而这些要冒一定的风险。

正如克蕾格所说，让人们接受这样的说法不太容易：“这位患者看起来很好，不过我要把一个巨大的中心静脉导管插入患者的脖子，并把他推进重症监护病房，再给他的静脉注入好几升的注射液。即便当时他看起来很健康，我们还是会这样做。”虽然研究证明这种早期干预的行为是正确的，冒险是值得的，但是让那些坚持“不伤害病人”理念的医生们按照研究说的那样快速而有力地行动却是很难的。

克蕾格和薇琵意识到要对抗脓毒症，她们就不得不克服上述两个问题，这就需要让脓毒症更易为人所察觉，并且把无作为的危害展示给工作人员看。

在薇琵的支持下，克蕾格和她的团队在圣克拉拉开始酝酿解决问题的新方法。一个简单却有用的想法：每当内科医生们要求进行血培养时——这是他们担心血源性感染的一个表现——在血培养外自动附加一个对乳酸的检测。（乳酸是监测脓毒症的重要指标。）这使他们在脓毒症未对患者的生命体征造成影响前就能将其检测出来。

其他改变是为了让圣克拉拉的员工对脓毒症更加重视。医院印制了强调脓毒症症状的海报和卡片。印制材料中的表格显示出不同情况的病人各自对应的死亡风险。“人们可以看到，虽然眼前的这个患者看起来很好，但他有 20% 的死亡可能性。脓毒症很可怕。”克蕾格说道。

如果医生和护士发现了脓毒症的症状，他们便会被要求开启“脓毒症警报”，它相当于在某人心脏骤停时被呼叫的“蓝色代码”①。脓毒症警报会召集一个能够对患者进行评估并在适当情况下对脓毒症进行强化诊疗的医疗团队。

这些创新的解决方法开始奏效，脓毒症死亡人数开始下降。薇琵一直在关注这项工作，她知道圣克拉拉团队正在收集一组可以应用到其他医院的策略。与此同时，其他一直在寻求解决方法

① 蓝色代码（Code Blue），美国医院的一种代码。美国医院病房内有一个特殊按钮，此按钮被按下时，病房外的广播中便响起蓝色代码，距离病房最近的医生、护士等要前往该病房对需要急救的病人进行急救。——译者注

的医院也把解决问题所需的关键部分添加了进去，例如环绕静脉滴注器的气球形状的“压力包”——确保更快地给脓毒症患者输入足够的液体量。

短短几个月内，在薇琵的指导下，脓毒症诊疗方案在其他医院得到了积极实施。至2012年夏季，由21家医院组成的为330万人服务的北加州凯撒医疗中心的脓毒症死亡率已经比全美平均水平低28%。

这种解决方法拥有惊人的潜力。如果所有医院都达到凯撒医疗平均线下28%的死亡率，在拯救病人方面，其年度成果就等效于拯救了每一个死于前列腺癌的男病人和每一个死于乳腺癌的女病人。

写下问题列表：同类决策以往会考虑的所有问题

凯撒的领导者们优先考虑了自己内部的“亮点”——一组数据中意义最积极的数字。[①] 比如对脓毒症的治疗，克蕾格医生的团队凭其降低的死亡率展现了他们的亮点。

然而亮点也可能更加平凡。如果你正要试图坚持一个新的锻

① “亮点”（bright spots）是我们在《行为设计学：零成本改变》（*Switch*）一书中定义的术语，《行为设计学：零成本改变》一书讲的是如何改变。该术语在此书中是较核心的概念，欲了解更多信息，请查看关于亮点内容的免费摘录：http://www.fastcompany.com/1514493/switch-dont-solve-problems-copy-success.

炼方式，那么你的亮点可能是你上个月坚持去了4次健身房。如果你花点时间去研究并弄清自己的亮点——你究竟是如何在那4天中成功地出现在了健身房——你便常常会发现意想不到的解决方法。也许你会注意到其中有3次是在午餐时间，而这似乎是对你来说事情最少的时间。所以你可能会因此注意不在午餐时间安排事情，而把它空下来用来锻炼。

亮点不会遭遇移植的排斥反应，这就是亮点的绝妙所在，因为它源自你自己的情况。你要重现的是你自己的成功。

亮点以及最优方法都是灵感的来源。如果你遭遇困境，并且需要新的选择，那么你就可以像山姆·沃尔顿那样从外部寻求新的思路，或者像凯撒医疗机构的领导者们那样从内部寻找。请注意，这两种情况下的过程都是基于被动反应的：是困境激发你去探索。但是对探索得出的结论进行总结，并将其记录下来以备后用却可以收获良多——把被动的探索转变成一系列主动的指导方法。

要了解我们说的是什么意思，请想象某经理有这样一个员工：才华横溢、雄心勃勃，渴望自己能拥有更多职权。可惜经理没有用明确的方式来嘉奖这个员工的雄心——没有明确的升职途径，也没有提高薪酬的方法。那么你如何避免这个员工的热情下降，或者避免更糟糕的事——让他失去所有的热情？

对于选择的探索可能会指引经理首先去寻找最优方法。在这个拥有成千上万个组织机构的世界里，之前一定有人已经面临过这个问题。接下来她可能会在自己的机构内部寻找亮点，通过采访几个资深经理来了解他们的看法。

如果她把事情往前推进了一步，对自己所得到的进行总结，以便下一个处于相似情形中的经理——无论是一个月或是一年后——可以查询她制作好的建议列表，又会怎么样呢？她的列表里可能包括了这些思考：你有办法把一部分自己更高级的工作派给员工去做吗？你可以开拓出一个让员工负责的项目吗？如何找到一种方法，让员工能够因其工作而得到公开认可？

通过给建议编码，她正在为管理的“超级精选辑”制作一个“问题列表”：要问什么问题，参考什么原则，考虑什么想法。

这个问题列表的方式使得被动的探索——谁已经解决了我的问题——变成了主动的手段：我们已经找到了那些解决了这个问题的人，他们提出了什么方案。

迪恩·休斯（Dion Hughes）和马克·约翰逊（Mark Johnson）已经用这种问题列表的方式在广告行业取得了巨大成功。他们创立了一家名叫劝导艺术和科学（Persuasion Arts & Sciences）的公司，当广告公司遇到创新的障碍时，它便充当起“替补投手”的角色。迪恩·休斯和马克·约翰逊经常在“投球”前的最后一刻提出新的想法。

他们二人都曾在顶级广告公司工作过。约翰逊曾和团队成员一起为宝马开发“终极驾驶机器”，休斯则在福斯特啤酒发起的“如何说澳大利亚语”竞赛活动中获奖。（样品广告上画着一个匕首，配有标题“澳大利亚牙线”。另一边是配了标题的一瓶福斯特酒“澳大利亚啤酒”。）

迪恩·休斯说：“我们知道有创意的人都比较重视自己的想法，他们并找到自己热衷的事情，然后投入浓厚的情感。他们还会花很多时间潜心研究一两个创意，而不是随意展开他们的想象。既然这样，那为什么我们不反过来做呢？”所以当休斯和约翰逊被创意总监们找去帮忙时，他们尝试在一星期内给他们提供十几个可以思考的方向。（注意多目标追踪法。）

为了想出足够多的创意，他们一次又一次地回归到相同的问题列表。比如，他们可能会问，在这个品牌下什么样的图标理念会有效果？我们又该围绕它做些什么？对于 UPS（United Parcel Senice，美国联合包裹）快递来说，它可能是那个盾牌商标，或是传统的 UPS 棕色司机制服，又或许是那个盒子状的运货卡车。列表里还包括其他问题：

- 这个品牌有没有一个主色调？
- 这个产品的对手是什么？
- 如果这个品牌在市场上占据了领先位置，它会变成什么样子？
- 如果它只是一个新贵公司呢？
- 能否将产品人格化？

2008 年，一家名为黛安娜的香蕉（Diana’s Bananas）的夫妻店找到了他们的公司。这家店只卖一种产品：冰冻巧克力香蕉。夫妻店的女主人是一名芝加哥妇女，她离世后将小店留给了丈夫，按照休斯的形容，这家店是“一个小小的公司，只有一班制工人的小小工厂”。

被夫妻二人的故事所感动的休斯和约翰逊同意为这家店做一份小型策划。店主有8万美元可供支配，他们不得不告诉他这笔预算是不够支付一个电视广告宣传费用的。通过讨论，他们发现有两个问题必须解决：第一，很少有顾客会带着写有“冰冻香蕉”的购物单出现在杂货店中。第二，更糟的是，因为黛安娜的香蕉店缺少预算经费，无法为商品在冷库中购买好的摆放位置，所以顾客的冲动消费是不太可能会发生的。这些商品很可能被搁置在货架的底部。

这些问题促使他们思考：这种食品的目标顾客大多是孩子，所以我们可以期待孩子们去请求父母买下它，可问题是孩子们并不知道这种产品的存在。因此我们必须把他们带到正确的地方。但具体应该怎么做呢？

在按照列表内容进行工作时，他们停下来仔细考虑了一个问题：这个品牌用什么样的图标理念会有吸引人的效果？我们又该围绕它做些什么？由于包装上的形象是一只穿着纸尿裤的小猴子，所以他们就开始思考猴子和香蕉。他们想到的是，让这只猴子一路边吃香蕉边扔香蕉皮，就像撒面包屑那样。效果会如何？

他们对此很是兴奋，于是便设计了一系列的贴纸：亮黄色的香蕉皮——可以粘在杂货店的地板上，它们铺成了一条小路，径直通向储藏着香蕉店产品的冷冻箱。孩子们立即明白了这个游戏，沿着这条小路玩起了寻宝。

在杂货店铺完这些“小路”后，休斯和约翰逊打电话询问宣传效果如何。店主说：“为了跟上需求，我们必须得把 1 班制增加成 2~3 班制。”香蕉皮小路起到了神奇的作用。

到目前为止，休斯和约翰逊最大的成功来自为一家《财富》100 强公司（他们没有得到许可提及这家公司的名字）提供的服务。不久前，这家公司对自己的广告代理商提出了警告：如果不能想出新鲜的素材，那么 9 位数的账户便会被移至他处。恐慌中的广告代理商把近 40 个创意人员召集在一个大型工业城市外的机场旅馆内。休斯和约翰逊加入了其中。这个群体与外界隔绝，就像对一个备受关注的谋杀案进行听审的陪审团。在会议期间，即使是本地员工都不能回家。

“我们环顾整个房间，”休斯说，“然后想，‘这里有这么多人才，我们怎么能赢？’”休斯和约翰逊知道其他代理商会花上几天去精心策划一两个创意，而他们两人则回归到问题列表法。他们认为自己能够凭借速度和数量取胜。

他们决定第二天一早就去找创意总监。“我们不会有任何可供观看的电视广告或是可以发布的平面广告，”休斯说道，“我们只会说，‘我们可以进入的创意区域主要有这么几大块。’我们会在每个区域里放置一个创意，以此来占领那块区域。这样当其他创意团队在一星期后找到总监时，他就会翻看着他们的作品，然后说，‘对不起，我已经从休斯和约翰逊那里获得了类似的东西。’”

这项计划成功了。最后，代理商给客户传达了 6 个入围的创意理念。其中有 4 个创意来自休斯和约翰逊，最后的获胜者同样也是他们。问题列表法获得了成功。

休斯和约翰逊采取的策略有点像使用蛮力。他们强迫自己一个一个地回答固定的问题，以产生新的选项。一个“预先准备”的刺激物列表可能会激发出新的见解。尤其令人惊讶的是，这种讲究蛮力的方法居然能在这个青睐创造性和新颖性的广告界奏效。如果问题列表法可以为广告商效劳，那么它对你来说可能也会是有用的。

你能自己创建一个列表来帮助同事们发现更多的选择吗？回忆下你的机构曾做出的一些常见的决策。比如，一个令人不快却常见的决策——如何削减预算。在你的机构里，如果那些最聪明的人已经准备好了一份问题清单，可以帮助预算决策者做出判断，情况会怎样呢？

- 是否有可能通过延迟计划支出而非削减既有支出，来实现预算削减？
- 你是否使用了其他潜在收入来源，以此缓解削减预算的需要？
- 抵制以固定额度削减一切开支的冲动。考虑更具策略性的削减方法。

- 你能否加大削减力度，使其超出你的实际所需，从而将空出来的资金投入到那些令人兴奋的新机遇中？

与休斯和约翰逊的列表一样，这个问题列表将使管理者得以快速地对潜在的选择进行筛选。比方说一个政府官员正在考虑是否有必要将图书馆预算削减10%。一开始，她可能会思考两种选择：将开放时间缩短10%，或是只完全关闭一个分馆。列出问题清单可以帮助她拓宽思路：

- **是否有可能通过延迟计划支出而非削减既有支出，来实现预算削减？**我可以推迟计算机人才的雇用。这会有所帮助，但不是很大。
- **你是否使用了其他潜在收入来源，以此缓解削减预算的需要？**希望不太大——我们当然不能在这种情况下征税。我们可以吸引一些企业赞助商，可是这些努力直到明年才会有所收获。
- **抵制以固定额度削减一切开支的冲动。考虑更具策略性的削减方法。**也许对开放时间的限制做些策略性调整会比较明智。比如，如果图书馆离大学很近，我们可以让晚上的开放时间保持不变，但是把开馆时间延后。如果附近住着很多退休人员，我们可以保持开馆时间不变，但将闭馆时间提前。

- **你能否加大削减力度，使其超出你的实际所需，从而将空出来的资金投入到那些令人兴奋的新机遇中？**这种做法可能会很有意义。如果我们关闭最不常用的分馆并缩短开放时间，那么闲置下来的200万美元就可以被我们用来开发在线工具，从而使社区内人人都能受益。

事实上每个组织机构都能从这样的决策辅助工具中获益。（缺点是什么呢？）一方面，问题列表应该和审核清单一样有用，你的组织机构虽有很多审核清单，但可能连一份问题列表都没有。每当你需要重复相同的行为时，审核清单都是有用的。它是规范性的，可以阻止人们犯错。另一方面，当你需要一个能够形成新思路的刺激物时，问题列表就能派上用场。它是生成式的，它阻止了人们忽视选择的行为。（不要忘记把你的聚光灯打在此处……）

问题列表还促使我们进行多目标追踪。在第三章中，我们提到了在预防心态和进取心态间转换的重要性。问题列表就可以推动我们去做这种转换。请注意在前面提到的削减预算的例子中，最后一个句子就是在明确地推动你向进取心态转换："你能否……将空出来的资金投入到那些令人兴奋的新机遇中？"它是一个有益的刺激物，因为大多数苦于预算削减的决策者们有可能会陷入预防心态之中（与预防损害有关）。

当然，问题列表并不是万能的。比如，你永远无法对一个新决策情境准备问题列表，并且由于世界在不断变化，这些决策也会频繁地改变。那么在你需要做出一个决定时，如果没有可供参照的问题列表，没有可供查阅的最优方法，也没有可供研究的亮点，你该怎么办?

简单来说，假使你陷入了僵局，该怎么办?

类比法：科学家高效决策的秘密

凯文·邓巴（Kevin Dunbar）着手了解了科学家们的思考方式——他们怎样解决问题?他们的突破性进展源自哪里?这份对于科学思维的好奇源于他 5 年的分子生物学本科学习经历，以及他身为心理学教授的思维方式。

邓巴很快发现，心理学方法不太适用于研究现实中科学家们解决新问题的方法。在一个典型的心理学实验中，大学生们——心理测试的被试验者——可能会被要求在 10 分钟内解决某个问题，而这个问题却很普通，即使是一个没有任何专业技术的 20 岁青年都可以将其解决。对比之下，科学的发展则需要数月、数年的研究，而不是几分钟，并且科学家们在自己的领域有着很深厚的知识。邓巴想，正因为如此，所以为大学生们设计快速测试的方法并不适用于研究科学家们的思考方式。

所以邓巴和 4 个领先的分子生物学实验室的科学家们待了一年，就像一名随军的战地记者一样，观察并记录他们的工作。他观察的重点是 4 个实验室都举行的一个研究讨论会。这个会议通常一周举行一次，会议上将有一个实验室的在读博士或博士后谈论一个正在进行中的科研项目。

在经过无数次的旁听面谈，以及对信息的整合后，邓巴发现了科学思维的一个切实却不为人知的核心支柱——类比法。

当科学家们的实验遇到问题时（这是普遍的日常经历），他们经常会受益于“局部类比”：用一个类似的有机体与另一个极其相似的实验做比较。所以当一个科学家为噬菌体病毒试验失败感到惋惜时，他的某个同事可能会与他分享一个改进实验后克服类似问题的例子。“在我参与的每次讨论会上，几乎都会有这种推理，有时在一次会议中就会出现很多次。”邓巴说道。

其他的时间，科学家们会遭遇更大的问题——不是一个实验无法进行，而也许是一系列的实验都产生着一致但不可预知的结果。邓巴发现在这些讨论中，科学家们经常从局部类比向他所说的“区域类比”转换。这通常包含与所研究的有机体相关联的另一个有机体。例如，一名想要了解某新型病毒是如何复制的科学家可能会从一个极为熟悉的病毒，如天花入手，来进行类比研究。

邓巴说：“类比的运用是推进研究的主要途径之一。”他还说成功运用类比法的关键在于提取“现有问题的关键特征”的能力。这就要求科学家从更抽象、整体的角度来思考问题，然后去“寻找其他已经被解决了的问题”。（找到那个已帮你解决了问题的人。）

有趣的是，这些科学家们经常意识不到类比在他们解决问题时扮演的重要角色。当邓巴在一次实验室会议结束几天后对科学家们进行采访时，他们能回忆起当时达成的结论，却想不起来促成那个结论的一系列类比。（邓巴从那时起就开始撰写文章，鼓励科学教育者去教会新科学家们更加直接地挖掘类比的力量。）

令人吃惊的是，在邓巴进行的研究中，虽然有 3 个实验室一直都在使用类比，可第 4 个实验室却从未使用过这种方法。他解释了这样做的后果：

> 在这个不使用类比法的实验室里，当科学家们在研究中遇到问题时，他们会采取另一种策略。他们操纵实验变量，比如通过提高温度和调整化学品浓度等方式来使情况好转。这样，一个本可以通过用另一种类似的实验进行类比（局部类比）或与另一种有机体进行类比（区域类比）而解决的问题并未得到这样的处理，以致遗留下目前或长期内都无法解决的问题。
>
> 的确，极其相似的研究问题也会出现在其他实验室，但是它们通过局部和区域类比法都得到了更快的解决。

留心那些未使用类比法的实验室所不得不用的迟缓的、“蛮力型”的方式。当你运用类比时——当你发现已有人解决了你的问题——你就可以从世界上的“对策盛宴”中任意选择了。但如果你对这些对策连瞧都没瞧上一眼，那么就只能自己编造答案了。这种情况每次都会发生。它也许可行，却不够明智，当然速度也不够快。

邓巴发现具体的问题可以受益于局部类比，而概念性问题则更适于区域类比。事实上，当你越能从一个问题中提取“关键特征”，你就越能走到更远的地方。另一项由勃 · T. 克里斯坦森（Bo T. Christensen）和克里斯蒂安 · D. 舒恩（Christian D. Schunn）开展的对医用塑胶制品设计团队的调查显示，这些设计者们将类比法运用到了极致，并且覆盖广泛：拉链、信用卡、卫生纸、鞋、牛奶容器、圣诞装饰品、水车、拼图玩具、百叶窗窗帘和女性内衣等。

我们现在要说的是，当你陷入僵局时，你可以用一种“向上爬梯”的方式来获得灵感。下面的梯级展示的那些情况跟你的情况非常相似，鉴于此，任何可见的解决方案都会有一个较高的成功概率。在向上爬梯子的过程中，你会看到越来越多的来自其他领域的选择，但那些选择要求跳跃的想象力。它们可以允诺你一个意料之外的突破性进展——但失败的可能性也很高。当你尝试在医用塑胶制品领域和女性内衣世界中寻找结合点时，你可能会发现自己陷入了很多死胡同（或许是像坚硬又不舒适的胸罩这样不靠谱的想法）。

对于爬梯子这个说法，让我们来举个例子。想象有这样一个初中校长琼斯先生，他想要减少午餐时学校自助餐厅的排队时间。他认为，如果学生们的排队时间短一些，他们就可以在下午开课前有更多的时间去外面走一走并做些活动。

鉴于这个目标，琼斯应该怎么做呢？我们现在知道，第一个答案是他应该从局部找方法。他的员工里存在“亮点”吗？如果有一个排队付款的队列貌似永远要比其他队列移动迅速，那么琼斯就可以研究下这一队列前的收银员是如何操作的。（也许就像过路收费亭的收费人员那样，她已经预先准备好了各种常用的零钱。）琼斯可以把她的这种方法传授给其他收银员。

如果不存在显著的亮点的话，他可以向上爬几级梯子，参照一下城市内其他学校的做法。如果仍无所获，那么他仍可以继续往上爬。他可能会将探索范围扩大到任意一个有结账流程的组织机构，比如从便利店到社区游泳池。（这些梯级就像是一名科学家所用的“区域类比”——从与所研究的有机体相类似的另一个有机体中获益。）

在爬梯子的过程中，他将突破问题的限定。他可能不会去找那些想出了创造性结账方式的人们，而是一路追寻那些善于管理流动人群的人：体育场馆、游乐场以及购物中心的管理者们。（比如，你能从迪士尼的云霄飞车排队中得到些启示，然后把它运用到拥挤的学校餐厅吗？）

我们的琼斯校长越爬越高——当他又到达某一梯级的时候，他可能会从那些在固定空间内管理资源流动的专业人士那里来寻找灵感，比如水管工、电工和工厂老板。你会发现随着你的思维变得越来越抽象，你最终越过了创造性地带，进入了荒谬的领域。（如果你发现自己从外太空寻找灵感，那么就把梯子靠一边，喝杯咖啡去吧。）

第三章中提到的莱克西肯命名公司深谙此道。在命名奔腾处理器（Pentium）的过程中，创意团队想要起一个意指“速度”的名字，所以他们跨越计算机技术领域去考虑任意一个高速、高性能的产品。事实上，有一个团队还把时间用在了研究障碍滑雪比赛用的滑雪板的名字上。最终，另一个类比占据了上风：将处理器看作是一个强有力的“组成部分”，一个电脑所必需的重要元素。注意 Pentium 的后缀 -ium 常见于元素周期表里各元素的词尾。

想知道爬梯子法是如何生成一个真正新颖的选择，那就让我们来看看设计师菲奥娜·菲赫斯特（Fiona Fairhurst）的故事吧。1997 年，菲赫斯特受雇于速比涛公司（Speedo），她接到了一个目标非常明确的任务：设计一款游泳衣，让人们穿上后游得更快。

虽然游泳衣已经向更加平滑、紧身和用料更少的方向发展，但速比涛公司却对新的设计方式表示出逐渐浓厚的兴趣。菲赫斯特平时也游泳，可她自己对速比涛的早期设计印象平平，所以她决定从其他地方寻找灵感。“我是这么想的，”她在 2012 年 6 月的一次采访中对迪克·戈登（Dick Gordon）说道，“如果我要做一个快速运动的东西，那我就要观察每一个快速运动的东西和所有使物体快速运动的机制。所以我开始看一些人造物体，比如船、鱼雷和航天飞机等这类东西。”

菲赫斯特在做的就是“爬梯子”。她将“使游泳者游得更快的泳衣”这一问题重新定义成了“能快速运动，尤其是在水中快速运动的一切东西”。这使她对在水中移动的速度快得不同寻常的动物产生了兴趣。不久以后，她在伦敦的自然历史博物馆里度过了决定性的一天：

> 那是灵感来袭的时刻……（博物馆的向导）带我走进了馆内的后厅……那里是不对公众开放的。我的眼前出现了一个巨大的金属水槽，他把盖子抬了起来，水槽里是一条9英尺长的鲨鱼。向导对我说："菲赫斯特，你得过来摸摸它的鼻子，它的肚子。"……我在想，"我到底是在干什么啊？"
>
> 我摸了摸鲨鱼的鼻子，感觉特别粗糙，甚至扎手。它似乎和我们的牙齿一样，是釉质的，它的学名是盾鳞……如果你从它的鼻子一直摸到它的尾部，会感觉很光滑，但又有点像鱼的鳞片；如果你反向摸回来，就会感到很锐利，可能会割伤你的手。

他们将一份鲨鱼皮样品送至一处实验室，然后收到了实验室寄回的鲨鱼皮的粗糙密纹的图像。这些图像让菲赫斯特灵光一闪："多年来，许多人都认为平滑的材质是提升速度的关键。但如果你看看鲨鱼皮是如何的粗糙，你就会知道'粗糙度'才是制造快速面料的关键。"（确实，哈佛大学某位科学家所做的实验也表明，鲨鱼粗糙的盾鳞减少了在水中运动的阻力，加大了推力。）由此受到启发，菲赫斯特和同事们对1 000余种纤维织物进行了采样，直至发现了一种酷似鲨鱼皮材质的纤维。

也许更重要的是，他们对新泳衣的另一项改造源于将其与人造物体——水雷——的类比。不同于布料较少的传统泳衣，菲赫斯特设计的这款泳衣遮盖了身体的大部分，就像第二层皮肤一样。刚开始，它紧实的质地使得一些运动员感到不适，可菲赫斯特却说这款泳衣的深远影响在于："通过对你身体各肌肉块的挤压，你的身形会更像是一枚穿梭在水中的鱼雷。"

速比涛团队开始在奥运选手身上试验新泳衣的效果。在 2000 年悉尼奥运会之前的一次测试中，菲赫斯特与在 1992 年与 1996 年两次赢得奖牌的美国泳将珍妮 · 汤普森（Jenny Thompson）进行了一次合作。游泳距离规定为 50 米，由汤普森的教练负责给她计时，汤普森需要游两次，一次穿着自己的泳衣，另一次穿着菲赫斯特设计的新泳衣。

菲赫斯特回忆道，汤普森从泳池里出来的时候说："我讨厌这身泳衣，感觉糟透了。"可与此同时，她的教练却紧盯着计时器，一脸难以置信的样子。计时器显示，汤普森穿着新泳衣游出的速度接近了她的世界纪录速度，即使在开始游出时她并没有全速跳跃入水，而是仅仅用脚蹬离了池壁。教练对她说："一个世界纪录可是很难得的……所以千万别放弃穿这身泳衣！"

在一次又一次的测试中，这款后来被称为"快皮"（Fastskin）的鲨鱼皮泳衣的效果始终优于之前的那些泳衣。接下来，他们遇到了一个硬性规定：在奥运会上，游泳选手穿的泳衣必须获得负责管理游泳项目的国际组织——国际游泳联合会（FINA，以下简称国际泳联）的批准。国际泳联的官员以"审美不佳"为由反对这款泳衣的行为，使菲赫斯特感到很吃惊。“他们认为奥运会之所以获得高收视率，其原因之一在于这是一群美丽的人身着泳衣的比赛……有一点《海滩游侠》[①]情结。”国际泳联的领导者们担心她的这款设计会遮盖太多的皮肤！

令她宽慰的是，国际泳联最终克服了这些焦虑，批准了这款泳衣，这才使鲨鱼皮泳衣在2000年的悉尼奥运会上得以初次亮相。它的作用立竿见影：高达83%的游泳奖牌获得者身着的就是这款鲨鱼皮泳衣。

鲨鱼皮泳衣的巨大成功引发了争议。评论家和一些奥运会游泳选手怀疑这款泳衣给运动员提供了不公平的优势。

菲赫斯特设计的后继改良版——第一款鲨鱼皮的后代设计——持续帮助运动员提高成绩，直到国际泳联宣布从2010年起对某些泳衣的材质和款式实行禁令。

菲赫斯特的爬梯子法产生了如此强大的竞争优势，以至于为了维持公平的竞争环境，这款设计不得不被禁止。

在这一部分中，我们一直在寻找超越思维狭隘的方式，即过度限制我们选择的趋向。陷入狭隘思维的不仅仅是青少年和商业高管，而是我们所有人。

为了编写本书，我们与三个遭遇相似困境的人进行了交流。

---

① 《海滩游侠》(*Baywatch*)，美国剧集，讲述了有一大堆俊男美女的海上救生员的故事。——译者注

其中两人在考虑是否辞掉工作，第 3 个人在思考是否放弃婚姻关系。当这 3 个人被问及可以做出什么样的选择时，他们的回答都只是简单的二元选择：我在做是否放弃的决定。（我们希望当你听到这个“是否”时，你会卷起袖子准备发挥你决策顾问的作用。）

不可思议的是，这 3 个人中没有一个人在考虑第 3 个显而易见的选择：尝试改变自己的现状！难道你不能找老板谈谈让你承担其他的职责？难道你不能和爱人讨论下如何改善你们的关系？当被追问到这个问题时，其中两个人都有一种恍然大悟的感觉。（第 3 个人认为他的困境不是讨论能够解决的。）这几位都是受困于“认知气泡”的聪明人。

思维狭隘不同于其他 3 个阻碍决策的因素，它非常容易被纠正，往往只需一根细小的刺儿就能扎破气泡。我们已经接触过了一些类似这种“扎破气泡”的方法——一些可以拓宽我们选择范围的方法。方法之一是“消失选项测试”：假使你不能把任何一个正在考虑的事情付诸行动——你还可以尝试做些什么事？假使你被迫将时间或金钱投入到另外的事情中——那么这个次优的选择会是什么？

我们同时还注意到了多目标追踪——“兼顾二者，而非其一”的思考方式——是将选择进行对比的强大方法，而且我们还可以通过在预防心态和进取心态间进行转换，来创造更多的“全面而平衡”的选择。

最后，当陷入僵局时，我们可以去找那个已经帮我们解决了问题的人。为了找到这个人，我们可以从内部寻找（寻找亮点），或从外部寻找（寻找竞争对手和最优方法），或者着眼于远处（运用爬梯子法）。

当我们拓宽选择范围时，就是在给自己从众多选择中挑选出正确选项的宝贵机会。通常，好的选择乍看上去都不显眼，因为我们可能会有一些偏向。所以为了做出明智的选择，我们就需要搜集更多信息。然而我们却遭遇了阻挠这些努力的障碍：证实倾向，它诱使我们只搜集那些支持我们直觉偏向的信息。

与思维狭隘不同，证实倾向不容易被打破。即便是最聪明的、对主观偏见研究多年的心理学家，也承认自己无法撼动证实倾向。它无法根除，只可以被控制。想知道我们应该如何对抗这个顽固的敌人？那么就请继续阅读下一章内容，准备“把假设放到现实中检验”吧。

本章小结

1. 当你需要更多选择，却感觉陷入僵局时，那就去寻找已经帮你解决问题的人吧。

2. 从外部寻找：竞争分析、标杆分析、最优方法。
   - 通过观察另一家商店，山姆·沃尔顿发现了一个新颖的结账方式。

3. 从内部寻找：找到你的亮点。
   - 凯撒医疗机构的领导者们发现了其内部的一个医院里治疗脓毒症的方法，将其进行了推广。
   - 你可以从自身经历的亮点（比如上个月你去了4天健身房）中学到些什么？

4. 注意：为了变得主动，请将你的精细选择编入决策的“问题列表”。
   - 审核清单阻止人们犯错误，问题列表刺激新思路的产生。
   - 广告商休斯和约翰逊用问题列表法迅速地想出了许多创意。
   - 一个削减预算的问题列表可能需要在预防心态和进取心态两者中进行转换：你能从这里多削减一些，然后在那里多投入一些吗？

5. 第3个寻找创意的地方：着眼于远处。用类比法来爬梯子。

- 凯文·邓巴：类比是解决科学问题的主要方法之一。科学家们通过类比相似的实验和相似的有机体来推进研究。
- 爬梯子：较低的梯级展示了相近的类比（低风险，新颖性不足），而更高的梯级则揭示了不同的解决方案（较高的风险，较高的新颖性）。
- 通过爬梯子以及分析“一切快速移动的物体”，包括鲨鱼和鱼雷在内，菲奥娜·菲赫斯特设计出了一种使游泳速度更快的泳衣。

6. 当你可以从世界上丰富的选择中进行挑选时，为什么你非要自己提出想法?

把假设放到现实中检验

第五章

克服证实倾向

魔鬼代言人：务必听取反面意见

股市中有一条不成文的规定是，公司必须每年都发展壮大。而对于努力满足这些发展期望的公司管理层来说，买下另一家公司可能是颇具吸引力的捷径。但这条捷径代价不菲。对上市公司来说，收购案的平均溢价是41%，这就意味着如果目标收购公司在股市估价为1亿美元，收购方就需要出价1.41亿美元。或者，用更为通俗的说法来讲，这相当于收购公司的CEO在对目标收购公司的CEO说："我可以把你的公司管理得更好，至少比你强41%。"

如你所想，这种自信常常被证明是毫无根据的。巴菲特说过："我曾注意到，许多渴望收购的经理显然还沉迷于幼时读的'公主亲吻青蛙王子'的故事中。他们记住了公主的成功，为了获得与被收购公司'亲吻'的权利，他们付出了昂贵的代价，期望着可以看到神奇的转变。"遗憾的是，巴菲特说："我们目睹了很多亲吻，奇迹却没发生几个。”

商学院的两位教授马修·海沃德（Mathew Hayward）和唐纳德·汉布里克（Donald Hambrick）对这种现象感到迷惑。为什么CEO们要一直做这种昂贵却极少有回报的收购案？他们怀疑，与金融误判相比，这可能更多地与人的缺点有关。他们推断，进行收购的CEO们是被自己的傲慢自大引入歧途的。

傲慢自大是指膨胀了的骄傲或自信，而它通常会导致因果报应。在希腊神话中，一个傲慢自大的主人公总是会吃亏的。伊卡洛斯忽略了父亲对他的忠告——不要飞得离太阳过近，所以他的蜡翼融化，坠入海中而死。（相比之下，美国商业市场中对傲慢自大的惩罚就没那么严重了。如果伊卡洛斯是一名银行CEO的话，他可能早就乘着1 000万美元的黄金降落伞逃生了。）

海沃德和汉布里克推测高管们的傲慢自大——可以通过收购制造奇迹的自信——会使他们以过高的价格为收购目标付款。研究人员通过对两年间公开市场上进行的106笔大收购案（价格在1亿美元以上）的研究来检验这个理论。以下3个因素都可能使收购方的CEO自我膨胀，而研究人员想知道的就是，收购价格是否会受到这3个因素的影响：

1. 受到媒体赞扬
2. 公司近来表现强劲（CEO会把这理解成是证明自己的天赋的证据）

3. 自大感（这一点是通过比较 CEO 的薪酬包[①]与某个次高薪酬间的差距来衡量的——如果这位 CEO 的收入比其他任何人的都要高上四倍之多，那么他对自己的评价一定会很高）

海沃德和汉布里克的推测完全正确。当三个因素中的每个因素都在增强时，一名 CEO 支付较高收购溢价[②]的可能性也变大了。

比如，他们发现在主流报刊上每发表一篇肯定 CEO 的文章会促使收购溢价上涨 4.8% 之多。这就意味着在 1 亿美元收购价格的基础上增加 480 万美元！而它只是因为一篇赞美性的文章！如果类似文章再发表一次，那么价格又会再增加 480 万美元。

研究者写道，“看起来，支付巨额收购溢价的 CEO 们……过于相信媒体了。”（马克 · 戴维斯的一首老歌唱道：“哦，天啊！谦卑难以做到 / 当你十全十美 / 我等不及去照镜子 / 因为我每一天都越来越美。”）

这一切都给了企业家们一个重要的启示：如果你想要卖掉公司，那就一定要去拜访《福布斯》的封面人物。

海沃德和汉布里克还发现了矫正傲慢自大的方法：提出不同

① 在西方发达国家，高管人员的薪酬有一个被称为薪酬包（Compensation Package）的概念，由基本工资、奖金、长期激励计划和其他项目构成。——译者注

② 收购溢价，指收购方公司为取得目标公司的股权而向目标公司股东支付的高于其市场价格的部分价值。——译者注

意见。

他们发现，当CEO的周围存在一些更有可能挑战其想法的人时，比如独立董事或非董事会成员等与他们或公司分离的人员，CEO们会降低收购溢价。可惜的是，这些独立视角并不会一直出现。还记得桂格公司的前CEO曾说过公司内部没有一个人反对斯纳普收购案吗？

为了做出好的决定，CEO们需要有找出不同意见的勇气。阿尔弗雷德·斯隆（Alfred Sloan）——通用公司的常驻CEO和董事长——曾在某次委员会议中提出了一个问题："先生们，我想我们已经对这个决定达成了统一的意见，对吗？"所有与会人员都点了点头。"好吧，"斯隆继续说道，"那么我提议将这个问题的后续讨论推迟到下次会议进行，让我们多些时间来提出不同的看法，也许还能对这个决定有更多的了解。"

我们很少会像CEO一样受困于权力的"气泡"，并且幸运的是我们的傲慢程度也相对更低，然而我们和CEO却有着某些共同之处：偏爱于支持自己的观念。束缚我们的"气泡"并不是董事会议室，而是我们的头脑。证实倾向指引着我们去寻找那些美化我们既有观念的信息。

想象一下附近新开了一家餐厅。这家餐厅供应你最喜欢吃的食物，所以你既激动兴奋又满怀憧憬。你在网上搜索了这家餐厅的相关评论，然后查到了两种结果（满分为5颗星的情况下）：好评（4颗星）和差评（2颗星）。那么你选择查看哪一种？

几乎可以肯定的是，你会更多地查看积极的内容。你真心希望这家餐厅会很棒。最近一项对心理学文献的元分析①显示出了这种心理的戏剧性效果。在他们回顾了对 8 000 余名参与者进行的 91 项研究后，研究人员推断出：人们喜欢积极信息的可能性是喜欢反面信息的两倍之多。（所以，科学地说，你阅读的四星评论的数量可能是你阅读的二星评论的数量的两倍。）

这个元分析显示，证实倾向在两种情况下更为强烈：一种是在宗教或政治等情感充沛的领域，另一种是在你有极强的潜在动机去相信或不相信某种观念的时候［就如厄普顿·辛克莱（Upton Sinclair）所言，"当一个人不依靠真相赚钱的时候，你是不可能让他去弄明白真相的！"］。而当人们在既定问题上投入了大量的时间或精力时，证实倾向也会随之增强。

在上一部分中，我们注意到拓宽视野对于突破思维狭隘的束缚是至关重要的。通过这种做法，我们增加了可用的选择数量。而在这一部分中，我们要问的是，评估这些选择的最佳方式是什么？

我们知道证实倾向会影响评估的准确性。如果我们对某个选项的危害心存侥幸，那么一定会将聚光灯瞄准在我们中意的资料上。那么我们该如何学会克服证实倾向，并把我们的假设放到实

① 元分析（meta-analysis）统计方法是对众多现有实证文献的再次统计。——译者注

践中检验呢?

第一步就是效仿通用公司前任 CEO 阿尔弗雷德·斯隆的做法，树立我们考虑第一直觉的对立面的原则。而在这之前，我们要有意愿去引发有建设性的不同意见。

在众多法律制度中，“提出不同意见”被加入到了法律程序中。法官和陪审委员绝不会被困在类似 CEO 式的信息气泡中，因为他们不得不思考两种对立的观点。

这种均衡程序的运用并非司法体制独有。几个世纪以来，天主教都会利用“魔鬼代言人”来做出封圣决定（也就是决定谁会被追封为圣徒）。在教内，魔鬼代言人被称作助信者（Promoter of the faith），他的职责是对封圣候选人的资格进行质疑。

教皇约翰·保罗二世（John Paul II）于 1983 年宣布取消教庭“魔鬼代言人”的职位，由此结束了 400 年的传统。从那以后，圣徒被追封的速度显著提高，是 20 世纪初期的 20 倍。

在做个人决策时，我们中有多少人曾自觉地去寻找那些与你有不同意见的人？当然，不是每个决定都需要有魔鬼代言人来提出诸如“我强烈地反对你买那条休闲裤”的看法。但是在做高风险决定时，我们都应该有一定的质疑精神。如果你有十几岁的孩子，那么他们可能会是很好的学习教材。对于跟他们之间的质疑性的谈话，我们通常会选择躲避而非欣然接受，这体现了我们的短期思维方式。我们想要避开那一瞬受到挑战的不适感，这是可以理解的，但与盲目做出决定带来的痛苦而言，这种不适感则要轻得多。

我们应该制定出什么样的计划来使机构内部的人提出不同的意见呢？一些机构采用了魔鬼代言人式的传统方法。五角大楼有一个由经验丰富的工作人员组成的“射杀委员会”，用来阻止那些构想拙劣的任务。在迪士尼公司接连推出诸如《美女与野兽》（*Beauty and the Beast*）和《狮子王》（*The Lion King*）等票房大片的那个时期，迪士尼的高层领导团队采用了一种“铜锣秀”（Gong Show）的方式，使许多人阐述他们对于电影和主题公园娱乐项目的想法，但是领导者们很快拒绝了那些糟糕的想法。

雇用一个正式的将批判观点注入自满组织的魔鬼代言人的想法似乎很有诱惑性。然而，我们很容易就能想到，这个角色会受到排挤，除此之外，它还会成为别人撤回批判观点的借口。（“我知道魔鬼代言人会对这笔交易来一次大盘查，所以我没必要操心。”）

从“魔鬼代言人”学到的最重要的内容，并不是要设立正式职位让专人担负起批判的职能，而是将批判视为一种宝贵的精神。一个做事有效率的助信者并不是一个看似善辩的自作聪明的人，而是一个不仅真正信奉天主教，而且还尝试在质疑精神不可能自然显现的情况下，通过提出相反的论点而保卫其信仰的人。（谁又愿意去驳斥一个过着可敬生活的圣人呢？）

有很多种途径可以弘扬这种基于价值观的反对精神。在一些机构里，主管人员可能会指派执行团队中的一些人去做一个高风险提议的反对案。（那么假使桂格公司的CEO指定了某个小组去驳斥斯纳普收购案，事情又会变成怎么样呢？）这可真是个好主意。它使团队成员们担当了“机构保护者”的角色，并准许他们提出质疑。另一种方法是找出既有的不同观点，而非人为地制造出不同观点。如果你正考虑着做出某个决定，却连一个反对的观点都没有遇到，那可能是因为你找得不够仔细。你能创建一个安全论坛，使批评者可以在那里提出他们的疑问吗？

诱发不同意见的不利之处在于，它可能会演变成激烈的权术争斗。罗杰·马丁（Roger Martin）是洛特曼商学院的院长，同时也是《整合思维》（*The Opposable Mind*）等受到好评的商业书籍的作者。他曾说人们经常抱怨他们的战略会议转变成了“观点对对碰”。在马丁看来，这就是影响有效策略构建的最大障碍。

马丁认为这个问题可能会比想象的容易克服。解决方案就是他在事业初期的一次艰难时刻采取的即兴行动。

20世纪90年代中期，马丁还是一名商科应届毕业生，当时他正在咨询公司摩立特集团（Monitor Group）上班。摩立特的一个客户是加拿大多伦多的因梅特矿业公司（Inmet Mining），它的高管们正为在密歇根半岛上经营惨淡的科珀铜矿（Copper Range）的命运辩论。这个铜矿在其鼎盛时期曾经是全美较大的铜矿之一，现在却快速亏损。为了讨论这个问题，他们在威斯康星州的莱茵兰德市召开了一次关键性会议。当时，铜矿的经理们驱车三个小时到了那里，公司的高管也从多伦多飞抵莱茵兰德。他们在机场附近一个极普通的酒店会议室里会面。

这是一次紧张的会议。因梅特的财务副总裁理查德·罗斯加入到了会议当中，他猜想正确的选择就是关闭铜矿。“金属价格正在下跌，我们的利润会遭到挤压，”他说，“我们投入了很多，却没有收益的希望。最后一切都清楚了，我们已经回天乏术了。”

但是关闭铜矿会导致恶劣的结果。科珀铜矿的雇员超过1 000人，并且是所在区域内唯一的大型企业，所以关闭它所带来的连锁反应将给当地经济造成毁灭性的影响。此外，关停铜矿的行为对于管理团队的声誉来说代价也很高，他们刚刚购得它的采矿权，而且还决定投资数百万美元来建设它。如果这么快就将其关闭，股东们会如何看待他们的判断能力呢？

除了关闭铜矿外，还有多种选择。一种是关闭现在即将报废的熔炉，并把矿石运到加拿大，让矿石得到新式熔炉的提炼。另一种选择是，向被认为蕴藏着未被开发的矿脉的北部扩张，为当前铜矿补充其逐渐减少的矿石供应。

随着讨论的进行，双方进入了两种可预见的角色：高管们偏向于关停铜矿，而矿区经理则持反对意见。人们各执一词。罗杰·马丁认为这个最初的讨论“没有切入正题”。

“我记得我们在那里可能待了有几个小时，”财务副总裁罗斯说，“然后就感觉很沮丧。要讨论的东西太多了，我们怎么才能解决这些问题？”

“我知道这样是讨论不出结果的。”马丁说道。就在陷入僵局的时候，他说：“我突然产生了一个想法。”

他向他们提出了一个挑战，他说：“不要再争辩谁对谁错了，还是让我们一次考虑一个选择，然后问问自己‘这个选择必须具备怎样的条件，才能成为正确的答案’。”

他还说，我们当然可能会想到一组能说服我们改变想法的证据。那让我们来谈一谈这些证据会是什么样子的吧。

罗斯表示，罗杰·马丁提出的那个挑战使“每个人都有领悟”。与会人员从争辩转向分析，开始讨论起每个选择的逻辑支撑。

高管们被要求列出条件以便让继续开矿合乎情理，所以他们讨论起使这个方案可行的生产目标。矿区经理们被要求想象出可以使关闭铜矿成为最佳选择的情形，所以他们认同了如果铜价不反弹，那么就很难提出后续的运营建议。

讨论的主旨有了变化。会议室里虽仍有一丝紧张的气氛，但开始有了讨论成果。马丁通过对会议的重新构建使辩论对手变成了协作伙伴。

“真是不可思议！”马丁说，“到会议结束那天，对于5个选项中的每一个选项要成为最优选择所必备的条件，我们都达成了一致的意见。”

会议结束后，各方开始搜集那些他们认为能够用得上的信息。他们尝试将矿石海运到加拿大，但结果是它的费用比所有人预期的都要高，所以他们把这一备选项从单子上划掉了。

他们还尝试扩大矿区，但最终碰了壁，当然，这是指碰上了真的墙壁。在打穿通往新矿脉的岩石的过程中，他们遭遇到了一个意料之外的结构限制。时任矿区总经理的约翰·桑德斯（John Sanders）说："你可以把老矿区和这个潜在的新矿区想象成是两个相邻的地下购物中心。然后你就会发现在这两个购物中心之间，你只可以打开一扇门，它的大小和洗手间的门一样，而且所有人都只能从这扇小门里进出。所以，这根本行不通。"

等到了下一次董事会会议的时候，他们已经得出了答案：对于维持矿区经营而言，并没有什么令人信服的选择。甚至是担任矿区总经理的约翰·桑德斯也妥协了。他站在董事会成员面前，不情愿地签署了关闭矿区的文件。

罗杰·马丁表示，"必须具备什么条件"这个问题已经成为他工作中最重要的策略，其原因并不难想见。从表面上看来，对反面信息的寻找就是一个彻头彻尾的消极过程：我们试图在自己或他人的论点中找出漏洞。马丁提出的问题却在其中增加了一些建设性的元素：如果最不讨我们喜爱的选择实际上却是最好的那一个，情况会怎么样？又是什么样的信息让我们对此信服？

马丁说："如果你认为解决某个事情的某个想法是不对的，而这时有人来问你是否觉得这个想法是对的，你就会回答'不'，并且还会想尽办法为此辩护。但如果有人让你想出使那个方法奏效而必需的途径时，那么你的思考方式就会发生改变……这一细小的变化可以让人们不受信念的影响，从而给自己一次通过探索去学习新东西的机会。”

这种方式尤其适用于这样的机构：异议在此处不受欢迎，挑战主流看法的员工被指责没有“团队精神”。马丁提出的问题使得持有不同意见的人不像是对抗者，而像是问题的解决者。[①]

罗杰·马丁的这个方法之所以卓尔有效，简言之，是因为它使得人们提出了不同意见，却不会因此而显得不友好。它超越了我们让自己直面反面证据的行为；它迫使我们想象一些情形，在这些情形中我们会欣然改变自己的想法，而不会产生“输掉了辩论赛”的感觉。

学会提问：探究性问题还是开放性问题

我们都很擅长通过挖掘反面信息来应对推销话术。当某个分

---

① 我们随后要分析的可以被持有不同意见的人所使用的方法，就是指像大卫·李·罗斯那样设置“止损点”。止损点详细说明了团队会重新考虑某个决定的情况。所以如果你对一个决定有所质疑，但又缺少改变它的力量，那就鼓励你的同伴去设置一个止损点。(“假如某事发生了，那我们就重新考虑一下。”)这样做别人接受起来会比较容易，因为大多数人都过于自信，并且会低估碰到止损点的可能性。与此同时，你已经使将来重新考虑这项决定变为了可能，却不会表现出“我早说过会这样”的情况。

时度假[①]的推销员大力鼓吹一个“千载难逢”的交易时，我们的防范意识就会增强，我们的逻辑也会变得异常敏锐，然后我们会从推销员过分夸张的言辞中挑出毛病。（“哦，如果你的度假房那么受人欢迎，以至于我不立刻付钱就可能失去一个房间，那为什么你会看起来如此急切？又为什么要送礼让我过去呢？”）

当然，在我们想要接受被销售的产品时，情况就有了变化。晚餐时，侍者手托着放有巧克力蛋糕的甜品盘走来，这块蛋糕出奇的大，大到几乎拥有自己的邮政编码的程度！你开始对着美食流口水，然后便会憧憬地问道：“好吃吗？”你的立场在这时可一点儿也不坚定。

有时我们认为自己在搜集信息，可实际上我们是在拐弯抹角地谋取支持。就像你雇用员工一样，依照惯例，你会要求他们提供推荐人。这是一种自我辩解的行为：我们觉得雇用某个人是值得的，并且作为对自己判断的最后“核查”，我们会决定从这个人过去的同事那里获取更多的信息，来确认候选者的表现。到目前为止，一直良好。我们容许候选人告诉我们应该去询问谁，然后我们就尽责地去采访这些人。受访的人对候选者大加赞扬，可笑的是，我们竟因此对自己雇用此人的决定更有信心。（想象一下，因为推销员有三个极好的推荐人，我们就购买了分时度假房产。）

---

① 分时度假（time share），就是把酒店或度假村的一间客房或一套旅游公寓的使用权分成若干个周次，以会员制的方式一次性出售给客户，会员获得每年到酒店或度假村住宿7天的一种休闲度假方式。——译者注

在一些机构中，人事部经理则运用了更为明智的采访推荐人的方式。有的经理会从推荐人那里取得其他非推荐人的联系方式，并对这些人进行采访，以获取更多的客观信息。其他经理则对采访时要问到的问题类型进行了重新考虑。与询问对候选人的评价（“实话说，你认为史蒂夫的表现是‘令人惊叹’，还是‘令人叹为观止’？”）相比，现在许多公司在寻找具体的事实性信息。比如，文洛克公司（Venrock）的风险投资家雷·罗斯洛克（Ray Rothrock）说过，他发现对企业家进行评估的最好的诊断性问题之一是“过去几年中，这位企业家曾有过几名秘书”，如果答案是5名，那么你有可能碰到了一位有些问题的企业家。

这种获取具体信息的策略曾受到一篇很棒的文章的赞同。1999年，美国地区法院的法官帕特里克·J. 席尔茨（Patrick J. Schiltz）发表了一篇文章，题目为《关于如何在一个不幸、不利身心健康和不讲道德的职业中成为一个幸福、身心健康和讲职业道德的一员》（“On Being a Happy, Healthy, and Ethical Member of an Unhappy, Unhealthy, and Unethical Profession”）。在文中，席尔茨力劝学法律的学生在进入大型律师事务所前，去问一些尖锐的、反面的问题。

> 每一家大事务所都声称自己是不同的，每一家大事务所都否认自己是血汗工厂。每一家大事务所都坚持说，虽然它的律师们工作辛苦，但他们的工作与生活很平衡。这些说法

几乎都是假的，哦，它们必然是假的，因为免费的午餐是不存在的……

向你遇到的律师提些尖锐的问题。当你和事务所的几个律师一起吃着招新晚餐时，不要只是问他们："那么，各位在工作外还有个人生活吗？"他们会笑着说："当然有。"然后问你要不要再加点酒。相反，你应该问他们上星期与家人吃了几顿晚餐，然后问晚餐是什么时候准备好的，然后再问他们晚餐后是否继续工作。

问问他们最喜欢的电视节目是什么，或者上次看了什么好电影。如果他们的回答分别是《欢迎克特尔归来》（*Welcome Back, Kotter*）和《周末夜狂热》（*Saturday Night Fever*）[①]，你就会发现事情有些不太对头……如果一个律师说他接手过很多有趣的案子，那就让他举几个例子吧，然后你可能会讶异于在这个事务所里所谓的"有趣"指的是什么。如果一个律师说事务所里的实习律师工作很愉快，那你就去问问细节吧。比如，事务所五年前招聘了多少名实习律师？他们中有多少人留在了事务所？最后三个离开的实习律师是哪几个人，他们现在又做着什么？你又怎么和他们联系？

沃顿商学院的朱莉·A. 明森（Julie A. Minson）、妮可·E. 鲁迪（Nicole E. Ruedy）和莫里斯·E. 施维泽（Maurice E.

① 均是美国20世纪70年代末的影视作品。——译者注

Schweitzer）三名研究人员所写的题为《有一种东西，它叫“愚蠢的问题”》的文章表明，问出这类尖锐的、反面的问题可以大幅度地提升我们搜集到的信息的质量。

研究的参与者们在一个谈判中扮演了 iPod（苹果公司设计的多媒体播放器）的售货员。作为售货员，他们了解这个 iPod 的一切信息：一方面，它相对较新，外观整洁漂亮，并且存满了数量可观的、非常好听的歌曲。另一方面，它有两次死机的记录，被迫重启后，里面的音乐全部丢失。

研究人员想知道怎样能够使这些售货员说出 iPod 死机的问题。在此次买卖中扮演顾客这一角色的是这些研究人员的朋友，他们尝试了三种提问策略。结果显示，当被问到“关于这个 iPod，你能告诉我些什么信息”时，提到 iPod 死机问题的售货员只达到 8%；“它没有任何毛病，对吗”这一问题却使提及人数上升到了 61%。

想要获知真相的最佳问题：“它存在什么样的毛病？”这个问题促使 89% 的售货员讲出了实情。

研究人员解释道，这种探究性的问题能显示出发问者是自信而有经验的，所以售货员清楚自己不可能把他们糊弄过去。席尔茨法官列出的问题也具有相似的效果。当一个学法律的学生问出“事务所五年前招聘了多少名实习律师”和“他们中有多少人留在了事务所”这样的问题时，他就有可能得到坦率的回答了。

在你试图从推销员、招聘人员和别有用心的员工等想糊弄你的人那里获取信息时，探究性的提问方式就能发挥作用。而另一方面，在权力地位明确的情况下，比如医患之间，这种方法则可能产生事与愿违的效果。其原因：尖锐的问题之所以在 iPod 例子中起了作用，是因为他们显示出了发问者自信且有经验的感觉。但如果发问者已然是一个“专家”，就比如在医生和病人之间，这种咄咄逼人的问题只会加强医生的主导地位，使得病人要么拒绝配合，要么过于迎合医生，即使它并不是最有效的方法。

所以为了获得可靠的信息，医生们必须勤于提出一些开放性的问题——一些更像是 iPod 例子中“你能告诉我什么信息”那样一般性的问题，虽然它在那种情形中不起作用，但对病人是非常有效的。

已故的艾伦·巴伯医生（Allen Barbour）曾任斯坦福大学医学院的临床诊断科主管，他精通开放式访谈。在他的《关怀病人》（*Caring for Patients*）一书中，他回忆起了一个名叫约瑟夫·H. 的病人，这名病人的病情数月来一直困扰着其他医生。

约瑟夫，67 岁，最开始是向固定的医生（不是巴伯医生）说出了自己“头晕目眩”的感觉。医生知道引发这种症状的疾病有很多种，所以为了对他做出精确诊断，医生和同事们安排了一长串的检查：心电图、脑电图、主动脉弓和全脑血管造影、神经科会诊、耳鼻喉科的眼震电图、听力测试以及其他一些特殊检查项目。所有的检查结果都呈阴性（阴性表示正常）。

因此医生们给他试用了一系列药物：氢化麦角碱（又名喜德

镇）、血管舒张剂、治眩晕的抗组胺药和抗凝血药。可没一样起作用。约瑟夫的病成了一个谜。

医生对此感到沮丧，于是就把约瑟夫推荐给了巴伯医生。在他们第一次碰面时，巴伯医生让约瑟夫深入描述他说的“眩晕”指的是什么，以及这种情况多长时间会出现一次。约瑟夫回答道：

> 医生，自从妻子死后，我差不多一直都处于眩晕的状态。我不知道自己该怎么办。我很迷茫。我看电视，但提不起兴趣。我走出家门，却没有可去的地方。

在讲述自己空虚的生活时，他神色忧伤。退休以后，他和妻子搬去了加利福尼亚。他没有孩子，没有亲近的朋友，也没有特别的兴趣爱好。

巴伯医生忽然发现，他对约瑟夫“眩晕”症结的了解渐渐清晰起来。“眩晕”是约瑟夫表达困惑的一种方式，他孤独寂寞，悲不自胜，还没有学会开始新的生活。

在巴伯医生之前的医生中，没有一个想到去问约瑟夫说的“眩晕”是指什么。他们也从没有想过这病可能是因情绪变化而非身体不适所致。

巴伯医生辩称，医生们被训练成了发现疾病的能手，他们被教导要依据一些不完全信息，比如发热、异样的痛感和一段时期的定向障碍来对病人做出诊断。这种探寻病因的方法有时却会产生适得其反的效果，它会诱使医生们贸然地把目光锁定在一个可能的诊断上。巴伯医生分享了一个医生和病人间的对话记录的副本。

住院医师：你哪里不舒服？

病人（用手指了指自己的整个腹部）：我胃疼。

住院医师：具体是哪儿疼？

病人：差不多整个腹部都疼。

住院医师（指向病人的上腹部）：是这里吗？

病人：是的，我感觉那儿疼。

住院医师：在什么时候会感到这种疼痛？

病人：很多时候。

住院医师：是饭前吗？

病人：嗯，饭前，可我总是疼。

巴伯医生指出了这名医生如何迅速地主导了整个对话——如何通过询问“是这里吗”这样一个问题就贸然地将病人所说的疼痛定位在某处。（如果病人说“差不多整个腹部都疼”，那么好吧，他可能会疼在这一处，但疼痛部位也可能会是其他地方。）同时，病人已被训练得不会主动提供病情的相关信息。简短地交谈过后，医生做出了消化性溃疡的初步诊断，然后让病人接受相关检查。检查的结果证明他判断错了。

巴伯医生对这一对话进行了批判：“即使住院医师认为他自己的判断客观又科学，但他是在操纵信息，使其与自己对疾病的看法相符，而他本人并没有意识到这一点。他没有去寻找模式，而是自己创造了一个。”

不幸的是，像这位医生一样迅速主导医患对话的情况可不在少数。一项针对医患交流的调查显示，通常仅仅过了 18 秒，医生就会打断病人。

巴伯医生推荐了一种方法，可以更有效地避开证实倾向。当一个医生提问时，她应该问这样宽泛而开放性的问题：“是怎么个疼法？你有什么感觉？”接下来她可以缓慢而谨慎地问出更有指导性的问题，“是刺痛，还是隐隐作痛”，“你心情很难过吗”。通过这种方法，医生就可以避免在不经意间使谈话产生偏差。[①]

你怎么知道是该问探究性问题，还是开放性问题？一个好的经验性规律是问问你自己，“在这种情况下，最有可能阻止我获得正确信息的方式是什么？”通常来讲，答案是显而易见的。如果你要买一辆二手车，却没有发现车辆存在的缺陷，这时你就最有可能做一笔糟糕的交易。又或者如果你是一位想要从工厂工人那里寻求反馈意见的副总统，但是没有弄清工人们的真实想法，这时你就最有可能达不到目的。你可以针对不同情形来提出问

① 当然，有时候医生也需要提出更具探究性的问题。例如，病人的血液检查显示出她没有服用一种关键性药物。在这种情况下，类似“你一直都在用药吗”这样宽泛的问题不大可能会起作用，因为很多病人都可能会因为害怕或窘迫而给出“是”的回答。但是一个探究式问题，比如“你最后一次服药是什么时候”或者“你大概还有多少片药没吃”将会更加有效。

题——在二手车买卖磋商中问更具探究性的问题，而对工厂工人则要问出更具开放性的问题。

用假设法进行批判性思维

当我们希望某件事情是真实的时候，我们就会搜集支持自己这个想法的信息。但证实倾向不仅会对人们寻找的信息造成影响，它甚至还会影响人们第一次注意到的东西。试想一对陷入婚姻困境的夫妻：如果一方给另一方贴上了诸如“自私”的标签，那么这个标签很容易就会被强化，自私的举动会更易被发现，而慷慨的行为则会被忽视。

在这种情况下，认知行为治疗之父——治疗师阿伦·T. 贝克（Aaron T. Beck）建议，夫妻二人应该有意识地与自己只关注错误行为的倾向做斗争。为了避免此类困境，他还建议夫妻俩去写“婚姻日记”——把爱人做过的令自己开心的事情记录下来。

在他所著的《爱情永不够》（*Love Is Never Enough*）一书中，他描述了一对写婚姻日记的夫妻——凯伦和特德。在一个星期内，凯伦记下了很多特德让她欣赏的地方：他对我遇到了一个举止失当的客户深表同情。他还帮忙打扫房子。我洗衣服的时候，他陪伴在我身边。他还提议说出去走走，我很开心。

贝克说：“虽然特德过去也为凯伦做过类似的事情，但因为凯伦对他持有负面情绪，所以凯伦把这些事情从记忆中抹去了。”而特德也是因为同样的原因忘记了凯伦做过的美好的事情。

贝克提到了马克·凯恩·古德斯坦（Mark Kane Goldstein）所做的一项研究。研究发现，记录婚姻日记的夫妻中，70% 的人表示关系得到了改善。“改变的不过是他们感知事情的方式，”贝克写道，“在做记录之前，他们都低估了婚姻带给他们的喜悦。”

如同在婚姻关系中一样，我们在工作中的人际关系也会受到越来越严重的负面假设的破坏。如果一个同事在开会时公然反对我们的想法，我们会认为他是想在老板面前展示自己。如果同样的事再发生一两次，我们就会断定他是个“马屁精”，而这个标签就会像婚姻关系中的标签那样保留下来。

为了打破这种循环，一些机构的领导者们敦促其员工“假设积极的意图”，也就是想象你同事的行为或言语是出于善意，即使他们的行为乍看上去会令人反感。这种“过滤”拥有极强的作用。百事公司董事长兼 CEO 卢英德（Indra Nooyi）告诉《财富》杂志说，这是她得到的最好建议。（她从父亲那儿学来的。）

她说：“在假设消极意图的情况下，你是气愤的。如果你消除这份怒气，并且假设出一个积极的意图，你将大吃一惊……你不会有所戒备，也不会大嚷大叫。你会努力去倾听，去理解，因为你内心深处想着，‘也许他们在对我说着一些我没听到的事情。’”

一个叫罗谢尔·阿诺德 – 西蒙斯的博客写手将“假设积极意图”的方法用在了处理自己和丈夫的关系上，她写道：“当你的丈夫做了一件让你立即产生负面情绪的事时，你要问一问自己，‘和我的所思所想相比，有没有其他更加积极的可能性？’要假设他是在试图帮忙，假设他不需要别人提醒，假设错不在他。我就常常试着问自己，‘有没有别的可能性？’”

位于匹兹堡的英思科公司（Industrial Scientific）在其已有的美国和中国分公司外又在法国增设了一家分公司，所以它不得不让员工迅速地学习“假设积极意图”的方法。文化差异以众多微妙的方式呈现了出来。比如，法国员工写的邮件很长，中国员工的邮件较为直接，他们都认为对方的邮件有一点儿失礼。公司董事长肯特·麦克埃尔哈顿（Kent McElhattan）在一次访谈中说，他的员工应该做“同事们和自己感兴趣的是同一件事情”这样的假设。

假设积极意图和写婚姻日记是被心理学家称作“考虑相反的情况”的两个例子。我觉得我的爱人很自私，但或许我也应该注意他是如何照顾我的。我觉得我的同事不仅粗鲁，做事还唐突，但如果他并非有意唐突，而是出于尊重我的时间的原因呢？（哎呀，要是我想跟他聊天，他会不会认为我没有尊重他的时间？这该怎么办？）多项研究证明，这种考虑相反情况的简单方法减少了许多原本令人苦恼的认知偏差。（更多信息请参阅注释。）

保罗·休梅克（Paul Schoemaker）在其创办的管理咨询公司——决策策略国际（Decision Strategies International，简称DSI）开会时所做的可能就是“考虑相反情况”的终极形式。他召集同事们讨论一个重要的商业问题。他想让他们“犯错”。

休梅克是一名决策研究员和顾问，他做事极为认真。他想让同事们帮助他设计和执行一个故意犯下的错误，以此来测试他们对公司业务做出的假设的正确性。

“公司里的每个人都相信我们的一些理念是有缺陷的，并且都认为我们应该对这些理念进行检验，”休梅克说，“可一旦我们把这事落实下来，大家就觉得这个主意不是很明智，甚至非常愚蠢。所以作为领导，我介入了此事，我说‘我将为此负责。’毕竟领导们常常会说，‘我从错误中学到的最多。’好吧，但为什么要让意外来制造错误？为什么不对过程进行一些控制，并主动去犯那些你最有可能从中有所收获的错误？”

正如他在《做最好的决策》（*Brilliant Mistakes*）一书中写的那样，他的团队开始列出一些潜藏在他们努力之下的关键假设，使得在一些机构中从未被明确表达或质疑的“传统智慧”显现出来。

在明确了10种假设后，他们将列表上的内容削减到了3个——3个他们最没有信心的假设，如果这些假设被证明是错误的话，它们就具备带给公司利润的最大潜力：

1. 公司里年轻的MBA（工商管理硕士）们工作效率不是很高。我们的团队需要有经验的顾问。
2. 公司在一个非高级顾问的董事长的管理下也可以成功运营。

3. 征求建议书（RFP）不值得回应。RFP 由客户发布，以此吸引承包商投标自己的生意。使用 RFP 的客户常常是为了进行比价，或是为了证明他们做出的某个选择的正确性而走走过场。

在新一轮的评估后，休梅克和他的团队将第 3 项选为“最有可能从故意犯错的策略中有所收益的”一项。现在他们准备好犯错了。

公司一直以来的政策是绝不回应 RFP，可他们决定对下一个出现的 RFP 进行回应。他们遇到的下一个 RFP 是来自一个区域电力公司。DSI 团队提交了一份 20 万美元预算的提案，这是他们的正常收费价格，但他们猜测这份提案一定会遭到客户团队的淘汰。休梅克说：“出乎我们意料的是，这家电力公司邀请我们去和他们的 CEO 和高级管理团队会面，并且除了对当前的项目进行探讨外，还探讨了其他的合作机会。”

DSI 最终从电力公司的这次咨询业务中赚得了 100 多万美元。“作为对一个小错误的回报，还是不错的。”休梅克说。

那为什么你就不能在自己的机构里运用休梅克的策略呢？你能制定“年度最佳错误”这样一个方案吗？但必须明确的是，你不应该期待这样一个方案会突然带给你 100 万美元的惊喜。大多数“故意犯下的错误”都会失败，但其实这样的结果应该是鼓舞人心的，因为它证明你的假设一直都是正确的。在错误之外，“愿意去测试假设”的意图本身是具有价值的。它向你的同事们传递出一个信号，那就是你的工作将有根据地进行，而非什么乡野之谈或权术计谋。

这种文化上的强心剂非常重要，因为它纠正了我们躲避这种工作方法的自然倾向。把假设放到实践中检验是很难办到的，因为我们的本能很少会让我们去这样做。证实倾向的核心就是我们的内心深处不想听到消极的信息。（试着回忆一下，你最近一次认真地将“考虑相反的情况”应用于自身的政治观点是在什么时候？）所以我们在本书中极力倡导要使用这种方法，并使其慢慢形成习惯。否则，我们就会在一时激动之下极其容易地把这个建议抛在脑后。

如果你事业有成并且单身，你甚至可以考虑将这种“考虑相反情况”的方法应用在约会中。一个研究小组对于“有些人找到结婚对象，可有些人没找到结婚对象”的现象很感兴趣，因此小组成员对刚领完结婚证准备离开婚姻登记处的女性进行了采访。令他们惊讶的是，20% 的受访女性表示自己在第一次见到自己未来的丈夫时，并不喜欢他。（这意味着还有数以百万的人也遇见了他们未来的爱人，但却转身离开，直觉使他们过早地放弃了彼此互动的机会。）

这项研究的发起人约翰 · T. 莫洛伊（John T. Molloy）表示，研究团队中的单身女性对这一结果感到既惊奇又迷惑，她们差不多都能记起自己拒绝过的对自己有意的男性——其中一些男性直到现在还在表示他们的好感（以一种可以让人接受的、非跟踪狂型的方式）。这些女士们现在猜想着，这些男子会不会是被忽视了的潜在伴侣。所以她们决定自己去试试"故意犯错误"的策略——与一个曾拒绝过多次的男子来一次约会。

莫洛伊说："大多数女人都相信自己的第一判断是正确的。"但是他的一个团队成员因为非常喜欢自己的第一次约会，于是又进行了第二次、第三次和第四次的约会。她最终嫁给了那个男人！（以上帝的名义，我现在宣布"错误"先生和这位女士结为夫妻。）她不仅找到了伴侣，还在和证实倾向的斗争中取得了鼓舞人心的胜利。

• • •

到目前为止，我们已经概述了三种对抗证实倾向的方法：第一，我们可以使他人更容易地提出反对意见；第二，我们可以提出更有可能使相反信息显现的问题；第三，我们可以通过考虑相反情况的方法来对自己进行核查。

能够帮助人们把假设放到实践中检验的，还有另一种不同的策略，它涉及应该去哪里寻找正确信息的问题。如果你的男友正在考虑模仿流行的"穴居人饮食"方式，他应该如何对它做出评价？如果老板要削减你的库存，你要怎么确定这是不是个好主意呢？

问题的答案会迫使我们去接受自己身处宇宙中的谦卑感。从我们大脑的角度来看，我们是独一无二的。挑战和机遇对于我们来说，也是独特的。然而，从宇宙的角度来看，我们作为人类有着同样的特点。在下一章中我们将看到，当我们的预测和意见与大环境的常态相抵触时，赢的往往是大环境。

本章小结

1. 证实倾向指的是搜寻证实我们初步假设的信息（常常是有利于自己的）。
   - CEO 的傲慢自大可以用不同意见来抵消。我们也需要用不同的意见来中和我们的证实倾向。

2. 我们需要在机构内部促成建设性的不同意见的形成。
   - 魔鬼代言人、射杀委员会和铜锣秀都准许了质疑精神的存在。我们应该如何做？
   - 罗杰·马丁提出了一个聪明的问题：“这个选择必须具备怎样的条件，才能成为最好的答案？”

3. 为了获得更多可靠的信息，我们可以问反面问题。
   - 法学学生：“最后三个离开的实习律师是哪几个人，他们现在又做着什么？我怎么和他们联系？”
   - iPod 顾客：“这个 iPod 有什么毛病？”

4. 警告：在权力地位明确的情况下，探究性问题可能产生事与愿违的效果。
   - 医生用开放式问题提问会更加明智，“你说的‘眩晕’指的是什么？”

5. 非证实倾向的极端形式：我们能否强迫自己考虑直觉的对

立面？

- 婚姻日记使一对失意的夫妻看到自己的伴侣并非一直都很自私。
- “假设积极的意图”使我们用更加积极的角度去看待他人的行为和言语。

6. 我们甚至可以通过故意犯错来测试自己的假设。
   - 通过试验对 RFP 的回应，休梅克的公司取得了 100 万美元的业务收入。
   - 一名女性和自己的“错误”结为了夫妻。

7. 因为我们会自然地寻找自我证实的信息，所以我们需要训练自己去考虑相反的情况。

第六章

缩小，放大

常用外部意见，避免信息失真

墨特尔海滩（Myrtle Beach）的波利尼西亚岛度假村酒店（Polynesian Resort）的网页图片里展示了一个海滩天堂——金色沙滩、棕榈树和五颜六色的遮阳伞构成了一幅美景。人们斜倚在躺椅上，远处的海面航行着一只双体船。乍看上去，这正是你想要带家人去的夏日度假胜地。

在你阅读这段文字时，它可能确实已经变成一个美好的地方。但当2011年我们看到这个网页的时候，波利尼西亚岛度假村酒店却还有不愿为人知晓的另一面——它被旅游评论网站TripAdvisor（猫途鹰）评为2011年度全美最脏的十家旅馆之一。

许多去过这家旅馆的客人在TripAdvisor网站上分享了他们的体验，他们的评论言辞尖刻，却又让人忍俊不禁。

Terri B（2012年7月24日）：我们7月21日办理了入

住手续，10 分钟后就退房了。我没法用语言形容那里的恐怖感觉。

Fetters26（2011 年 6 月 7 日）：我家狗狗的小屋都要比波利尼西亚岛度假村酒店的房间干净、豪华舒适！

Jackie503（2011 年 6 月 30 日）：自从摩西（Moses，源于摩西让红海开路的传说，出自《圣经》中的《出埃及记》。）分开红海后，这里的地板就一直没用拖布或是真空吸尘器弄干净过。床上用品都陈旧了，床单也让人身上发痒……

4q2（2011 年 1 月 27 日）：我看很多评论都把这儿说成是垃圾场。这简直就是对全世界垃圾场的侮辱！

幸亏有 TripAdvisor 这样的网站，我们才更容易避免选择令自己后悔的旅店。我们可以忽略那些亮丽的图片，而只关注评论。在对波利尼西亚岛度假村酒店的评论中，67% 的评论将体验定级为"很糟"，而评级为"极好"的数量仅占 4%。（"极好"的一个用户评论说，那里是纵情享受春假的绝佳场所，如果你不介意"污秽的房间"的话。）

很多人已经习惯在购物前先看评论。我们习惯在 Amazon（亚马逊）网站上阅读购书评论，在 Yelp（美国版"大众点评网"）上看关于某个餐厅的评论，或是在 CNET（科技资讯网）网站上看用户们对数码相机的评论。这是一件众人皆知的事情，不是吗？但是这一"众人皆知的"行为却是智慧的体现。因为当我们依据评论做出决定时，我们便是在承认两件事情：（1）我们自身搜集产品真实情况的能力是有限的，而且我们的判断还会受限于制造公司对产品的美化。（2）基于上述原因，相信他人的一般评价而非自己的印象，是更明智的行为。

尽管如此，我们在生活中还是常常做相反的事情：相信自己的印象胜过相信人们的一般评价。比如，很多人并没有向当前或原来处于相同职位的人请教，就接受了某份工作。难道这些人的“评论”不应该和一个陌生人对旅馆房间或餐馆做出的评论一样，都很有参考价值吗？

奇怪的是，我们在进行关键决策时所做的客观性的调查次数，往往少于我们挑选寿司店时做的调查次数。

心理学家对同一情境中的“内部意见”和“外部意见”进行过如下区分。内部意见是指在考虑决定时，从处于我们聚光灯内的信息——自己对情况的印象和评价——来获得结论。相比之下，外部意见则能够忽略具体细节，从大局进行分析。因此，在决定是否预订波利尼西亚岛度假村酒店的房间时，内部意见依赖于我们自己的评价：这儿看起来像我会喜欢的那种地方吗？外部意见则选择信赖 TripAdvisor 上的评论：总体而言，人们有多喜欢待在这里？

外部意见更为精确——它是对现实生活体验的总结，而非单独一个人的印象——但我们会被内部意见吸引。为什么？想象一个叫杰克的餐厅老板正考虑要不要贷款在奥斯汀市的闹市区开个泰国菜餐厅。在他的聚光灯内，所有的信息都会是利于他的：我是一个很棒的泰国菜厨师，第四大街上的位置好极了，那一区域的行人流量很大，附近没有泰国菜餐厅。从内部意见来看，这个机会看起来相当不错。

对比之下，外部意见可没有把杰克的情况当做是独一无二的，它寻找的是普遍情况：有没有人曾面临过相似的情形，如果有的话，他们的表现如何？这就涉及到寻找统计学术语中所说的“基本比率”的问题——它记录的是他人在相似情形下的数据信息。例如，杰克可能会得知60%的餐厅在其开业的前三年就倒闭了。从外部意见来看，经营这样一家餐厅看起来就非常冒险了。

需要注意的是，上述情况和TripAdvisor例子中的情况是不同的。我们从直觉上觉得自己可能会在波利尼西亚岛度假村酒店有一次非常糟糕的体验，但杰克不会从直觉上认为自己会失败。这是什么原因呢？

外部意见不会考虑我们所处的情况的一切特殊性。所有创业者在创业之初都有理由去相信自己会成功。比如，杰克一定会嘲笑基本比率数据，他会想：“我了解泰国菜，我也了解奥斯汀这座城市，我知道这个方法能行得通。你不能把我和在购物中心卖玉米热狗的家伙混为一谈。”但是杰克可能错了。餐馆经营的共性很高，不同餐馆的经历可能非常相似。因此，杰克对餐厅成功的基本比率的信任程度，应该与他相信波利尼西亚岛度假村酒店的评价基本比率的程度是几乎一样的。[①]

请注意，让杰克采用外部意见——并且接受餐厅成功的机会其实渺茫——并不是要求他放弃开餐厅的想法。也许成功经营餐厅能带来丰厚的利润，所以冒险还是值得的。或者他认为开餐厅是他职业生涯中一次很好的投资，即使它最后以失败告终。外部意见并不意味着失败主义，它只是需要人们尊重可能出现的后果。也可以这样说：如果他把孩子上大学的钱投在这个冒险的生意上，那他一定是疯了。

你的朋友和同事也会因固执而吃苦头：太过相信自己的印象。他们会陷入内部意见中，但是你将会很容易地注意到外部意见。不过，需要提前说明：有时人们可能已经接触到一组完美的数据资料——可还是会将它们忽视。

诺贝尔奖得主、心理学家丹尼尔·卡尼曼在他职业生涯初期就经历过这种情况。当时，他和同事正要写一本关于判断和决策的高中教科书。他们将会是第一批开发这一主题课程的人，所以他们说服教育学院的院长——一位课程设计专家——与他们合作。

① 为什么是“几乎”呢？公平地说，相比起波利尼西亚岛度假村酒店的客人，杰克对情况更有把握：他的经验和烹饪技能，以及他的商业悟性都起着重要作用。而关键在于他只能看到这些不同点，所以聚光灯效应会令他高估它们。他会忘记他对奥斯汀市内的餐厅大环境的影响，并不比一个客人对波利尼西亚岛度假村酒店清洁度的影响大。所以虽然他控制的因素可能会以有利于他的方式调整比率，但彻底改变比率是不可能的。

他们开始写一些样章，并且在每星期五碰面，回顾他们的进展。某个星期五他们正在讨论群体思考未来的方式，卡尼曼觉得他们应该听听自己的建议。他说："来看看我们是如何设想未来的吧。"

他让同事们写出自己认为的教科书将会被编写完成的时间。结果显示，估计完成的时间范围非常狭窄——包括卡尼曼和院长在内的每个人都推测在将来的 1.5~2.5 年完成。然后卡尼曼突然想起他在统计学训练中所学过的基本比率的概念，所以他问院长能否回忆起类似于他们这样从头编写某个新课程的其他团队。院长说可以，这样的团队他能想到很多。卡尼曼就让院长给出量化的基本比率：他们花了多长时间完成？

经过反复讨论，两个令人不安的事实浮现了出来。第一，根据院长的描述，40% 的团队没有完成课程的编写。第二，编写团队都用了 7~10 年的时间来完成。然后卡尼曼问院长："和其他团队比，我们的团队怎么样？"（注意他是想看看以自己团队的能力来说，他们是否有理由去根据基本比率来调整预计完成的时间。）院长回答说："低于平均水平，但没有低很多。"

这门课程的教材最终花了 8 年时间编写完成。

像餐厅老板杰克一样，卡尼曼和他的同事们在采取内部意见时也是积极乐观的，可是院长的行为却令人不解。他知道研发一个新课程所需时间的基本比率，可是却将聚光灯瞄准了这个团队的独特情况。从内部意见来看，他们的工作似乎在两年内就可以圆满完成。"在他知道的事情和他所说的话之间，没有什么联系……他拥有一切必要的信息去得出‘自己写下的预计完成时间是荒谬的’这一结论。”卡尼曼说道。

这让我们意识到专家意见的重要性。也许在本章中我们能给出的最简单直观的建议就是，如果你正试图搜集可靠的信息并用实践检验自己的假设时，不如去和专家谈一谈。如果你正考虑针对某个竞争者提出知识产权诉讼，不如去咨询顶级的知识产权律师。

专家不一定是一个揣满资格证书的权威人士。权威人士的定义标准其实要低得多。专家，简单来说，就是一个经验比你多的人。如果你的儿子想当一个木匠，那就让他去和任意一个木匠谈谈。如果你在考虑要不要把生意挪到南卡罗来纳州，那么拿起你手中的电话，打给任何一个已经将生意挪到那里的人。

还有一个需要注意的地方：要注意问他们什么样的问题。就如我们将在下一章中看到的，专家们真的不擅长预测，可是他们在评估基本比率方面却很优秀。

举个例子，假设你正向一个知识产权律师咨询专利侵权诉讼。正确的问题应该是“在这样一个案子中，重要的变量是什么”，“什么样的证据能够以这样或那样的方式影响到判决”，“按百分比计算，有多少个案子在审判前达成了和解”以及“在那些受审的案子中，原告胜诉的机会有多大”。如果你问了类似上面这样的问题——有关过去的案例和法律规范的问题——你就会获得大量可靠的信息。

如果你问一个预测性的问题——“您认为这个案例我能赢吗？”——它将引导律师进入内部意见。就像那位设计课程的院长一样，你的律师会对获胜的机会持过于乐观的态度。

我们在这里并不是要夸大事实——一名出色的律师当然能区分十拿九稳的案例和机会渺茫的案例的不同。问题在于，即便是一个顶级专家做出的预测，人们也不可全信，但人们对专家们所拥有的关于基本比率知识的态度却不必如此多疑。总之，在你需要可靠信息的时候，就去找一个专家——一个比你经验丰富的人。让他谈谈过去或现在发生的事情吧，但不要谈未来。

搜索基本比率，从数字中窥探决策线索

到目前为止，我们看到了一个可以分析选择的非常简单的方法：采用外部意见。你不应该相信内部意见——你脑海中的亮丽的情景。相反，你应该忘记它们，然后去查阅基本比率。有时候，这些信息是现成的，比如 TripAdvisor 和 Yelp 上的信息；有时你则需要自己整理信息。如果这两种方法都行不通，那么就请教专家，让他做些关于基本比率的估算吧。

根据我们的经验，针对外部意见，人们会分成两个阵营。有些人会立刻接受这个观点，而有些人则会有异议。我们对一组数据的信任真的应该超过自己的直觉吗？这会不会有点儿违反人性呢？这么做是否太过于关注分析了？

驱使我们提出“相信数字”建议的不是技术宅的怪癖，而是谦虚的态度。我们不可以忽略数字代表的意思：很多和我们一样的人——对他们的机遇满怀激情的人——曾尝试过许多与我们现在所苦思冥想的事情相类似的事。忽视他们的经验并不是勇敢而浪漫的行为——“我不会让数字分析这些东西阻碍我做自己相信的事。”确切地说，这样的想法很自我。这就像是说，我们认为自己与其他人不一样。我们是特别的。我们更好。

更为谦虚的方式是问：“在做出这个选择后，有可能产生什么结果？”一旦我们接受了答案——并相信它可以帮助我们做出选择——那么我们就可以把注意力转移到对抗逆境上来。在布莱恩·齐克蒙德－费希尔（Brian Zikmund-Fisher）还是青年的时候，他曾被迫做过一个生死攸关的选择，他的故事就能说明这一点。

1998 年年初，齐克蒙德－费希尔——卡内基梅隆大学社会与决策科学研究小组的一名 28 岁的研究生——正在和一个朋友玩短柄壁球。在一次击球时，他挥动球拍时用力过猛，拍子打中了自己的左臂。

一小时后，他的肩部直至手腕处出现了淤肿。

布莱恩感到不安，可是并不惊讶。他的血液病史始于 13 年前他还在上中学的时候。当时他和妈妈正在参观大学校园。突然，他收到了来自医生的紧急通知，布莱恩之前在他那里进行过健康检查。布莱恩回了电话，医生的声音听起来很紧张。

“你还好吗？”医生问道。

“很好。为什么这么问？”布莱恩回应说。

“如果可以的话，我们希望你能来重新进行血液检测，越快越好。”医生说。

第二次的检测结果证实了令医生感到紧张的猜测：布莱恩的血小板计数只有45——一个令人不安的低数值。（更确切地说，是 45×10^9 / L。血小板在凝血过程中起重要作用，血小板计数是评价一个人血液供给和免疫系统是否健康的诊断指标。）血小板计数的正常值为（150~450）$\times 10^9$/ L。相比较而言，在血小板计数小于 50 的情况下，病人是不可以进行手术的。当计数在 10 左右时，会有自发性出血和大出血的危险。

在进行了一些治疗后，布莱恩的血小板计数回升到了 110。医生们说，他在以后的生活中都必须接受身体检查，至少每 6 个月一次。

在这场短柄壁球比赛前，多年来他都不曾出过问题。但是当手臂出现淤肿时，布莱恩知道这是出了什么状况。他去找医生，果然如他猜测的那样，他的血小板计数低得惊人——只有 19。

经过进一步的检验，医生诊断布莱恩患上了一种危及生命的疾病——骨髓增生异常综合征（myelodysplastic syndromes, 简称 MDS）。这种病的特点是人的骨髓停止有效地生成血细胞。医生告诉布莱恩，到了最后，即使是他现在每 8 天一次的血小板输注都将无法阻止他失血而死。

布莱恩说：“这个意思就是，我不需要立刻去做任何事情。可我只有不到 10 年的寿命了，也许只有 5 年。”

治愈 MDS 的唯一可能的疗法是进行完全的骨髓移植——一种复杂而危险的疗法。这种治疗通常始于放疗和化疗——一种会摧毁人体免疫系统的组合疗法。

这种疗法的目标就是从一个基因匹配良好的捐献者那里，把一个全新的免疫系统移植给病人。遗憾的是，病人的身体能不能接受移植是无法确定的，而且为布莱恩找到一个相匹配的捐献者是非常棘手的，因为骨髓移植最合适的配型大多来自病人的兄弟姐妹，而布莱恩是独生子。

在等待移植起作用的一年或更长的时间里，病人体内的免疫系统无法正常运行，所以任何感染——甚至普通感冒——都可能危及生命。

所以移植是很危险的。医生告诉布莱恩，如果他要进行移植，那他有 25% 的可能活不过今年。但是如果他幸存了下来，他就有可能活得很久。

布莱恩面临一个残酷的选择：是拒绝移植，再过五 6 年相对正常的生活直到最后的衰竭，还是经历这样一种可能将他永久治愈的，但也有可能令他一年内死亡的破坏性治疗。

令这个选择更为困难的是——布莱恩的妻子怀有六个月的身孕，而这是他们的第一个孩子。

布莱恩迫切地渴望得到能够帮助他做出决定的信息，但他还不是很清楚应该如何解读那些自己发现的信息。他可以在网上找到相关的期刊文章和书籍，但是他想知道这些研究的基本比率是否与他的情况相关。“在与我患有同样疾病的人中，大部分人的年龄都比我大很多。我浏览了那些研究——被研究的人群年龄在 60 岁左右，而我只有 28 岁。然后我就想，‘好吧，那么这个方法会适合我吗？不会适合我吗？我要如何知道呢？’”

为了找到答案，他求助了一个血液学专家朋友。她建议布莱恩认真对待期刊中研究结果的平均值，但鉴于他的年轻和精力可以帮他熬过治病的疗程，所以他的治愈概率可能会比平均值高一些。她还强调了一个关键的变量因素：医院实施治疗的经验。她建议在选择医疗机构时，不要局限于只寻找像梅奥诊所（Mayo Clinic）那样著名的机构；而是要寻找专长于骨髓移植的机构，比如西雅图的弗雷德·哈奇森癌症研究中心（Fred Hutchinson Cancer Research Center）或者休斯敦的 MD 安德森癌症中心（MD Anderson Cancer Center）。他应该将健康托付给一家每年做过 300 例移植手术而非 30 例移植手术的医院。

布莱恩还想了解移植后会产生什么样的并发症。令他沮丧的是，当他问到各种副作用的风险时，医生们给的答案都含糊不清。他想要医生给出具体的数据，可他们并不情愿。“为了应对医生不愿做出估算的情况，我就开始问一些听起来可笑的问题……‘我们说的是 50% 的概率吗？还是 5% 的概率？还是 5‰ 的概率？’显然，我不是要求他们必须精确地回答。这样问能使医生们感到放松。”

布莱恩和妻子娜奥米试图与其他移植病人及其家属取得联系，以学习他们是如何应对这种情形的。“那个时候还没有现在这么棒的论坛，”布莱恩说，“我们有病人的邮箱地址清单，就是一个电子邮箱列表。我们开始按照单子上的信息，去寻找那些人……他们会谈到各种有关医疗的话题，比如怎么应对化疗引起的恶心和呕吐。可是对我们来说，最为重要的一些话题跟医学却往往是无关的……”

“我们面临的重要问题之一是，娜奥米必须花多少精力陪护我？还有，孩子刚刚一岁，我们应该如何照顾孩子？现在非常明确的是，我们必须另找一个成年人，让他/她随行照看孩子。因为当我因身体或心理上的原因无法提问时，我需要娜奥米陪在身边帮我问出那些问题。也许在吃饭或午休时间就会毫无预料地出现这种情况。要是照看一岁大的孩子，她就不能正确传达我的问题或听见我想要的回答了。”

在听到他们需要一个“成年人”后，布莱恩的父母提出，如果布莱恩和娜奥米决定在匹兹堡外的其他地方进行手术，他们会陪伴左右。这使得布莱恩夫妻可以考虑其他地方的许多移植中心。

双方父母都非常支持他接受移植，而布莱恩也倾向于这个选择，但是他发现和父母相比，他下这个决心可不太容易。一天晚上，他对娜奥米说出了自己的担忧：如果他接受移植手术后没能活下来，他的女儿将会对他没有任何记忆。如果他不进行移植，他至少还有几年时间可以享受和女儿在一起的日子。这样当他走了，她就会记得他。

娜奥米承认这是事实，但她温柔地说道："可她对你的记忆却会是她的爸爸总在医院里输血，爸爸总是躺在病床上。你留给她的记忆将是这个样子。"

"我记得，"布莱恩说，"那一刻的我在想，'该死，她说得真对！'然后我就知道该怎么选择了。"

他决定在对这一手术颇具经验的中心之一——弗雷德·哈奇森癌症研究中心接受移植手术。这就要求他和娜奥米带着小宝宝伊芙从匹兹堡搬到西雅图。布莱恩的父母就按承诺的那样，跟着他们一起搬到了西雅图，在手术前后几周给他们提供帮助。

这期间，布莱恩已经开始了一项自我训练。他从与病友的邮件往来中得知，即使是对于年轻人来说，术后恢复也非常困难，所以他就决心尽自己最大的努力积累对他有利的可能性。"我察觉到，我必须开始锻炼身体，"布莱恩说，"我特意加大运动量，以使自己的身体在移植前尽可能地进入最好状态。"

在经过 40 次骨髓配型失败后，医生终于找到一个大有希望的基因配型，布莱恩获准可以进行移植。

疗程初始，布莱恩接受了为期 6 天的高强度化疗。"它们快速而强有力地打在你的身体中。"布莱恩形容说。他原有的、有缺陷的骨髓被破坏了，而且他的身体已准备好接受移植了。相比之下，移植的过程就显得有些平淡了。"你就坐在那里，然后医生们通过静脉注射的方法，把新的血细胞注入你的体内。"他说道。

在移植后令人焦虑的30天内，布莱恩不能离开医院。在这段时间里，他的女儿伊芙过了第一个生日。他们在布莱恩的病床旁放上了伊芙吃生日蛋糕的照片。

术后恢复正如布莱恩之前预见的那样具有挑战性。因为知道运动对于防止并发症是非常重要的，所以他强迫自己对抗恶心和疲乏感，并通过在医院病房里来回走路来保持运动量。布莱恩说，“如果没有听过其他人的经历，如果没有预先知道这会有多难，我认为自己是坚持不下去的。”

他在医院住了一个月，接着又在西雅图附近恢复了两个月，最后他终于回到了位于匹兹堡的家。因为疲乏和恶心感太过强烈且不定时发作，18个月后他才得以正常工作，不过他确实在稳步恢复中。

他是一个幸运者。在移植中心已经熟悉的6个病人中，有3个人在第一年年末之前就去世了。

移植手术13年后，布莱恩的事业蒸蒸日上。他现在是密歇根大学公共卫生学院的一名教授，他因在医疗决策上的研究闻名于业内，还因为以病人为中心的演讲而被学生所熟知。

他最近帮助已经14岁的伊芙做了上哪所中学的艰难决定。

作为一个病人，布莱恩面临着可以想象得到的最艰难的决定：选择保证短暂的生命，还是碰碰运气，使寿命更长。作为一个决策专家，他决定运用自己所拥有的专业知识来做出这个选择。回想整个事情，你就会注意到布莱恩一直在采用外部意见，并且在争取获得基本比率。

在阅读了期刊文章后，他开始猜测自己应该考虑哪一个基本比率：年龄较大的病人的经验对他也适用吗？所以他去请教了一名血液学专家，这名专家让他认真看待成功的可能性。考虑到他还年轻且健康状况良好，她认为可以将成功的可能性进行些许调高。她还建议了另一种可以考虑的基本比率：不同医院实施移植手术的成功案例的比率。（布莱恩没有要求专家针对他的情况做出预测。专家们都很擅长分析基本比率，但在预测方面则水平一般。）

出于对副作用的担忧，他问了医生一些基本比率的信息：我们说的是 50% 的概率吗？还是 5% 的概率？或者百万分之五的概率？

请注意，他虽然知道了这个基本比率，可他并没有因此轻易做出选择。他苦苦思考了几个月，并且最终还是片刻的强烈情绪——他的妻子说的关于女儿会对他有怎样的记忆的话——才让他下定决心。这预示了我们下一部分要讲的内容：适当的情绪恰是我们做出明智之选所必需的。

在布莱恩做选择的这一过程中，还有一处看起来一点都不像基本比率的思考方式：他去寻找其他移植病人的故事，热切地学习他们的经验。他所学到的经验使他做出了一些选择，包括他的自我训练以及让父母同去西雅图的决定，而这些几乎无疑都提高了他成功的概率。

这些见解并不是源于询问医生基本比率的情况。它们也并非产生于一个有缺陷的“内部意见”方法——他没有只信任自己的印象，他在努力地搜集信息证据。他的策略究竟是什么？

布莱恩想要更有品质、内容更加丰富的信息。他想要亲眼看看那些病人的生活。我们接下来要看到：在对选择进行评价时，为“宏大视角”做最佳补充的往往是相应的“特写镜头”。

Genba：到特定的地方查证特定的信息

“宏大视角”与“特写镜头”的结合是富兰克林·D. 罗斯福总统（President Franklin D.Roosevett）采用的标志性策略，历史学家们将罗斯福看作是搜集信息的大师。当被问及如何描述罗斯福时，他的家庭医生说道：“他喜欢知道一切正在发生的事情，并且乐于参与到每件事情中。”

与所有的总统一样，罗斯福很关心到达他手中的信息的质量，他担心这质量会在传递途中降低。因为渴望得到值得信赖的资料，他成了第一个大量使用投票来对公众舆论进行监督的总统。

他还热衷于开发有关“地面实况”的信息来源，在联邦政府外培养了众多的信息来源，比如商人、学者、朋友和亲属，他们都在官僚体制外充当他的眼睛和耳朵。“去看看正在发生什么，”他对其中一个人说，“去看看我们正在做的事情的最终结果，去和人们交谈，去搜集各种信息。”

他的妻子，第一夫人埃莉诺·罗斯福（Eleanor Roosevelt）是他得力的合作伙伴。她常常突然去参观一些项目，以免“幕后操作”的情况发生。一旦到达现场，她会与主管和员工面谈，并在之后把详细情况编写成报告交给罗斯福。“随着岁月的积累，我成了一个越来越好的记者，并且是一个越来越好的观察者，”她说，“很大程度上是因为富兰克林提出的问题范围太广。我发现自己不得不关注所有的事情。”

罗斯福经常置部门主管于不顾，而直接与他们的下属员工建立联系，这使得主管们很愤怒。内政部长哈罗德·伊克斯（Harold Ickes）在回忆录中愤怒地抱怨总统在没有咨询他的前提下就对他的员工进行拜访的嗜好。第二次世界大战（简称二战）爆发前，罗斯福一直瞒着国务卿科德尔·赫尔（Cordell Hull），与其下属副部长萨姆纳·威尔斯（Sumner Welles）建立了密切联系，甚至雇用了个人联络员以联系温斯顿·丘吉尔，如此一来，他就不必完全依赖赫尔的信息报告了。

白宫的一位工作人员这样回忆罗斯福对于信息流通的掌握：“他会打电话叫你进去，然后要求你去了解某件复杂的事情。在经过一些天艰苦的努力后，你回到那里，把你经过多方打听得到的‘小道消息’展示给他。然后你会发现他居然已经知道了，甚至还包括一些你不知道的事……在他这样做了一次或两次之后，你就必须要小心自己搜集的信息了。”

与前任总统们相比，罗斯福更多地把邮件作为信息的一种战略来源。在炉边谈话[①]中，他鼓励美国人民把他们的想法邮寄给他，而民众回应的结果是白宫平均每天收到5000~8000封信件。如果这个数量有所下降，他就会向顾问们发牢骚。罗斯福认为信件应该得到科学的分析，他依照种类和态度立场将它们排序，这些分类统计信息以“信件摘要”的形式到达他的手中，它们提供了关于公众观点的现成的基本比率。

罗斯福将事情又推进了一步，他并不仅限于搜集关于基本比率的信息，而是对真实的信件进行抽样查看。这些信件为他搜集信息增添了实质性内容。从统计的角度了解人们对一个问题持有什么样的看法是一回事。但是人们的感受是怎样的？是担忧、被激怒、愤怒，还是狂怒？这就是另外一回事了，数字会隐藏这些细微的差别。

这就是我们要在做决策的工具箱中加入“特写镜头”的原因。基本比率在建立标准方面做得很好：如果我们做了这个决定，那么我们可以预期到的结果是……尽管“特写镜头”给出的是直观效果，但它是同样重要的。

想象你渴望在晚餐时吃到墨西哥菜，然后你上Yelp去找餐厅，并且找到了附近的一家餐厅，它获得的评价是3.5星，虽然不错，但不是最好的。通常你会坚持找一个有4星评级的餐厅，

① 炉边谈话（fireside chats），是罗斯福所开创的广播发言形式。罗斯福在其12年总统任期内，共做了30次炉边谈话。每当美国面临重大事件时，总统都用这种方式与美国人民沟通。——译者注

但是这一次你决定看看其中的评论。你发现大多数人都对这儿的食物赞不绝口，但有一小部分人对它的高价格感到不满意。这下你就不会觉得困扰了，因为你是一个花钱极其大方的人，一个品尝墨西哥食物的行家！对于一盘真正美味的墨西哥玉米卷饼，你是愿意付出高价的。可见基本比率使评论内容变得模糊，但是特写能够将其揭示出来。

一些组织机构的领导者们已经领悟到了这种特写方法的智慧所在，安妮·马尔卡希（Anne Mulcahy）就是其中之一。作为施乐公司（Xerox）的CEO，安妮·马尔卡希精心策划了一次近期商业史上最具戏剧性的复兴。在她2001年掌舵前，公司负债190亿美元，在银行里几乎没有任何存款。公司在一年前的股票价格已下跌了90%。在马尔卡希被任命为CEO的那天，作为一名45岁的鲜有人知的管理者，投资者们又以下跌了15%的股票价格欢迎她。6年后，马尔卡希将债务削减了一半，并且使股票价格升值了4倍。

当时马尔卡希面临的挑战之一是，她的执行团队失去了与公司最重要客户的联系。作为回应，她创建了一个名为“焦点500”（Focus 500）的计划，目的是近距离观察施乐的客户和他们所面临的挑战。在这一计划中，公司的500个顶级客户分别与一个高级主管相匹配，每一个高级主管——包括总会计师和总顾问——都要负责与至少一个以上的客户共事。

此外，马尔卡希宣布主管们必须轮流担任当天的客服专员。

客服专员必须负责处理当天进入公司总部的每一则客户投诉。马尔卡希说：“这使我们与真实的世界保持联系，让我们更接地气。它贯穿了我们的所有决策。”

这一计划可能打造了世界上最为昂贵的客户支持部门，但它同时也使得高层主管们重新找回了作为公司命脉的客户群。

另一种特写方式还包括去“genba”（genba 是日语中的“真实的地方”），更简略地讲，就是指活动发生的地方。比如，日本侦探们会把犯罪现场称为“genba”。在一个制造公司里，“genba”就是工厂车间；对于零售公司来讲，“genba”指的是商店。全面质量管理[①]的践行者鼓励领导者们“到 genba（现实车间中）”去了解问题。比如说，如果工厂车间出现了一个问题，那么工程师们应该亲自去现场对情况进行评估，并直接和相关人员对话。人们相信，最好的理念都来自这种对情况的特写调查。试想你怎么可能改善一个自己不完全了解的事情？

因此，在工厂里诊断问题的工程师发现，对相关过程进行特写观察是有用的，马尔卡希发现令她的领导团队特写观察施乐对客户的做法也是有用的。宝洁公司的消费者研究部主管保罗·史密斯（Paul Smith）也使用相似的方法让他的同事们去近距离观察竞争对手。

---

① 全面质量管理（Total Quality Management），指的是一个组织采用的以质量为中心，以全员参与为基础，通过让顾客满意、让本组织所有成员及社会受益而实现长期成功的管理途径。——译者注

在日用品（比如纸巾、洗涤剂或牙膏）市场，竞争是很激烈的，许多跨国公司为了市场份额而激烈竞争。在技术层面上，竞争对手对彼此产品的了解到了令人难以想象的程度。比方说，在宝洁公司的实验室里，对纸巾进行的一些科学测试包括：

- 卡尺测量：用千分尺紧压纸张直至设定的压力，以千分之一英寸为单位对纸的厚度进行测量。（纸越厚越好）
- 吸收性测试：令纸张中心在固定时间内接触一摊水，以克/秒为单位测量吸水速度。（纸吸收水越快越好）
- 抗拉强度测试：把纸巾放在夹子上，向两端拉扯直至纸巾撕裂。测量将纸撕开每平方英寸用了多少克的拉力。（纸张越难撕开越好）

通过在实验室——或者，在按照我们所戏言的“纸巾酷刑室”里做这些测试——研究者就可以准确地知道竞争对手的产品的优势与不足。

然而，这些数字的精确性会遮盖我们对产品的真正理解。你知道竞争对手生产的纸巾的抗拉强度，可你真的了解竞品吗？正因为考虑到这个问题，所以保罗·史密斯决定为同事们安排一次进行特写观察的机会。他开始把竞争对手的产品放在办公室里，这些产品包括：纸巾、厕纸和面巾纸。

“我们每年对数千名消费者给出的消费反应进行了调查，但我想让公司大楼里的人发自内心地去亲身体验竞争对手的产品到底有多好，或者到底有多坏，”史密斯说，“典型的营销者一般都会想，‘我已经在这里工作了 3 年，我认为我们的产品是自切片面包问世以来最好的产品。’好吧，你当然会这么想，因为它是你们生产的产品。但如果你真的亲自去试试竞争对手的产品，你就会有另一番认识了。”

最初，竞争对手的产品被同事们热烈欢迎，其程度类似于华堡（Whopper，汉堡王的招牌食品，以炭火烧烤汉堡肉排和新鲜蔬菜配制。）在麦当劳的公司野餐上所受到的欢迎。洋洋得意的态度最终却演变成了另一种反应，这种反应被史密斯描述成：“什么情况！他们的产品居然比我想象的好这么多”。

一个品牌经理说：“我真的很吃惊。我对另一个牌子的喜爱程度居然比自己想象的要多得多！我本以为产品性能方面并不需要我过多担心，但现在看来并非如此。”

其他人发现特写观察法揭示了重要的竞争优势。比如帮庭（Bounty）团队的一名成员说：“我洗过手后用了另一款纸巾去擦拭水槽，但它反而把水弄得到处都是。我不得不用两张纸快速收拾残局。”因此市场营销人员开始集思广益，探讨如何在广告中突出帮庭纸巾的优势。

通过将特写镜头展现给团队，保罗·史密斯帮助他们揭示了数字中隐藏的细微差别。

在对面临的选择进行评估时，我们会默认采用内部意见。我们会考虑聚光灯内的信息，并相应快速地形成某个印象。波利尼西亚岛度假村酒店看起来棒极了。我的泰国菜餐厅一定会成功。不过我们已经看到，有两种途径可以纠正这种倾向：缩小和放大。[1]

缩小时，我们会采用外部意见，向那些做过类似选择的人求教经验。放大时，我们会利用“特写”观察情况，寻找有助于我们做出决定的“细节”。这两种策略都是有用的，它们都会以某种方式增加我们对情况的深入了解，而这却是办公室里的自负谈论很难做到的。

在可能的情况下，我们应该同时采用这两个办法。在理解美国人民的情感方面，罗斯福创造了统计汇总的方法，而且还阅读了一些有代表性的真实的信件。在对竞争对手的产品进行评估的时候，保罗·史密斯的同事们依靠了科学数据和亲身体验。在做一个高风险的决定时，布莱恩·齐克蒙德－费希尔信任的不仅有基本比率，还有真实病人的故事。

“缩小和放大”为我们提供了一个看待选择的更现实的视角。我们忽略脑海中勾画的过于乐观的图景，取而代之的是将注意力转向外面的世界，先以一个广阔的角度入手，接着再以一个特写的方式看待它。

---

① 我们之所以用“缩小和放大”这一表达，是因为它为本章提供了一个简单的概述，但我们要强调这一表达方式还存在并不理想的地方。“缩小”与采取外部意见是同义的，可“放大”却不与内部意见同义。内部意见通常在我们的头脑内。当你想“缩小，放大”时，想想摄影技术。你不可能在自己的头脑内拍照，你得把相机对准外面的世界，然后缩放镜头以捕捉画面。

本章小结

1. 我们对“一般评价”的信任常常会超过我们的直觉——但还不够相信。
   - 我们相信那些关于波利尼西亚岛度假村酒店的糟糕评论。但是对于最重要的决定，我们却很少寻找相关的评论（新工作或大学专业）。

2. 内部意见即我们对自身所在的特定环境的评价。外部意见即在类似于我们这样的情况下，事情通常是如何发展的。外部意见更为精确，但绝大多数人会向内部意见倾斜。
   - 杰克知道他的泰国餐厅会很受欢迎，他觉得被拿去与其他餐厅比较是错误的。
   - 卡尼曼的课程设计故事：甚至连知道基本比率的院长也会陷入内部意见之中。

3. 如果你无法为自己的选择找到“基本比率”，那就去找专家。
   - 你可以问一个知识产权律师“百分之多少的案子在审判前达成了和解”等问题。
   - 警告：专家们擅长评估基本比率，但在预测方面却不在行。

4. “特写”可以弥补外部意见所缺少的内容。
   - 布莱恩·齐克蒙德–费希尔研究了关于 MDS 患者相关研究的

基本比率结果，同时也用了特写（发现锻炼身体和寻找“另一个成年人”的需要）。

- 罗斯福让工作人员编写了一个用于统计信息的“信件摘要”，他还对信件进行抽查。
- 更多的特写：施乐公司每天的客服专员。去“genba”。用竞争对手生产的纸巾。

5. 为了得到最好的信息，我们应该用缩小和放大法。（外部意见和特写相结合的方法。）

第七章

尝试

先尝试，再迭代，最后决定

美国国家仪器有限公司（National Instruments，以下简称 NI）是一家生产科学设备的公司。2006 年，公司的副总裁约翰·汉克斯（John Hanks）正考虑是否在无线传感器上下大赌注。这项技术拥有广阔的前景：无线传感器可能会取代金丝雀被安置在煤矿中，用以检测甲烷的含量。[①]传感器还可以在旋转设备上发送信息，如石油钻头，而此时有线设备是行不通的。（试想意大利面将叉子缠绕的画面。）

NI 的一些客户对此想法持怀疑态度：你能确保无线传感器传输数据的安全性吗？安置在极端环境中时，它的可靠性又会如何？鉴于这些质疑，汉克斯觉得自己还没有足够的信息去做出一

① 人们曾用金丝雀测试煤矿当中是否有甲烷气体以及是否缺氧。金丝雀的呼吸速度是人类的百倍，假如吸入了过量的甲烷气体，它们会先于人类死亡。——译者注

个明智的决定。

他察觉到自己需要做的是尝试。

尝试，是指做小实验以测试某人的假设。[我们从 NI 公司学到了“尝试”（ooch）这个词，但显然它在南方的部分地区是被普遍使用的。也许它是“少许”（inch）和“疾走”（scoot）的合成。] 汉克斯说，“我们的企业文化要求我们问自己‘应该如何对眼下的事情进行尝试？’……毕竟在跳跃之前，我们总是要进行试跑的。”

于是汉克斯便去寻找一个合适的试验性客户——一个他可以从中有所学习的、对技术有精密要求的人。当他遇到比尔·凯泽（Bill Kaiser）时，他知道这就是正确的人选。凯泽是加州大学洛杉矶分校（University of California，Los Angeles, UCLA）电气工程学院的教授，他正和生物学家们共同研发一种将被安置在哥斯达黎加雨林中的无线传感器。

该项目的任务是了解雨林中的二氧化碳（CO_2）的通量。为了使测量得以进行，NI 团队面临着一系列艰巨的挑战：传感器必须被安置到整个雨林中，它们需要电池供电（因为在雨林中电源插座可不常见），而且需要对恶劣天气具有抵抗性。更不用说它们还需要进行精确测量并将所得数据可靠地发送出去。

在试图满足生物学家的需求时，汉克斯的团队并没有去设计考究的产品，因为考究是昂贵且耗时的。相反，他们只是用手头现有的材料临时拼凑了一个原型。汉克斯把它比作“在桶子里放砖块”。

UCLA 的生物学家想要测量雨林中不同高度的二氧化碳（CO_2）含量，所以 NI 团队就帮助他们在树木与树木间装配好滑索。那些设备就在机器驱动下沿着滑索一路滑行，边移动边进行测量作业。“就像是娱乐体育节目电视网（ESPN）拍摄橄榄球比赛的摄像机在为哥斯达黎加雨林拍摄。”汉克斯说道。

这一项目使汉克斯迅速了解到怎样服务一个具有复杂要求的尖端客户。如果传感器能为 UCLA 这一要求很高的哥斯达黎加雨林测量项目效力，那它可能会适用于其他任何地方。

尝试的结果极大地增强了汉克斯对这一技术的信心，在经过更多的试验后，他准备好结束“试跑”，开始“跳跃”了。汉克斯获得批准可以开始开发无线传感器，他预计这一需要研发多年的项目会大约要 200 万 ~300 万美元的资金投入。这些试验使他证实了自己对无线传感器的直觉，而现在他可以怀着更大的自信继续前行。

汉克斯和同事决定谨慎地对待无线传感器市场，而不是一头扎进去。他们的选择是“少量”，而非“全部”或“全无”。这种策略——在跳跃前想办法试跑——是另一种把假设放到现实中检验的途径。在进行尝试时，我们把在真实世界中的体验带入到了决策中。

想想看一个名叫史蒂夫的学生决定去读药学院，是什么让他认为那个决定很好？哦，他花了几个月的时间不太认真地考虑其他可能性——医学院乃至法学院——最终决定药学院是他的最佳选择。要知道，他一直都喜欢化学，他还喜欢医疗保健方面的工作。他觉得药剂师有着还算合理的工作时间和优厚的薪金，那样的生活会很适合他。

对一个如此重要的决定来说，这个证据实在是太单薄了！读研究院的时间至少需要两年，史蒂夫正在为此进行反复的考虑，更不用说它将花费数万美元的学费以及放弃学习期间的收入。他在根据微不足道的信息下大赌注。这种情形就迫切地需要他进行尝试，而一个显而易见的尝试方法就是去药房工作几个星期。如果必要的话，他甚至应该明智地选择无偿劳动以得到那份工作。（当然如果他能过得了多年没有任何收入的学校生活的话，那么他也就做得了一个月的无薪实习生。）

当然，这种观念——在打算就职前，先对它进行尝试——似乎是显而易见的。但是每年仍有大批的学生在没做过类似测试的情况下就进入了研究院：有从来没在律师事务所待过一天的法学学生，还有从未在一家医院或是诊所里待过的医学院学生。想象你上了三四年的学，只为开启一个从不适合你的职业生涯！这样的决策过程可真是糟糕透了，它就像是在拉斯维加斯发生的醉酒后的即兴式结婚。（尽管这一说法可能对拉斯维加斯来说有欠公正，因为宿醉后宣布婚姻无效也许要好于 10 万美元的学生债务。）

为了纠正这种荒唐的行为，许多物理疗法研究院的领导已经开始强制学生先进行尝试。比如，纽约市立大学的亨特学院只接收那些见习过物理治疗师工作至少 100 小时的学生。这样一来，学院就能确保所有招收进来的学生，在准备进入这个行业前都对此领域有了基本的了解。

尝试是一个对你的感知进行实际检验的诊断方法。如果你认为无线传感器的市场前景不错，那么就先试试看。如果你想当一名药剂师，那也先试试吧。

甚至对于一些更加微妙的情况来讲，这种策略也是有用的。比如说，一些心理治疗师已开始使用类似的尝试法，帮助人们减少在个人生活以及工作中面对决策的焦虑感。心理治疗师马修·麦凯、玛莎·戴维思和帕特里克·范宁记录了一个关于佩吉的案例。佩吉是一个追求完美的法律秘书，她害怕在高级合伙人的文件上犯错，她会花数小时的时间去寻找并改正错误，而她又担心自己做出的那些更正可能在无意中犯了其他一些错误，所以她会从头开始再检查一遍。在长达一天的辛苦工作后，她会把文件带回家，再花费数个小时的时间，努力使它们变得完美无瑕。

对佩吉来说，让她只校对一次文件并对结果感到满意是难以想象的。这风险似乎太高了。因此，在她和心理治疗师的共同努力下，佩吉创建了一个尝试列表——一些能够将她的恐惧进行实际检验的循序渐进的步骤——看看在她放宽了自己的校对要求后，天是否会真的塌下来。如果她能经受住第一个尝试，那么她就可以继续进行下一个。她制定的尝试顺序：

1. 把法律摘要带回家，做三次修改。

2. 把法律摘要带回家，做两次修改。

3. 把法律摘要带回家，做一次修改。

4. 晚下班一小时，把摘要留在办公室。不做任何多余的修改。

5. 把摘要留在办公室，按时回家。不做任何多余的修改。

在每一个阶段，佩吉都经受着强烈的焦虑感，她担心这一决定会给公司和自己的工作任期带来可怕的影响。但是每完成一个阶段，她就会惊讶地发现事情进展得很顺利，这就给了她足够的信心去进行下一步尝试。完成了五个阶段后，她又开始挑战自己的舒适区：

6. 在摘要中刻意留下一个标点错误。

7. 刻意留下一个语法错误。

8. 刻意留下一个拼写错误。

依据心理治疗师的说法，佩吉“发现犯小的错误并没有使公司败诉，自己也没有被解雇。甚至都没有人注意到这些错误”。

她终于慢慢地养成了严格但非强迫性的编辑习惯。通过尝试，她做出了大胆的决定。

在过去几年中，许多领域都出现了用小实验探索选择的方法。设计师们口中谈论的大多是“原型”，他们不会用6个月的时间去设计一个完美的产品，而是快速地设计出一个原型，然后把它交到潜在客户的手中。这一现实中的互动将会激发出下一个原型的创作灵感，这样一来，设计出的产品就通过迭代[①]的方法得到了改进。

同时，医疗保健工作的领导者们建议“为改变做些小测试”：小规模地试验新的技术或创新，以观察它们能否取得显著的效果。对于企业主管人员，吉姆·柯林斯（Jim Collins）和莫腾·汉森（Morten Hansen）提倡他们采取的策略是“先发射子弹，再发射炮弹”，也就是先进行一些小的实验，然后再在效果最好的实验上面下双倍的赌注。（这就像NI的“先试跑再跳跃”的做法。）最后，如果你想看更多关于尝试的哲理，你可以阅读彼得·西姆斯（Peter Simons）所著的《小赌大胜》（*Little Bets*）一书。

我们很喜欢“尝试”这个词，但我们想要明确这些群体在根本上说的都是同一件事情：在一头扎入水中之前先试试深浅。考虑到这一概念的受欢迎程度，以及它所能带来的明显收益——小赌注可以改善大决策，你也许会想知道为什么它不能更多地出自人们的本能反应。

答案是我们容易对自己预测未来的能力过度自信。史蒂夫，这个对药学感兴趣的学生，并没有察觉到他自己会陷入错误的认

① 迭代：指的是重复反馈过程的活动，其目的通常是为了逼近所需的目标或结果。每一次对过程的重复被称为一次迭代，而每一次迭代得到的结果会被用来作为下一次迭代的初始值。——译者注

识之中：既然知道了药学适合自己，那为什么还要浪费时间去做无薪实习生？（如果他一年后退学，他会说："它只是不适合我。"就好像他从不可能会预料到这一结果似的。）在设计领域，狄娃（diva）香水的设计者凭直觉就知道，他设计的这一产品正是他需要的那个。于他而言，制造"快速而粗糙的原型"的想法只会让他鄙夷，因为你是无法为优雅定制一个原型的。

这种狄娃式的"我凭感觉就知道"的态度存在于我们所有人的心中。我们不想进行尝试，因为我们认为自己知道事情会如何发展。确实，如果我们真的擅长预测未来，那么尝试也就确实是浪费时间的行为了。

关键问题：我们的预测能力到底怎么样？

能实验，就不要去猜测

在职业生涯初期，宾夕法尼亚大学的心理学与管理学教授菲利普·泰特洛克（Phil Tetlock）是美国国家科学研究委员会（National Research Council）下设的一个委员会的工作人员，这个委员会承担了一项严峻的工作任务：评估社会科学对于将人类文明从核战威胁中拯救出来所做出的贡献。这件事情发生在1984年，罗纳德·里根（Ronald Reagan）总统的第一任期内。里根总统在前一年的某次演说中将苏联比作"邪恶帝国"。"一些政治专家觉得两国之间的关系'几乎到了悬崖边上'。"泰特洛克说道。

然而在一年后，一切都发生了改变。米哈伊尔·戈尔巴乔夫（Mikhail Gorbachev）成了苏联共产党总书记，并由此掀开了全面改革的序幕。在短短几年的时间里，对于核战争的恐惧变得近乎荒谬。（泰特洛克的一位同事甚至取笑委员会曾做出的一份耸人听闻的报告，他说："所以喽，天没有要塌下来。"）

令泰特洛克吃惊的是，那些完全没有料到戈尔巴乔夫会崛起的专家们拒不承认自己的失败。他们要么说美国走运了，要么就坚持说自己对核战的预测"差一点儿"变成现实（泰特洛克将其称为"侥幸脱险后的反事实思维"）。

泰特洛克被他们的反应激怒了，于是他决定做一个首次迫使专家对自己的言论负责的研究。他调查了 284 个以"对政治或经济形势进行评论或建议"谋生的专家。几乎所有的专家都有研究生学位，半数以上的人有博士学位。人们热切地想要知道他们的看法，61% 的专家接受过媒体采访。

这些专家被要求对各自的专业领域做出预测。比如，经济学家会被问到这样的问题：

> 在经济表现方面，我们能否预期此后两年内 GDP（国内生产总值）的增长率会加快、减缓，还是保持不变？

政治学家要回答的问题类似于：

> 你预计在下一届美国总统选举后，现任者 / 政党（也就

是民主党或共和党）会失去控制权，还是失去部分民众的支持但保留其控制权，还是会保留其控制权并获得更多民众的支持？

从预测的角度来说，这些提问都非常基础——没有多选题和填空题那么费力。泰特洛克试图想出这样清晰的问题，使得专家们在犯错时无处躲藏。所以在20世纪80年代中期，他开始小范围地搜集预测信息，但是当他发现预测的数据是那么丰富和有趣时，他对这一计划的热情高涨了起来。到了2003年，他已经累积了82 361个预测。两年后，他将自己的精彩论述写进了《专家的政治判断》（*Expert Political Judgment: How Good Is It? How Can We Know?*）一书中。

那么专家的预测情况如何？至少可以说，他们的表现不佳。甚至最优秀的预测者的表现都不如泰特洛克所说的“粗略的外推算法”——一种以基本比率为基础并假定过去几年的发展趋势会持续的简单计算（举个例子，如果过去三年内经济的平均增长速度为2.8%，那么这个算法就会预测经济仍将以2.8%的速度发展）。（如果你还记得上一章中提到的建议——相信专家对基本比率的评估，而不是专家的预测——你就不会对泰特洛克的发现感到惊讶了。）

泰特洛克公布了一个坏消息：“在不同区域、时间和结果变量的影响下，对预测结果进行了一番审视后……我发现要找到一个人类表现明显优于粗略的外推算法的领域是不可能的。”换句话说，如果你将一些基本比率的信息和一个计算器提供给一名十几岁的少年，那么在预测结果的准确性上，她就可以轻松地超越专家了。

额外的教育并没有提高预测的精度。泰特洛克发现拥有博士学位的人并不比那些没有博士学位的人表现得好。此外，在提高预测的精确度方面，经验也不起作用：有20年经验的专家并不比初学者预测得好。但有一个特征——媒体关注度——却体现出了预测性。更确切地说，那些在媒体上露面次数多的专家往往是更糟糕的预测者。（任何一个观看过有线电视新闻，哪怕是仅仅观看过一个小时的人都可以轻松地证明这一点。）这些可真是令人为之震惊的发现。拥有完美资历的专家们，竟会逊于机械的假定，即去年发生的事情今年也会发生。

不幸的是，面临这种预测难题的不仅仅是这些权威学者。此前的研究已经显示：心理学家、医生、工程师、律师和汽车修理师同样不擅长预测。一篇曾对此项研究做过调查的学术论文拟定的副标题说明了一切：为什么专家知道得那么多，预测能力却如此差劲儿？

这是否意味着专家们的意见毫无价值？答案是否定的。泰特洛克曾给伯克利心理学专业的学生提供了一页有关多国政治和经济的基本事实的信息，并让他们做一组类似的预测。结果显示他们的表现更为糟糕。例如，当学生宣称自己100%确定某件事情会发生时，他们有 45% 的错误概率。而专家在完全确定的情况下犯错的概率只有 23%。（当然这一结果也不怎么好。想想如果家用验孕棒的准确率也是如此低的话会怎么样。）

所以如果你在家里计算着预测得分，那么你就会发现应用基本比率的效果要优于专家预测，专家预测又优于初学者的预测。（居于最末位置的，是所有那些预测 2000 年世界文明将会衰落，而在临近的日子里躲避进树林中的人们。）

泰特洛克的研究要求我们在自己的预测能力方面要谦逊一些。只要有可能，我们就应该完全避免预测。举个例子，如果你是一名软件项目的主管，那么你是没有任何理由认为与“让政治学家预测在稳定的西方民主制度下的总统选举结果”比起来，让你预测无序市场的演变趋势会更容易。

“尝试”提供了一种方法——一种探索现实而非预测现实的方法。

• • •

萨拉斯·萨拉斯瓦斯（Saras Sarasvathy）是弗吉尼亚大学达顿商学院（Darden School of Business）的一名教授，她发现企业家和专家是截然不同的。许多企业家拥有的一个相似之处是，对预测的反感。“如果你呈现给企业家的是一些和未来相关的数据，他们是不会予以理会的。”她对《公司》（*Inc.*）杂志说道。企业家似乎并不相信预测值得他们费心：一项调查发现，60% 的世界 500

强企业的CEO在成立自己的公司前甚至连企划书都没有写过。

为了研究企业家的思维方式，萨拉斯瓦斯对规模在2亿~65亿美元范围内的45家公司的创始人进行了深度访谈。在访谈中，她向企业家们提出了一个假设的新创立公司的个案分析，并问到他们将如何做出一些重要的决定。

其中一个问题："如果你是这个公司的创立者，那么你会进行什么样的市场调查？"在回应中，一位尝试配合的企业家开始努力地思索自己可能会采取的调查方式。但是在问题回答到一半时，他突然停了下来，转而说道："说实话，这些调查我一个都不会去做，我会选择直接销售。我并不相信市场调查。有人曾对我说，你唯一需要的就是消费者，所以我不会去问这些问题，我会尝试售出产品。"

在20世纪90年代末曾有过这样一个真实的案例。那是在互联网泡沫最为高涨的时期，比尔·格罗斯（Bill Gross）有了一个测试的想法。格罗斯是创业孵化机构"创意实验室"（idealab!）的建立者，他对在网上直接将汽车销售给顾客的这一想法感到非常兴奋。按照他的设想，顾客们可以快速地搜索自己想要的那款车，然后车可以被送至家门口，这样他们就避免了和汽车销售员的交流。

他知道从概念上讲这一想法行得通，但还是有些风险。他可以提供一个线上折扣价格，因为他不必去维护一个满是存货的昂贵的汽车展销中心，然而在网上购买价格打折的汽车仍然是一个涉及巨大金额的消费行为。人们真的会花 2 万美元去买一辆自己从未试驾甚至从未亲眼见过的汽车吗？

为了解这一问题，他设计了一个尝试的方法——聘用一名 CEO，任期为 90 天。这名 CEO 的使命：卖出一辆车。时任公司首席运营官一职的安迪·齐默尔曼（Andy Zimmerman）回忆道：

> 在集体讨论会上，反对意见很多。因为有些人认为消费者不太可能会通过网络去购买这样一个高价的商品。在那个时候，还没有任何一个人通过网络销售汽车。因此我们没有继续辩论，而是建立了一个看似能让你订购一辆车的网站。但事实是这个消息被一名职员知道了，他查阅了《凯利蓝皮书》[①]上的价格，并将信息发送给了用户。第二天，比尔发现我们已经卖出了三辆车。我们不得不迅速地关闭那个试用网站，因为我们在上面标了太大的价格折扣。

他们的团队并没有继续争论，而是通过尝试解决了不确定性。这一尝试促成了汽车指南网站（CarsDirect.com）的建立，自建立后的三年间，它一直是全美最大的汽车经销商。

萨拉斯瓦斯教授发现，这种倾向于测试而非计划的态度是企业家和公司高管最为显著的区别之一。她说大多数的公司高管青

---

① 《凯利蓝皮书》（*Kelley Blue Book*）是北美二手车行业的标杆性定价杂志，因对二手车评估科学、准确，定价合理和严谨成了美国人买卖二手车的必读杂志。——译者注

睐预测，他们的信念似乎是“如果我们可以预测未来，我们就可以控制未来”。与此相反，企业家则对主动测试更具好感：“如果我们能控制未来，我们就不必去预测它。”

企业家的这种思考方法已经开始渗透进大型组织机构中。直觉公司（Intuit）的创始人斯考特·库克（Scott Cook）是如此深信尝试所具有的优点，以至于他现在公开支持被他称为“通过实验来领导”的理论。库克认为，领导者们应该停止试图获得所有答案和做出所有决策的做法。他在2011年的一次讲话中说道：“老板做出的决定，一般都由政治因素（politics）、说服教育（persuasion）和幻灯片（PowerPoint）组成。”库克又提到，这三个组成部分都不能确保好的主意能够获得成功。而通过实验法可以做出决定，因为最好的主意能够证明自己的价值。

作为例证，库克提到了他和一个印度团队间发生过的激烈讨论。这一团队一直致力于为当地农民开发新产品。他们的想法是，农民愿意支付小额的会员费，然后通过手机来接收不同市场上各种农作物的现时价格的信息。如此一来，农民们就可以把自己收获的庄稼拿到价格最高的市场上去卖。库克和他的领导团队中的一些成员对此想法嗤之以鼻。“我认为这一想法是欠考虑的。”他说。但他们同意让印度团队按照这一想法做出模型来加以测试。

令库克吃惊的是，首次试行非常成功。经过13次试验后，印度团队设计出了一款更为精密的产品，它已经使农民从中获益，将农民的收入平均提高了 20%。对许多农民来说，这笔额外的收入已经足够让他们把孩子送去学校读书。直到 2012 年，已经有 32.5 万农民在使用这一系统。如果库克和直觉公司的其他高管们没有给该想法一个证明自己的机会，那么这个数字可能就是零了。

如果你能在企业界尝试，那么你是否也可以在家里进行尝试呢？盖比·加布里埃尔森认为答案是肯定的。加布里埃尔森是一名住在圣何塞的房地产经纪人，他有一个九岁的儿子，叫科林。和许多同龄的孩子一样，科林常常会不听从父母的要求。比如在 2011 年的春天，对于盖比要他在下楼吃早饭前就穿戴整齐的要求，他提出了抗议。盖比其实并不十分在意科林在饭桌前穿的是什么，他担心的是如果科林不先穿戴好的话上学会迟到。“但是我穿着睡衣更舒服！”科林争辩道。

几次争论过后，他们两个人都感到很沮丧，于是盖比决定改变策略。他运用了斯考特·库克的理论，对儿子宣布说：“好吧，科林，让我们在三天内按你的想法试试看。但是在这三天里你只要迟到一次，那我们就回到原来的样子。”

对这一变化感到惊奇的科林在测试中取得了成功。他穿着睡衣吃饭，并且上学也很准时。所以这一新的做法持续了下去，双方对这一结果都感到满意。对盖比来说，两人少了一些争论。对科林来说，他收获了抗议成功带来的满足感。

接下来就到了提出警告的时刻了。到目前为止，我们一直在赞美尝试具有的优点，但有必要指出，“尝试”并不是决策的“特效药”。如我们所见，在帮助我们把假设放到现实中检验时，它的效果很显著，但是尝试还具有一个大的缺点：在需要我们做出承诺的情形中，它的表现很差劲。

请设想一下，如果科林一直在打棒球，但他厌倦了放学后的棒球练习，他想要尝试退出棒球队——当然他仅仅是想缺席几次练习来看看自己会有什么感觉。大多数父母会觉得这是一个不负责任的行为。既然你已经承诺了要效力这支球队，就必须坚持到底。想一想，如果军方允许人们进入训练营地进行尝试，从而让人们依此来评价军队是否适合自己的话，会出现什么样的结果？我们大概只能组建起一支只有5个人的队伍了。

在我们真正需要更多信息时，尝试是最为合适的方法。这并不适合用来做情绪上的小心试探，即小心尝试那些我们明知道正确，却会引起一些痛苦的决定。设想一下，有这样两个人：马歇尔和杰森。他们在上了两年大学后都退了学。现在，两人都是二十五六岁的年纪，他们发现自己一事无成。马歇尔确切地知道他需要一个学位促进自己的事业，可是他把这件事搁置了下来。他并不怎么喜欢学校，所以找个理由来拖延这件事情总是很容易的。对他来说，尝试的方法——比如，一学期上一节课——就是一种逃避、拖延的方式，还有可能以失败收场。以这样的课程进度，他可能得需要许多年才能获得这个学位，而随着一年又一年的流逝，彻底放弃对他来说就会越来越容易。

再说另一个人杰森，他一直沉迷于海洋生物学，但他明智地知道自己对海洋生物学所包含的内容并不完全了解。在这种情况下，他就应该进行尝试。他应该在一星期里花上几小时的时间跟随在一名海洋生物学家身边，看看这份工作对他是否真的具有吸引力，除此之外，他还应该在一所地方大学里旁听一两节课，看看自己能否应对这一学习过程。在进行了尝试后，如果他确信海洋生物学很适合自己，那他接下来就应该停止尝试，转而直接“跳入”其中！

总之，尝试应该被当成一种加快搜集可靠信息的方法，而不是一种减缓我们做出值得全心投入的决策的方法。

面试错觉：纸上谈兵不如实际行动

1999年春，丹·希思面试了一个叫罗布·克拉姆的人，他应聘的是丹参与创建的Thinkwell（思睿）教科书出版公司的平面设计一职。丹回忆了面试的过程：

> 克拉姆的头发修剪得很短，他的眼镜和着装在面试中也非常抢眼。他不仅戴着耳饰，还戴着那种形状像牛鼻环的环形鼻饰。面试过程中，他回答问题时显得犹豫不决，好像在思考着应该分享多少信息才合适。他评论时还带着点儿讽刺的感觉。总之，面试下来，我对他的印象并不好。过了几星

期，已经有大约10个人来面试两个设计师的职位。在我列出的候选人名单上，罗布的名字渐渐排到了最后。

在面试之外，应聘者被要求完成一个工作样本——在我们的办公室中进行的一个模拟他们未来工作内容（比如，为一本微积分教科书设计一个干净整洁的图表，或是用图表阐明“伯努利定律”[①]的概念。）的限时测试。我们的一名同事用数字而非候选人的名字对这些样本进行了编码，这样我们就可以在不知道样品创作者姓名的情况下，对它们进行评分。当我和公司的联合创始人把评分结果拿出来进行对比时，我们兴奋地发现，我们竟把同一个样本排在了第一位！然后我们问同事这个样本是谁的作品，最终我们得到的回答是——罗布·克拉姆。

对于是否聘用罗布，我们争论了很久。我表示出怀疑，因为罗布似乎与我们的公司没有“文化契合点”。（嘿，难道这不重要吗？）我对他并没有产生良好的第一印象。（难道你不应该相信自己的直觉吗？）但是最后，我赞成去相信样本检测的结果，并聘用了他。

谢天谢地我当时妥协了！工作初始，罗布就是很优秀的员工，后来经过两次升职，他成了艺术总监，负责监督一个

① 伯努利定律（Bernoulli’s Principle）是指在一个流体系统中，如气流、水流中，流速越快，流体产生的压力就越小的定律。——编者注

有十几名设计师的部门。他是一名很有才华的设计师，拥有创造简洁的视觉效果的本领。除此之外，他还是个工作努力、认真尽责的管理人员。最令我尴尬的是，我对他的第一印象完全是错误的，而且错得离谱！事实证明，罗布是一个善良、谦逊和真诚的人。他成了我们的同事，也成了我们的好朋友。

我曾为是否聘用他而左右为难，我也曾过分地看重不完美的第一印象，我现在感觉到的是尴尬不安。回忆过去，我想知道自己当时为什么要面试他。那时我一直试图对他做出判断——试图窥视他的灵魂，然后把他当成潜在的同事去评定。我努力去预测他将成为一名什么样的员工。但其实我是没必要去预测的！工作样本测试告诉了我所有自己需要知道的东西。

相较而言，设想如果美国的奥运田径教练决定用两种测试方法来选择参加 4×100 米接力赛的队员会怎么样。测试方法一是让运动员上跑道看他跑得有多快。测试方法二是在会议室里接见运动员，然后看他回答问题时像不像一名优秀的短跑运动员。

请注意，大多数的美国公司所采用的招聘流程都更像是测试二，而不是测试一。让我们一起对此拍额惊呼，大吃一惊吧。

已有研究发现，在对工作表现的预测方面，面试的形式比不上工作样本、职业知识测试和对于过去绩效的同事评定的测试形式。甚至一个简单的智力测验在总体上都要比一次面试更具预测性。

心理学家罗宾·道斯（Robyn Dawes）的报告显示，在一项研究中出现的一个独特情况可以用于评定面试的价值。1979 年，美国得克萨斯大学医学院面试了排名前 800 的入学申请者，并且对他们的表现进行了满分为 7 分的评估。除了学生的成绩和他们本科学校的质量外，这些评级在录取决定上起到了重要作用。得克萨斯大学只录取面试中排在前 350 位（800 人中）的学生。

可出乎意料的是，得州议会要求医学院再多录取 50 名学生。然而等到学院被告知要增加录取人数时，可供继续选择的就只剩下少数表现欠佳的面试者了。所以学院在这些排名靠后的人中录取了 50 人，他们的排名在第 700~800 位。

幸运的是，在医学院里没有人了解谁是排在第 700 位左右的学生，谁又是排在第 100 位左右的学生。在命运的安排下，面试表现良好和表现欠佳者得到了难得的竞技机会。那他们入学之后的表现有什么区别吗？没有。他们顺利毕业和获得荣誉嘉奖的比例是相差无几的。

当然，你会对此不以为然，那些排名靠后的人也许在课业成绩上能有好的表现，但是一个好的面试者却更善于社交！所以只要前者开始在看重人际关系的医院工作后，人们就能很容易地将社交高手和社交能力欠缺的人区分开来。

然而，这并没有发生。在成为住院医师的第一年里，他们都做得很好。面试这一环节似乎与任何事都不相关，除了与面试能力相对应之外。

既然能证明面试有效的证据如此之少，那为什么我们还要如此依赖它？这是因为我们都认为自己擅长面试。我们把自己当成是芭芭拉·沃尔特斯（Barbara Walters）和迈克·华莱士（Mike Wallace）。[①] 我们面试完后，会自信地认为自己对别人已经有了大致的了解。心理学家理查德·尼斯贝特（Richard Nisbett）把这一现象称为“面试错觉”（interview illusion）：我们确信自己从面试中获取的信息比实际获取的信息多。他指出，在研究院招生时，面试常被放在和平均成绩点数（GPA）同等重要的位置上。他说此法的荒谬之处在于“它认为通过你我两个人花费半小时的时间翻看资料或面试他人而形成的印象，应该好于 20~40 名教授在三年半的时间里以累积评价为基础而形成的印象。”

希望实验室，这个我们前面提到过的用技术改善儿童健康状况的非营利性组织，已经试图避开使用面试的方法。史蒂夫·科尔说：“在我们这儿，面试表现最佳的人常常被证明工作表现最差。”所以作为对策，希望实验室开始给那些潜在的员工一份为期

① 芭芭拉·沃尔特斯采访过从尼克松之后的每一位美国总统和第一夫人、无数的明星和各种处于新闻中心的人物。鉴于她在新闻专访里的骄人战绩，她被媒体誉为“美国电视新闻第一夫人”。
迈克·华莱士是美国电视界“教父”级人物，他的“非突袭式采访”成了行业标准，接受过他采访的名人可以编成一本“20 世纪名人录”，其中包括肯尼迪、约翰逊和尼克松等美国总统。——译者注

三星期的咨询合约。

科尔说："它的高效令人难以置信。我们再也不用担心如何做出聘用决定了，它将以员工在我们团体中完成工作的实际表现为根据做出。而就业市场根本不会让你得到这类有用的信息。所以你就在自己所在的情境中搜集与个人表现相关的资料吧。在某些方面，员工在上一份工作中的表现真的不是至关重要的。"

如果下次你有一个职位空缺的时候，就考虑下史蒂夫·科尔的忠告吧。你能给潜在的雇员一次试验机会的最佳方法是什么？

要尝试就要问，为什么我们要预测那些可以测试出来的东西？为什么要猜测那些我们可以了解的东西？在本小节中我们一直在研究对抗证实倾向的策略，这些问题将我们带到了本小节的结尾处。在对选择进行分析时，我们面临着一个基本问题：我们常常会有一种潜在的想法，即希望某个选项胜出，哪怕是最微弱的想法也会驱使我们去搜集那些支持自己的信息——甚至有时我们只会搜集支持性的信息，而对其他信息视而不见。我们捏造事实以支持我们的直觉。

为了避开这一陷阱，我们不得不把假设放到现实中检验。我们已经接触到了三种对应策略。第一，我们必须勤于想出搜集信息的方法，提出反面问题和考虑相反的情况；第二，我们必须寻找正确的信息：用缩小法去寻找那些总结了他人经验的基本比率，用放大法去获取对现实更加细微的印象；第三，现实检验的终极方法是尝试：在行动之前，先对我们的选择进行实验。

这样做的结果是什么呢？我们拥有了更为优质的信息，然后依此做出好的选择。在做这样一个选择的过程中（我们接下来将要谈到），我们会遇到一个意想不到的障碍。如果你曾用自己能获得的最优信息和分析能力细致地规划过一个预算，却在偶遇一双完美的鞋后立即就推翻了这个预算——或是如果你曾冲动地买进股票，又或者曾经胆怯地避开过一次很重要的交谈——那么你所遭遇的就是常常会阻挡你做出明智决策的最大敌人：你自己。

下一部分的内容：拿你自己怎么办。

本章小结

1. 尝试就等于做小实验以测试我们的理论。我们不是直接投入进去，而是先试深浅。
   - 约翰·汉克斯在哥斯达黎加雨林尝试了无线传感器。
   - 物理疗法的学生在进入研究院前先进行至少 100 小时的见习。
   - 法律秘书佩吉有意识地避开自己的强迫性编辑习惯。

2. 尝试的方法很有用，因为我们在预测未来方面做得很糟。
   - 泰特洛克的研究显示，专家的预测比以基本比率为基础的简单外推法要糟糕。

3. 企业家会很自然地尝试。他们没有构建商业预测，而是走出去并进行尝试。
   - 汽车指南网站提问：我们可以在网上卖出一辆车吗？
   - 研究人员萨拉斯瓦斯发现成功企业家的态度是，“如果我们能控制未来，我们就不必去预测它”。
   - 直觉公司的斯考特·库克相信“通过实验来领导”，而不是通过“政治因素、说服教育和幻灯片”。取得成功的印度手机服务计划当初差点在辩论中夭折。

4. 警告：尝试在需要做出承诺的情形中，不能使我们达到预期效果。

- 两名二十五六岁的青年：兴趣在海洋生物学的那名青年应该进行尝试。另一名知道自己需要学位——但惧怕回到学校的青年，则不应该尝试。

5. 常见的聘用错误：我们试图通过面试对成功做出预测。相反，我们应该采取尝试的方法。
   - 丹·希思曾错误地挣扎于是否聘用一名非常合格的设计师。
   - 研究显示，面试的诊断性不如工作样本测试和同事评定等方式。你能不采取面试的方法，转而提供一份短期的咨询合约吗？

6. 为什么我们要在可以了解的时候去猜测？

在做出决策前，留出思考的距离

第八章

战胜短期情绪

在冲动决定之前，先暂停一下

2000 年，已经代写过两本有关汽车书籍的新闻记者钱德勒·菲利普斯正在谋求一份在 Edmunds.com（汽车评论销售网站）的文字编辑工作，这个网站上有非常多的汽车评论和销售数据信息（类似于《凯利蓝皮书》)。令他惊奇的是，网站编辑竟然要他写一个故事构想。一个编辑问他："你认为'卧底'的任务怎么样？"

他们建议菲利普斯去应聘一个汽车销售员的岗位，然后以这一身份工作 3 个月后，再把他自己的经历写出来。他将会了解到汽车销售行业内部是什么样的情况，销售员们用的是怎样讨人嫌的把戏，以及消费者如何能够顶住销售员的推销压力并以一个便宜的价格完成交易。

因为对这一概念产生了兴趣，所以菲利普斯接受了这个任务。不久之后，他在洛杉矶的一家以高压式、大批量销售而臭名昭著的汽车专卖行里谋得了一份工作。他对这份工作经历的叙述出现在了《一个汽车销售员的忏悔》(*Confessions of a Car Salesman*)一书中，此书现已成为从内部描述汽车销售行业的经典作品之一。在故事中，菲利普斯回忆起他第一次在展销中心问候顾客时的情景：

> 我走向一对夫妻，并愉快地对他们说了声："下午好！"他们转过身来，就在一刹那间，我从他们的脸上看到了恐惧。对我的恐惧！……他们在害怕什么？简短的回答是，他们害怕自己会买辆车。更详细些的回答是，他们害怕自己会爱上这些车中的某一款，害怕自己会失去理智并为了买它而花费大价钱。他们害怕自己会被欺骗、敲竹杠和强迫消费，他们怕被蒙蔽和诈骗。他们怕自己会被愚弄，怕自己会被诓骗或被诈取钱财。所以在发现我正靠近他们的时候，这些恐惧就体现在了他们的脸上，他们脱口而出："我们只是看看！"

菲利普斯很快了解到，汽车销售的艺术在于使顾客们"停止思索，开始感受"。一名销售员同事这样忠告菲利普斯：当他和一位女顾客行走在展厅里时，他应该细心地观察吸引这名女顾客注意力的是哪一辆车，然后哄她坐进那辆车的驾驶座。那么您感觉如何呢？然后他应该趁机坚持让她试车，不达目的决不罢休。这个同事向菲利普斯保证说："朋友，你要知道'车轮一转动，买卖就成交'。"

一旦顾客表达出对某辆车的兴趣，这个控制程序就会运转下去。销售员们会假装给楼上打电话，询问顾客要的那款车是否还在——给这个过程增添虚假的紧迫感——然后宣布一个“好消息”，那款车居然还在！（杂货店的经理们应该尝试下这个策略，冲到顾客前面，喜悦地对顾客大声宣布他们购物车中的蜂蜜燕麦圈依然有货！）

在最开始尝试销售时，有一次，菲利普斯遇到了一对夫妻，他们对多功能休旅车很感兴趣。依照行规，菲利普斯请来助理销售经理接待他们。“我注意到他常常会以赞美的话语开头。他赞美顾客们正在考虑的那款车，就好像他们已然做出了明智的决定。他会说些类似于这样的话：‘所以你是对这一款休旅车感兴趣喽。你知道它是我们这里最畅销的车吗？人人都爱它。它是7座的车，但是它开上去感觉就像轿车一样。你选择它是不会有错的。它在这儿的售价也是这一区域内的最优价格。’后来，我学习到这一做法被称为‘提升顾客的兴奋程度’。如果顾客对某一款车很是期待和感到兴奋，那么在做交易决定的时候，他们是不会很理智的。”

价格商议开始后，销售员会扮起“好人”的角色，勇敢地从经理那里争取一个好的销售价格。关键的原则是要在顾客的情绪还“新鲜”的当天奋力促成交易的达成。“汽车销售员们擅长于让我们觉得‘从他们那里购车，我们责无旁贷’。”菲利普斯说道。

正是出于这种对感情用事的恐惧，加拿大的一名高中英语教师安德鲁·哈勒姆（Andrew Hallam）自己发明了一套购车流程。哈勒姆不是普通的教师。他挣着微薄的工资，但是却在 30 多岁时，依靠节俭和投资成了一个没有债务负担的百万富翁。在他的《拿工薪，三十几岁你也能赚到 600 万》（*Millionaire Teacher*）一书中，他分享了自己的秘密。这些秘密中很多都涉及真正开拓性的行为方式：成为一个小气的人，或者说节俭的人（取决于你看待这些行为的视角）。因为厌烦了去工作时要付汽油钱，所以他开始骑行 70 英里往返。在冬天，他可以通过替去南方过冬的夫妻看管房屋而免交租金。他从不打开暖气——即使是在他父亲来访的时候——他宁愿套上许多层衬衫和毛衣，然后绕着自己的屋子走动。

因此，在 2002 年准备买车的时候，哈勒姆拒绝让自己被汽车销售员欺骗。对于销售员的杰出技能，他有着合理的恐惧理由。“想象你正在汽车展厅里闲逛……很快一个衣着体面的销售员殷勤地跟你在不同品牌和型号的车辆间穿梭。他们也许心怀最善良的意图，但是如果你像我一样的话，在被人紧随其后时，你的脉搏就会跳得更快一些。而且这种被一个花言巧语的人尾随所带来的压力可能会迷惑你。毕竟你是站在了他们的地盘里。像我这样的小鱼要对抗那么一条又饥饿又老练的大鱼，可必须得备有一套有效的策略。”

他的策略很简单。首先，他对自己要购买的二手车定下了明确的标准：一款手动挡的日本车，里程数在 8 万英里以下，成交价要低于 3 000 美元。（他不想要一辆新喷过漆的车，因为他担心这可能是为了掩盖锈斑或事故损害的痕迹。）而对于汽车的生产日期和型号，他并不在意。

他决心坚持自己设立的标准，他开始给半径为 20 英里范围内的汽车经销商打电话。许多经销商试图“引诱他进入他们的圈套当中”，鼓励他亲自去试车或者是去看看在他预算范围之外的最优交易。有些汽车经销商对他的预算嗤之以鼻，他们尝试让他接受更高价位的产品。“在汽车销售员强劲的攻势下，我不得不坚持住自己的立场，”哈勒姆说道，“但这种通过电话表明态度的方式可要比当面沟通容易得多。”

最后，有一家经销商给他回了电话：一对老年夫妇要卖一辆旧的丰田雄鹰牌汽车。这辆车的里程数只有 3 万公里，还没经过擦洗或检验。经销商开价 3 000 美元，哈勒姆接受了这一价格。他通过彻底回避的方式赢得了高压式销售这场游戏的胜利。

哈勒姆的策略对于我们在本节中所要寻找的“在做出决策前，留出思考的距离”的方法是一个很好的启发。到目前为止，我们已经花了些时间来思考如何通过“拓宽选择空间”为自己创造更多的选择，以及如何通过“把假设放到现实中检验”的方法去评估这些选择。现在，该做出选择了。

理论上讲，这一部分的内容应该是本书的高潮所在——是我们到了十字路口并做出正确选择的时候了。但事实上，我们认为这可能会成为四部分中最不重要的那个部分。原因在于，一方面许多决策并没有一个真正的“选择”环节。在寻找选择的过程中，我们常常会发现其中的某个选择明显正确，于是不假思索地认定了它。

另一方面，你也可以通过发掘一些新的选项或信息来打破艰难决策的僵局。所以如果你面临着两难困境并感到左右为难，那么此时我们对你的第一忠告是，回到 WRAP 流程的初始环节，使用一些我们已经接触过的方法——消失选项测试，找到那个已帮你解决了问题的人，寻找一条尝试的途径。

10-10-10 法则：10 分钟、10 个月、10 年后，我会如何看待此刻的选择

不过我们偶尔也会遇到一个真正艰难的选择，这时我们就必须留出思考的距离。在面临一个棘手的问题时，我们会容易失去正确判断的能力。被细节蒙蔽了双眼的我们会犹豫不决又极度痛苦，我们的想法会一天一变。

也许我们在解决这些冲突时遇到的最大敌人就是短期情绪，它可能并不是一个可靠的“选择顾问”。在提到自己做过的最糟糕的决策时，人们常常会想起那些在愤怒、欲望、焦虑和贪婪等本能情绪控制下所做的选择。如果我们有 10 多个“撤销”按钮可以用在这些选择产生的后果中，那么我们的生活将会变得很不一样。

我们并不是情绪的奴仆，出自本能的情绪是会消退的。这就是为什么俗话说在做重要决定前，要先睡一觉。这是一个忠告，

我们应该把它记在心里。不过对于许多决定来说，只有睡觉是不够的，我们还需要有策略。

百万富翁教师哈勒姆知道，如果被引诱进了汽车销售员设下的圈套，自己就有可能变得太过兴奋，从而做出愚蠢的购买行为。所以他制定了一个方法来避开它。在决定前，他留出了思考的距离。对他来说，这一距离就是字面上的意思——远离车展中心。一般来说，我们所需要的距离，是情绪意义上的距离。我们需要弱化短期情绪，并选择长久的价值和真实的感情。

我们可以通过一种方法来实现这种情绪上的分类。这一方法的发明者是为《彭博商业周刊》（*Bloomberg Businessweek*）和《奥普拉杂志》（*O magazine*）等出版物撰写文章的商业作家苏西·韦尔奇（Suzy Welch）。她的这一方法被称作10–10–10方法，韦尔奇在它的同名书籍中对它进行了描述。使用10–10–10方法，意味着我们要以三个不同的时间范围为基础对决定进行考量：从现在算起的10分钟后，我们对这一决定会有什么样的感觉？再过10个月后呢？10年后呢？

这三个时间范围的框架为迫使人们留出决策考虑的距离提供了简明的途径。请认真思考下面这个例子。我们曾和一个叫安妮的女人有过一次交谈，那时安妮正因为她和卡尔之间的关系而苦恼。[①] 他们两个人已约会了9个月，安妮说："卡尔是个特别好的

① 本故事涉及个人亲身经历，故文中名字为化名。

人，从许多方面来看，他就是我要找的终身伴侣。”

安妮担心他们的关系并没有在向前发展。36 岁的安妮想要孩子，她觉得自己没有那么多时间与卡尔（45 岁）培养感情了。9 个月过去了，她还没有见过卡尔的养女（他在第一次婚姻中领养的孩子），她和卡尔也还没对彼此说过“我爱你”。

卡尔有过一次可怕的离婚经历，这使他对下一段认真的感情关系很是小心翼翼。自从离婚后，卡尔就决定把女儿和他的约会生活完全分开。安妮非常理解他，但是他限制安妮接触自己生活中这一重要组成部分的做法，却伤了安妮的心。

在我们和安妮交谈的时候，她已经计划要和卡尔度过他们的第一个长假，他们要沿 1 号公路从洛杉矶去往波特兰。安妮在考虑要不要在这次旅行中“迈出下一步”。她知道卡尔做起决定来比较慢。（“他说要买部智能手机都说了有三年了。”）那么她应该是第一个说出“我爱你”的人吗？

我们让安妮尝试了 10–10–10 框架。假使你此刻决定要在这周末对他说你爱他。那么从这一刻算起的 10 分钟后，你对这个决定会有什么样的感觉？“我觉得自己会紧张，但我会为自己感到骄傲，因为我敢于冒这个险，敢于诚实地表达自己。”

从这一刻算起的 10 个月后，你会有什么感觉？“我不认为自己会感到后悔。真的。我的意思是，很显然，我确实希望这能起作用。我认为他非常好。毕竟没有冒险，就没有收获，对吧？”安妮说。

那么10年后呢？安妮说，不论他做出什么样的反应，这一决定在10年后可能不再有太大的关系。到了那时，他们或许正快乐地生活在一起，又或许她的身旁已经是别人了。

所以看吧，依据10–10–10方法，这就是个极容易做的决定：安妮应该采取行动。她会为自己这么做而感到自豪，而且她认为自己并不会后悔，即使他们最终可能没有走到一起。但如果不是有意识地利用10–10–10方法进行分析，它就不会是一个容易做的决定了。那些短期情绪——紧张、害怕，还有对于收到否定回答的恐惧——都是干扰和阻碍的因素。

几个月后，我们又联系到安妮，想看看她的那次公路旅途发生了什么。她在电子邮件中回复道：

> “我爱你”这三个字，是我先说出的。我真的在设法改变整个状况，并让自己少一些不安的情绪……卡尔还没说他也爱我，不过总的来说他在进步（比如更加亲近我，情感上变得自愿和主动等），我相信他是爱我的，他只是需要多一点的时间来克服说出那三个字的恐惧……
>
> 我很高兴自己当时选择了冒险。即使最终我和卡尔没能继续交往下去，我也不会后悔。我觉得从现在来看，我和卡尔约有80%的可能性会一起度过这个夏天。

10–10–10方法帮助人们达到情绪上的平衡。我们现在感受到的是强烈又急剧的情绪，但我们对未来的感受却是模糊的。因为我们现时的情绪往往处在聚光灯内，所以这一不同就对现时状况产生了非常大的影响。10–10–10方法强迫我们调整聚光灯的方向，让我们以当下同样的“新鲜感”去试想未来10个月的情景。

这一调整可以帮助我们正确地看待自己的短期情绪。这并不是说我们应该忽略短期情绪。短期情绪常常向我们透露一些与我们在某一情形中想要的东西相关的有用信息。但是我们不应该让它们成为自己的主宰。

当然了，我们并不会在办公室门口对自己的情绪进行检查，但在工作中，这样的情绪平衡是必需的。如果你一直避免与某位同事进行看似艰难的对话，那么你就是在让短期情绪左右你。如果你决心将这个对话付诸实践，10分钟后你可能就会有点焦虑，但是在10个月后，难道你不会为自己当时的做法感到高兴、释然与自豪吗？

如果你在努力争取一个很有能力的求职者，那么在你决定做出工作邀请的10分钟后，可能你感觉到的仅仅是激动；但是在10个月之后，如果你给这名求职者的工作报酬令其他员工感觉自己不受重视，那么你会不会因此而后悔？再说10年后，现在的这个精英也会一直都随着你的生意做出改变吗？

需要明确的是，短期情绪并不总是我们的敌人。（在一件不公正的事情面前，因愤怒而采取行动也许是合适的。）10–10–10分析法的运用，并不以“长期视角是正确的视角”为先决条件。它仅仅是确保在表达观点的时候，短期情绪并不是发出声音的唯一来源。

小心认知偏见：曝光效应和损失厌恶

每天，在一所大学教室里黑板的一角提示清洁人员“请勿擦”的字样下面，都会出现一些奇怪的大写单词。对于这些单词，来上课的学生们都感到有些不解，因为它们好像是另一种语言中的文字：SARICIAK、RAJECKI、KADIRGA、NANSOMA和ZAJONC。

有时候，只有其中的某1个词会出现，而在其他时间则会出现2个或3个单词。尤其“Zajonc”一词的出现次数，似乎要比别的词多得多。教授从未承认这些单词的存在。学生们对此迷惑不解，后来有一个学生说道：“我的梦里都是这些单词。”

在这些单词连续9周出现在黑板上后，学生们接受了一项调查。调查问卷涉及一张列表，上面有14个外文单词，而其中的5个都是在黑板上出现过的单词。学生们被要求说出他们对每个词的喜爱程度。本调查的设计者里克·克兰德尔（Rick Crandall）发现，最受喜爱的单词，是那些被学生们看过次数最多的单词。对某物的熟悉不会令人们产生轻视的情绪，它更可能使人们心满意足。

几十年来，心理学家们一直在研究这一被称为“曝光效应”（mere exposure）的现象，这一效应是说人们会对自己更熟悉的东西产生偏好（也就是说，被“曝光”于某一信息面前的我们，会以更加积极的态度来看待这一信息）。

该领域的开拓者之一是罗伯特·扎荣茨（Robert Zajonc，Zajonc 这一词现在听来出奇地讨人喜欢……）。当扎荣茨将各种刺激物——无意义的词汇、汉字和照片——展示给人们时，他发现看到刺激物的次数越多，人们对刺激物的好感度就越高。

在对这个效应进行的有趣应用中，心理学家研究了人们对自己面孔的反应。为了引入这个研究，让我们先谈谈读者你吧。也许这听起来有点怪，可是你对自己的脸其实并不十分熟悉。你所了解的，是你在镜中看到的那个面孔，它是一个反像，它和爱人眼中的你是不同的。知道了这点后，一些聪明的研究人员为测试者们冲洗了两张照片：一张是其他人眼中的测试者形象，另一张是测试者自己看到的镜中形象。

如曝光效应所预见的那样，测试者们更喜欢自己在镜中的形象的照片，而他们的爱人更喜欢实像照片。我们之所以更喜欢自己镜中面孔的形象而不是实像，是因为我们对前者更为熟悉！

这一发现虽然让人感到怪异和吃惊，可它基本上无关痛痒。令人苦恼的是，曝光效应还影响到了我们对于事实的感知。在一次实验中，研究人员展示给参与者一些他们并不熟悉的语句，比如“拉链的发明地是挪威”。参与者被明确地告知，这些语句所陈述的内容有可能是正确的，也有可能是不正确的。实验显示，当某一语句出现的次数达到三次，而非一次的时候，参与者们就会认为这一语句更具有真实性。可见，重复促进了信任感的产生。

这是关于我们在社会和组织中的决策习惯的深刻反思。在工作中，我们所有的人都会自然而然地接受许多制度上的“真理”，可能其中的大部分都是久经考验并值得信任的，但有一些只是感觉起来真实，因为我们对它们熟悉。这样在做决策时，我们就可能会认为自己正在做的选择是以证据为依托的。但有的时候这一证据很可能只是“Zajonc”——因为出现次数过多而被我们喜欢上的无稽之谈。

这种曝光效应是反映短期情绪的一个更加微妙的形式。它不像恐惧、欲望或焦虑那样鲜明，可它“拉扯”着我们，并对我们造成影响。它常常将我们向后拖拽，就像是一个家长抓住孩子的衬衣领部以防孩子跑掉那样。对熟悉事物的偏爱必然是对现状的偏爱。

这种对现状的偏爱是另一种认知偏见。它被称为损失厌恶（loss aversion），指的是人们发现相较于收益带来的快乐，损失带来的痛苦更大。设想我们让你有机会玩一个游戏：抛硬币。如果硬币的人头面朝上，你将赢得 100 美元；如果反面朝上，你就欠我们 50 美元。那么你会选择玩这个游戏吗？大多数人都不会，因为他们厌恶损失：损失 50 美元太让人痛苦了，甚至一个潜在的两倍数额的收益都不足以将这种痛苦抵消。的确，研究人员一次次地发现，损失给人带来的痛苦似乎是收益带来的愉悦感的 2~4 倍。

损失厌恶会出现在很多不同的环境中。购买昂贵电子产品的消费者常常会购买价格过高的品质保单，他们可能会支付 80 美元来买一份保单，而保险价值的精确估计只有 8 美元。（“购物保护”保险，是电子产品消费领域中最有利可图的组成部分。）因为害怕损失，所以消费者做出了糟糕的经济决策。当他们想象自己在回家的路上将昂贵的新电视摔落，然后不得不再购置一台电视的可怕情景时，就会不由自主地多付钱了。

研究表明，人们几乎是在瞬间就会受到损失厌恶的影响。研究人员做了一系列巧妙的研究：他们走进大学教室，将礼物——印有学校图标的咖啡杯——随机地赠给半数左右的学生。那些没有得到杯子的学生被问到这样一个问题：“如果让你买下一个这样的杯子，你会付多少钱？”他们给出的回答平均是 2.87 美元。

可那些得到咖啡杯的学生所做出的回答却让人惊讶。当被问到准备以什么价格卖掉杯子时，他们说如果价钱低于 7.12 美元，自己是不会将杯子卖掉的。

在 5 分钟之前，大概所有的学生都会将杯子的价格假定为 2.87 美元。然而仅仅在几分钟的时间里，那些得到杯子的学生就提高了自己对杯子的喜爱程度！失去新礼物的不舍，使他们认为以 2.87 美元卖掉咖啡杯是难以接受的。

如果对于咖啡杯这么小的一个客体，损失厌恶都可以如此迅速地发挥作用，那么思考一下它将会怎样影响一个更加重要的决定，比如某个人正在考虑放弃资历（或利益，或交际圈），转而去另一个行业接受一份新工作的决定；或者是某个人必须放弃安逸的生活，重返学校的决定。

这些研究说明，组织内部的决策容易受到强有力的情感扭曲的支配。当一个组织的领导者提出改变发展方向的建议时，人们会有两种感受：第一，哦！但那听起来不太熟悉（也就是让人不自在）；第二，哦！我们就要失去现在所拥有的东西了。当你把这两种力量——曝光效应和损失厌恶放在一起的时候，你得到的就是对当前的事物发展方式造成影响的强有力的认知偏见。

维持现状偏见（Status-Quo Bias）也许在大型官僚制的组织中最为明显。想象你所在州的车辆管理局（Department of Motor Vehicles，以下简称 DMV）的一个中层经理嘟囔道："我们一直都是这么做的。"但是维持现状偏见则要比这一情况更为普遍。PayPal（贝宝国际）是互联网时代非常成功（以及最不像 DMV）的公司之一，然而它年轻又富有创新精神的创始人也险些成为维持现状偏见的牺牲品。

1998 年，23 岁刚大学毕业的麦克斯·拉夫琴（Max Levchin）与他人共同创立了 PayPal 公司。那个时候，公司与网络支付还没有任何关系，它的业务是为掌上设备开发安全软件。在大学期间，拉夫琴对软件和密码学很是痴迷，纯粹是出于爱好，他为 PalmPilot（个人数字助理的一款型号）掌上电脑设计了一款安全软件，人们可以免费下载这一软件。当下载达到数千次后，他想到这可能为他提供了一次商业机会。

拉夫琴设计出的这一软件解决了一个异常复杂的难题。在 16

兆赫兹慢速处理器的 PalmPilot 上执行加密算法，就像是让一个男人骑着独轮车为大型仓库补货——当然从概念上讲是有可能实现的，但是很难做得优雅（更不用说高速地完成了）。

拉夫琴和他的联合创始人彼得·蒂尔（Peter Thiel）一起讨论了如何将这个创意转变成商业产品。最终他们想到开发出这样一款软件——一款人们可以把钱存到自己的 PalmPilot 并通过无线传输进行交易的软件。的确，金融交易会需要拉夫琴设计出的密码保护。当蒂尔和拉夫琴热烈地谈论起这一想法时，硅谷同行们也表示出了自己对这个想法的喜爱之情。在杰西卡·利文斯顿（Jessica Livingston）的《创业者》（*Founders at Work*）一书中，她写到拉夫琴在接受她的采访时说："那帮电脑极客的反应是'哇，这就是未来啊！我们想到未来去。你带我们去吧。'所以我们引起了所有人的关注，我们可以凭着这个故事筹钱了。"

事实上，筹钱事件本身成了一个传奇故事。在他们的风险投资交易达成的那天，PayPal 团队和它的投资者们在一家叫作巴克斯的餐馆里碰了面。450 万美元的投资当场从一个 PalmPilot 转移到另一个 PalmPilot 上。数百万美元通过红外光束在餐馆中"航行"——未来就以这样的方式来到了巴克斯餐馆。（在这天之前，为了让"巴克斯传输"成功实现，拉夫琴已经昼夜不停地连续五天都在编程。在资金成功被转移后，他趴在餐桌上睡着了，数小时之后他醒了过来，旁边还放着自己吃剩一半的煎蛋卷。其他人都已经离开，给他留出了休息的时间。）

PayPal 公司给 PalmPilot 设计的这种应用程序开始流行起来，每天都能吸引 300 名左右的用户。为了提高人们的兴趣，拉夫琴的团队建立了一个网站，用来展示这一掌上设备的试用版。到 2000 年年初时，他们的团队注意到一件奇怪的事情：许多人都在使用网上的版本来处理交易，而不是使用掌上设备。事实上，网页版本的使用量正在迅速增长，其速度超过了掌上版本的使用量。拉夫琴形容这一情况为“令人费解，因为掌上设备还是很酷的，而那个网页不过是个试用版”。他还补充道：

> 后来有很多来自一个叫 eBay（易贝网）的人联系我们：“请问，我们可否将贵公司的标志放在我们的拍卖版面上？”我们感到很讶异，接着回复说：“不，不可以。”有那么一段时间，我们竭尽全力地与这些狂热的 eBay 人做着斗争，我们对那些人说：“走开，我们不欢迎你们。”

最后，PayPal 公司终于顿悟，自己居然在试图击退一群潜在的客户，这简直太疯狂了。他们花费了一年时间去发展和完善那个网页产品。至 2000 年年末，他们完全舍弃了 PalmPilot，而使用这一工具的用户数已达到 12 000 人的峰值。但那时，他们的网络用户已超过了百万。

“这是一个感情用事的商业决策，但显而易见，这非常明智。”拉夫琴说道。

“显而易见”一词从这儿看起来似乎是可行的，毕竟在 12 000

名用户和120万名用户之间根本不存在所谓的选择问题。但如果你想象自己处在拉夫琴的位置，如果你将自己置身于我们所看到的情形之中，那么你就会理解为什么这个选择会比实际看上去要难。

试想你对此会有什么样的感受：公司建立在你惊人的加密技术的基础上，可人们似乎更喜欢粗糙的网络样板。这就像一个才华横溢的雕刻家发现自己能卖的东西只是15美元的宠物石头而已。[①] 此外，你正经历着曝光效应：在工作中运用自身掌握的掌上设备技术使你感到惬意，更不用说应对那些使用掌上设备的（数月来一直请求你将他们带向未来）尖端用户所带给你的惬意了。相比之下，那些热情的网上用户对你来说是陌生的，也许他们是一群在eBay上交易猫头鹰挂件艺术品的人。对于将自己的命运押在他们身上这件事，难道你就不会有所顾虑吗？

与此同时，损失厌恶也开始在你身上发挥作用：我们不能现在就屈服！我们将会牺牲掉自己在掌上设备市场上的领先地位！如果两年后的世界是靠PalmPilot运行呢？真到了那时，我们会觉得放弃优势的自己就像个白痴。难道你不该坚持自己最初的直觉，相信掌上设备是大势所趋吗？难道你不该忠实于自己的判断吗？

如果你能想象这些情绪将如何使拉夫琴的决定复杂化，即使他面临的是一个非常容易做出的选择，那你就一定能推断出在

① 当然，后来PayPal的在线“宠物石头”也变得极为复杂——尤其是PayPal的反欺诈监测系统。

一个更为模糊的情况中，同样的情绪将会怎样促使你做出错误的决定。

那要如何才能避免让这些微妙的情绪击败自己？答案是留出距离。我们可以通过一些非常简单的途径做到这一点。请回忆第一章中提到的英特尔公司的安迪·格鲁夫，他苦于如何应对公司风雨飘摇的内存业务。曝光效应推动着他保留内存业务，因为自公司成立伊始就一直在经营这一业务，所以他对它是非常熟悉的。同样，损失厌恶也使他倾向于保留内存业务。英特尔怎么可能放弃自己经过如此艰苦的争取才获得的竞争地位呢？

通过提问——“我们的继任者会怎么做”——格鲁夫在做出决定前留出了一些距离。通过想象一个有洞察力的继任 CEO 可能会做的事情，格鲁夫避开了短期情绪并看到了更宏大的前景。他在一瞬间知道了，为了专注于日益兴盛的微处理器业务，他们应该选择放弃内存。

解释水平理论：离问题越远的人越能参透本质，做出好决策

为什么一个如此简单的问题会产生巨大的影响？为什么“距离”会有这么大的帮助？一个叫作“解释水平理论”（construal-level theory）的相对较新的心理学研究领域显示，距离我们面临的问题越远，我们就越能清楚地看到问题最重要的方面。在劳拉·克

莱（Laura Kray）和理查德·冈萨雷斯（Richard Gonzalez）所做的一项研究中，学生们被要求对两个工作进行考虑并做出选择：[①]

工作 A 代表的是一个你为之充分准备的职业。你在大学期间选修了许多和它有关的课程，虽然你对它产生兴趣主要是源于父母和朋友给你施加的压力。这一职业生涯的初期可能会非常折磨人，但从长远来看，它实际上保证了一个高薪的工作和声望。

工作 B 代表的是你一直以来都很感兴趣的非传统职业。你预计收入可能会少得多，但是你认为这份工作会带来更多的自我实现感。它会给你极大的自由去发现自我和造福人类。

你会选择其中的哪一个？

在被要求为自己做出选择时，66% 的学生选择了工作 B。后来，当他们又被要求为自己最好的朋友提建议时，83% 的学生选择了工作 B。当学生们想到朋友而非自己的时候，这一选择就会变得更清晰。可见距离产生了清晰度。

心理学家已经了解了这一情况发生的原因。实际上，在我们提出建议时，我们会很容易专注于最重要的因素。所以在为朋友提建议的时候，我们认为，工作 B 会令她开心，并且从长远来看会更令她感到满意。这看起来相对简单。可是轮到考虑我们自己

① 这是它们较长内容的索引版本。

时，我们就让事情变得复杂了。且慢，如果我放弃工作A带来的声望，我爸会不会感到失望？还有，我真的可以忍受布莱恩·莫罗尼那个白痴挣的钞票比我挣的还多吗？

研究人员发现，从实质上讲，我们为他人提出的建议常取决于最重要的因素，而我们自己的思绪却在各种变量中纠结。当考虑到朋友时，我们能看到森林。而当考虑到自己时，我们却迷失在了树木中。[①]

为他人提建议还有另一个优点，那就是我们常常会明智地建议他人要忽视短期情绪。举个例子，试想一个大学男生正面临着这样一个困境：

> 你想要给一位心仪的女生打电话，她和你一起上心理学课，可是你只和她说过一次话。你担心电话打过去了，她却连你是谁都不知道。
>
> 这时你会决定……

---

① 在这些研究中，心理学家们并不是在争辩森林视角就是正确的那一个视角。他们仅仅是在不做任何价值判断的情况下将这一现象展现出来。但是我们希望更进一步，我们要说它真的是正确的那个观点，因为如果人们在决策时不能对最重要的因素进行考虑，他们的决定就会变得乱七八糟。当我们沉湎于错综复杂的事物中时，我们可能会不断地游移在各个选择中，自己的主意一天一变。这种心理上的反复是有风险的，因为它意味着当我们被迫做出最后的决定时，我们的选择方式就可能会像是坐旋转木马那样，由我们被转到的位置所决定。

（A）先不打电话，直到你和她有了更多的交流。

（B）打给她。

当你让一群小伙子来做这个两难选择时，他们的反应不禁令人捧腹。大多数人表示会等一等再打电话，而当被问到会建议朋友怎样去做时，他们会说，着手去做吧！

对你来说，难道在这一情形中，“去做”不是正确的决定吗？现在试着用10—10—10方法来考虑一下。以10分钟的时间跨度来看，如果你决定要给女孩打电话，那么你可能会在电话拨出前的每一分钟都担心害怕。如果她对于这通电话感到茫然，你也许会感觉尴尬。但10个月后，你们也许会成为朋友，或者她会成为你的女朋友，又或者你可能早已忘了整件事情。10年后，你和心灵伴侣在一起的机会虽然很小，但是羞得两颊发烫的机会是一定没有了。

总而言之，这显然是一个值得去冒的险，还有，为他人发现这一真相要比为自己发现真相来得容易。

由此可知，我们给他人提出的建议具有两大优点：它自然地会把最重要的因素放在决策中的优先位置进行考虑，而且它还弱化了短期情绪。这就是为什么在帮助我们打破决策僵局时，最有效的提问可能会：

如果面临这种情况的是我最好的朋友，那我会告诉他/她如何去做？

这个问题看似简单，但当你下一次被困在某个决策中时，你可以尝试一下它。然后你就会惊奇地发现这一问题居然可以如此有效地使事情变得明晰。我们两个人（指本书作者）曾和许多人谈到令他们苦恼的有关私人生活或个人职业的决定，对于应该做出的正确选择，他们常常表现得很迷惑。这时我们就会给他们提出“最好的朋友”这一问题，结果几乎总是——常常就在几秒钟之内！——他们就会得出一个明确的答案。通常，他们会对自己思维的清晰度感到些许吃惊。当我们问：“在你看来，你会听从自己的建议吗？”他们会承认：“嗯，我猜会的。”

过于强调短期情绪的偏向会产生自相矛盾的效果。有时，它会令我们变得捉摸不定，使我们过快地采取行动，就像我们对插入自己前方道路上的司机会采取过激反应那样。然而更普遍的情况是，短期情绪产生的是相反的效果，它令我们变得迟钝胆怯，不愿意采取实际行动。太多的复杂性对我们的行为形成了阻碍。我们会担心自己要在尝试新事物时必须舍弃的东西，我们会不信任自己不熟悉的东西。这些感觉混合在一起，令个人和组织偏向于维持现在的状况。

正如我们在整本书中所看到的那样，偏见并非我们的命运所在。通过使用一些快速的思维转换方法，我们可以使自己远离这些情绪。至于方法，我们可以用10–10–10时间推移法，或是“我会告诉自己最好的朋友如何去做”这样的视角转换法。这些转换法让我们更加清楚地看到事情的轮廓，而且在面临艰难决定时，它们还确保了我们能够做出更加大胆且明智的选择。

本章小结

1. 瞬时的情绪诱使我们做出那些从长远来看是坏决定的选择。
   - 汽车销售员接受的训练是利用顾客们的情绪来快速达成交易。
2. 为了克服使我们分心的短期情绪，我们要学会留出些距离进行判断。
   - 百万富翁老师安德鲁·哈勒姆没有去汽车展厅，他坚持了自己设立的标准。
3. 10–10–10 方法迫使我们像考虑当前情绪一样对未来情绪进行充分考虑，从而使“留出距离”得以实现。
   - 一个 10–10–10 分析令安妮倾向于对卡尔先说出“我爱你”。
4. 我们的决定常常被两种微妙的短期情绪改变：

   （1）曝光效应：我们喜欢自己所熟悉的东西。

   （2）损失厌恶：损失让人痛苦，收益让人愉快，而前者的影响程度要更大一些。
   - 在组织的许多“真理”中，有多少是仅仅因为被多次重复而被我们喜欢上的？
   - 得到杯子的学生不会以少于 7.12 美元的价格把杯子卖掉，即便在 5 分钟前他们还觉得以高于 2.87 美元的价格把它买下来就很贵了。

5. 损失厌恶与曝光效应相结合的结果是维持现状偏见。
   - PayPal 公司：舍弃 PalmPilot 产品是一个容易做的决定——可感觉上却不像这样。
6. 通过从观察者的角度看自身所处的情况，我们可以留出距离去做决定。
   - 安迪·格鲁夫问："我们的继任者会怎么做？"
   - 增加距离的方法突出了最重要的因素；它让我们看到的是整片森林，而非树木。
7. 在个人做决策时，最有力的问题可能会是："如果面临这种情况的是我最好的朋友，那我会告诉他/她如何去做？"

第九章

尊重你的核心重点

选择各有千秋，怎么办?

2010 年 10 月的一天，26 岁的金 · 拉米雷斯接到了一个以前的男同事打来的电话。她很快了解到，这位同事想把她招进他所在的一个新创立的科技公司。而那时，拉米雷斯住在芝加哥，在一家领先的互联网公司负责销售工作，没有找其他工作的打算。这个同事坚持要安排她和那个新公司的创始人共进午餐。拉米雷斯想想自己不会有任何损失，就同意了。

此后没多久，她与那个新公司的创始人碰了面，在结束交谈时，她已经被创始人的想法迷住了。创始人的设想令她激动，这家公司的小规模也对她产生了吸引力。于是她答应去拜访位于波士顿的公司总部。

她对这个机会很感兴趣。与她现在的工作相比，这个公司给她提供的在芝加哥任业务经理的职位有更多的职权。可她也知道自己会因此失去很多东西。她现在的工作具有很大的弹性，使她和丈夫乔什待在一起的时间更多。（他们在2010年夏天刚刚结婚。）他们的工作计划表第一次可以协调同步——两个人都不需要每周出差或拼了命地工作。

12月中旬的时候，她去波士顿进行了参观。她与其他的业务经理见了面，并且询问了他们的生活方式：多久会出差一次？每周工作多少小时？此外，她还问到了他们销售这个新创公司产品的经验：人们不购买这个产品的话，通常的理由是什么？如果人们没有延长自己的购买期限，又会是什么原因？（请注意，她这是在努力获取反面信息。）

她发现他们给出的答案都带有一些推销的感觉，归根结底，他们想要把她招募进公司，不过她倒是很喜欢自己遇见的每一个人。他们把她当成到访的名人一样带她在办公室里参观，她被整个团队的热情、精力和雄心壮志感染了。“离开时，我的心情非常激动。”她说道。

在参观结束的时候，公司的创始人向她提出了正式的工作邀请，工作薪酬和职位相较于她现在的工作来说都有实质性的提高。（更不用说拥有这家公司优先认股权所带来的那种中彩票式的兴奋感。）

会面结束后，她在波士顿的机场给乔什打了电话，她兴奋地说道：“这是个不可多得的机会！我需要一个新的挑战，我觉得就是它了。”

参观回来后，拉米雷斯觉得有义务告诉老板自己收到了工作邀请，于是给老板发了一封相关的信件。他马上打来电话，说自己非常重视她的工作。几分钟后，拉米雷斯老板的老板又打来电话，说自己需要点儿时间来准备一份新的薪资待遇。当时正值圣诞假期前，所以拉米雷斯知道可能在一两个星期后她才能得到回复。

突然之间，拉米雷斯身处于一个令人羡慕的情形之中——两家公司都需要她。可是这一选择却令她感到焦虑。波士顿一行带来的亢奋已经消退，她开始有了疑虑。虽然那个团队已经努力对她的工作量做出了保证，但是她的直觉清楚地告诉她：它是一家初创公司，在那里你必须发狂般地工作。这样做值得吗？

对这一选择考虑得越多，她就越发不能确定。在过圣诞假期时，她说："几乎每一天我都会有恶心的感觉……我觉得自己已经无法清醒地思考事情了。我不知道自己想要干什么。"

她开始给好友打电话，寻求他们的建议："我该怎么办？"她的一个朋友吉娜支持她抓住新公司的机会，同时也警告她不要忽视现在的工作所具有的弹性。"一直以来，你好像都是很幸福的。"吉娜说道。

拉米雷斯继续被这个决定折磨，直至她终于意识到自己受困的原因所在：这并不仅仅是一个工作决定，而且是一个价值观的决定。在成长的过程中，她一直都把自己看作"雄心勃勃的职业女性"。从这个角度来讲，新公司提供的工作角色非常容易使她做出决定。它提供了更多的职权以及更大的发展空间。她将在那里打上自己的烙印。另一方面，随着工作经验的积累，她逐渐开始重视工作和生活的平衡：自己与乔什在一起的时间，与朋友在一起的时间，以及与家人在一起的时间也同样重要。

这是生平第一次，她被迫在两个可能性中做出明确的选择。她说："你可以在很长一段时间里一直持续这样的生活，不去扪心自问，比如'我更看重哪一个？'"

在她等待现在的公司提出新待遇时，新公司的领导们不断地给她发电子邮件和打电话，询问她的决定。她迟迟未给答复，她感到很糟糕，直到后来终于出现了一个转折点。

12月下旬的一天，她去健身房跑步。在跑了有5英里的时候，她突然想到了一个问题。我为了什么而工作，我工作的目的是什么？这一想法就像闪电一样击中了她。"我差点儿从跑步机上摔下来。"她说。

这个问题的答案一涌而出：我工作是为了赚足够的钱，获得安全感；是为了和乔什一起旅行，如果我想上一个摄影培训班，就可以去上；也是为了能带姐妹去外面吃晚餐。可是如果我没有足够的时间来做这些我喜欢的事情，即使我有更多的钱或权，也都不再重要了。

她现在已经十分清楚，自己需要继续做现在的这份工作。"做出这一选择后，我的内心终于平静了下来。"她说。

一星期后，她的公司提出的新待遇使她更为安心：公司提供给她的薪酬包和那家新公司提供的几乎一样，另外保证会在一年之内给她升职。理论上，新公司的工作邀请更有发展，但是她的决心已下。她委婉地拒绝了新公司的工作邀请。

回想起整件事，她惊叹如果自己当时没有花时间让波士顿之行所带来的兴奋感消退，她就可能已经接受了那份工作，而代价则是承受这一选择给她的人际关系和平衡感所造成的未知影响。她认真思考了自己在那个时候的感觉："在你坐了一趟过山车之后，他们想要卖给你一张你在过山车上尖叫的照片，你知道那时的你会有什么反应吗？你可能会冲动地买下那张照片，因为你的肾上腺素分泌过多，你正兴奋激动着呢。"

"可是到了第二天，"她说，"你还想要那张照片吗？不见得吧。毕竟没有人会在过山车上看起来还非常上相。"

在做决定的过程中，拉米雷斯不得不使自己远离短期情绪。在波士顿之行后她感到非常兴奋——"这是个不可多得的机会！"但是她明智地给了自己一些时间进行思考。

即使在让情绪缓和下来之后，她依然感到左右为难，而这就是我们要超越前一章内容的原因。拉米雷斯的决定之所以艰难，并不是由于短期情绪的干扰，而是因为她要在两个重大选项之间进行选择。最后，拉米雷斯终于意识到在没有考虑好自己对生活的偏好的前提下，她不能做出关于工作邀请的决定。

虽然"考虑好自己对生活的偏好"这一表达是准确的，但是于她所经历的事情而言，这一描述就显得太过苍白了。因为她并不是在理智地为自己的偏好进行排序，这与你思路清晰地编辑每周任务安排的方式是不同的。她感到苦闷，她觉得恶心，她的决策过程负载着各种情绪——各种并非出自本能的、“睡了一觉”之后就退却的情绪。

关键在于：WRAP 流程的目标并不是使你摆脱情感的影响。事实恰恰相反。当你剥离了一个决策所拥有的全部理性运作方式后——选择的生成，信息的权衡——剩下来的核心就是情感。是什么在驱使着你？你渴望成为什么样的人？从长远来看，你认为对家庭最有益的是什么？（商界领袖会问：你想要经营什么样的组织？从长远看来，对你的团队最有益的是什么？）

这些都是与情感有关的问题——与人的热情、价值观和信仰有关——在你做出回应的时候，是不存在所谓的“理性机器”来生成你的观点的。它只和你是谁以及你要什么有关。这是情感做主的时刻。

因为对于这些问题，不同的人会有不同的答案，所以 WRAP 方法并不能告诉你应对困境的正确答案。面临同样决策的两个人可能会做出完全相反的决定——而他们的决定可能都是明智的！比如说，拉米雷斯最后决定要更珍视自己“平衡”的构想，而不是自己“雄心勃勃的女强人形象”。对另一个女人而言，这个问题则有可能得出一个相反的结论。

我们希望通过使用 WRAP 流程做到的事情，就是帮你做出对你有益的决定。在上一章中，我们看到能“对你有益”的一个内容是远离短期情绪，因为这些情绪常常会令你无法专心于长远追求。

现在我们将把注意力转向诸如拉米雷斯遇到的困境上，在这样的困境中，你会发现自己在两个选择之间难以取舍，因为这两个选择都具有长期的吸引力。像她所遇到的这种令人苦恼的决定，常常是“核心重点”遭遇冲突的迹象。“核心”一词用来描述我们讨论的长期情绪的意义，这些重要的事物是可以超越时间和空间的。对个人来说，这意味着长期的目标和追求；对组织机构来说，这意味着确保企业能够长期健康发展的价值观和实力。

你如何保证自己的决策能够反映你的核心重点？更进一步说，对那些干扰核心价值观的不太重要的任务，你如何能真正地采取攻势？

人不是“理性机器”，尊重情绪，找到内在核心重点

20 世纪 90 年代末，Interplast（一家非营利性国际整形机构）曾纠结对核心重点进行排序的过程，它的领导团队分为两个阵营，他们在机构应承担的适当使命问题上存有分歧。1969 年，Interplast 由斯坦福大学医学中心的整形外科医生唐纳德·劳布（Donald Laub）建立。劳布的这一决定源于他和安东尼奥的相遇。安东尼奥是一名患有唇裂的 13 岁墨西哥男孩。作为一种先天缺陷，唇裂会导致患者上嘴唇裂开，并且会妨碍儿童的进食和说话能力。患有唇裂的孩子常常会被自己所在社区的成员疏远。在世界上的一些地方，唇裂被人们视为诅咒和不祥的征兆。

与父母和兄弟姐妹分离的安东尼奥是由祖母抚养的，但他的祖母不允许他去上学。悲剧之处在于，安东尼奥没有生活在某些国家。因为在某些国家，对安东尼奥所患的这种唇裂所实施的修复手术是简单而可靠的。有一位医生曾说过："一个好的外科医生可以在35~60分钟内完成唇裂修复手术，手术效果也会很不错。带上几个可以放在口袋里的手术器械你就可以实施手术了。"

劳布在斯坦福给安东尼奥实施了唇裂修复手术，在这之后，安东尼回到墨西哥，过起了正常的生活，他在学校的表现也很好。劳布在这时开始思索，世界上还有多少和安东尼奥一样的孩子？我们为什么不能帮助他们呢？于是他开始定期去墨西哥的墨西卡利为患者实施唇裂修复手术。

20年后，这一工作已经扩展到了墨西哥以外的地区，Interplast吸引到了更多志愿服务的外科医生和护士。事实上，到20世纪90年代中期，Interplast的志愿者们每年都在拉丁美洲和亚洲的许多地方实施数千次手术。这已经由一名男孩的个例演变成了全球的使命。

Interplast所取得的成功使得其他一些机构，比如微笑行动（Operation Smile）和彩虹行动（Operation Rainbow）也做起了相似的工作。忽然之间，Interplast进入到了一种为了获得捐款和志愿者，而与其他机构进行竞争的状态之中。劳布相信在面对这种新的竞争以及发展的持续压力时，Interplast需要引进一个新的执行团队。因此在1996年，劳布让苏珊·海斯（Susan Hayes）

加入该机构并替代自己担任董事长兼 CEO，大卫·丁曼（David Dingman）任首席医疗官。

在最初几年里，海斯发现她必须得解决几个棘手的问题。其中一个问题从表面上看很简单：外科医生在出行时，是否允许带家属？传统意义上，这已经成了一个惯例。人们容易理解一个满世界做志愿者工作的医生可能会想要带上自己的爱人和孩子。但是家属的随行却带来了一些问题。有的时候，医生会把自己的孩子带进手术室，但这种侵入行为在美国是绝不允许的，所以医生们只好把孩子留在候诊区，让当地的医疗人员代为照顾。

另一个看似简单的问题是，是否允许住院医师加入到出行队伍中。一位董事会资深成员和志愿者理查德·杰布医生说："对年轻的外科医生、儿科医生和麻醉师来说，经历这个过程对他们而言都将是极其宝贵的经验。"但有时住院医师的出现也会在当地医院引发一些问题。渴望学习到手术程序的当地医生们常常成群结队地尾随住院医师，他们反而吸引了住院医师主要的注意力。

这两个问题在董事会上居然引起了相当大的争议。海斯回忆其中的一次董事会议时说道："在长达 6 个小时的会议上，我们一直在不停地讨论和争辩有关家属随行的问题。会议室里充斥着敌对情绪。而第二天，董事会成员再次聚在一起。我们又进行了一次长达 6 小时的辩论。"

我们从拉米雷斯的例子中可以看出，一个令人苦恼的决定反映出重要事物的优先级之间的冲突。这些"小的"问题实际反映了两个核心重点之间的较量。事实上，这一冲突早已存在于该机构的使命宣言中：Interplast 致力于“为发展中国家的人们免费提供修复外科手术”以及“辅助所在国的医学同行获得医疗上的独立”。也就是说，Interplast 这一机构既想要做手术，又想要确保自己不需要再做手术。

海斯和丁曼领导的新管理团队认为，为当地的医疗人员进行培训是更为关键的、优先重要的事情。海斯注意到经过培训的医疗人员在他们的职业生涯中可以为贫困儿童做上千次手术，更多的儿童因此能够得到帮助，所以她说 Interplast 应该“让它自己失业”。首席医疗官大卫·丁曼赞同了这个看法，他说：“带上你的手术器材，跳上飞机，做完手术后回到家里来。你这样做，并没有为当地创造基础设施。”

一方面是对当地医疗人员的培训，另一方面是 Interplast 传统志愿医生的使命感，这两者之间发生了冲突。这些医生已经喜欢上了这份工作，他们中的很多人每年都会回到自己志愿服务过的那个群体中，他们在那里已经建立了良好的人际关系。对于他们的家属来说，这个工作也有很重要的意义。举个例子，一个男孩陪伴他的爸爸外出完成手术后，他受到鼓舞，于是想要成为一名整形外科医生，这样他就可以在 Interplast 做志愿者工作了。

相比于外科医生所怀有的具体的英雄主义——在偏远的手术室里修复患者的面孔，在 Interplast 的一些成员看来，培训当地医疗人员的想法似乎有些抽象而无趣。如果外科医生们自愿放弃稀缺的假期去做志愿者工作，难道他们就没有资格把家人带上吗？一些董事会成员认为，禁止这种行为的做法似乎有些小气和目光短浅。

在下一次的董事会会议上，成员们又开始了争论，而关于这一价值标准的争辩也开始白热化。一个新董事会成员对一名任职多年的外科医生说："你要知道，你我的不同之处在于，你认为我们的服务对象是志愿医生，而在我看来，我们的服务对象是患者。"

这是个一针见血的评论。Interplast 最终是在为谁服务？是那些贡献时间的成功的外科医生，还是那些患有唇裂的孩子？在经过更多次的讨论后，大多数董事会成员达成共识：在出现冲突时，我们会把患者的福利放在医生福利之前。

"这改变了一切，"海斯说，"因为在你陷入和董事会成员、志愿者或志愿者委员会的政策性辩论的时候，你总是能够回到这一行为的初衷。我们的初衷就是要建立一个机构，在这个机构里，我们的服务对象只有患者，而不是其他任何人。"通过提出"对患者最为有益的是什么方式"这样的问题，艰难的决定往往就迎刃而解了。

这一问题使得 Interplast 在支持当地外科医生方面有了进一步的发展。对唇裂手术的需求几乎是无穷尽的，而该机构无法吸引到足够数量的外科医生来满足这一需求。但是通过在全世界范围内培训多名当地的外科医生，他们是能够产生永久性的影响的。

这样，每天都可以实施手术，而不是只能在每年精选出来的几个星期里才可以实施。

Interplast 后来更名为复生国际（Resurge International）。现如今，这一机构 80% 的手术都由当地的医生实施。加德满都有一位名叫山卡尔·曼·拉伊（Shankar Man Rai）的医生，他曾受到 Interplast 的辅导，现在他每年要进行 1 000 次手术。另一名同行哥伦·约维奇（Goran Jovic）医生则经营着赞比亚唯一的整形中心。复生国际支持的 11 个永久经营的整形修复中心分布于包括孟加拉国、秘鲁和加纳在内的 9 个国家。

每一场这样的手术都改变了一个人的人生。海斯说到患唇裂的孩子们所遭遇的艰辛："即使这些孩子会在一定程度上被他们的文化所接纳，但他们不被允许去学校上学，因为一些孩子会取笑他们，另一些孩子又会害怕他们。他们基本上就住在家里，没有任何朋友，也没有任何经济前途，因为没人会雇用他们……所以他们的生活是平静的、孤独的，以及没有未来的。"

在 90 分钟的时间里，她说道："我们可以很容易地扭转他们的未来，使他们的生活发生改变。"

• • •

在意识到优先考虑的是患者而非外科医生后，Interplast 的领导者们采取了一些重要的举措：他们视这一原则为行动纲领，他们让机构内的全员都知晓这件事，这样它就可以影响到未来的数十甚至数百个决定。它帮助员工在两个不错的选择之间做出决定：对患者而言，允许住院医师随行是否最为有益？答案是否定的。因为住院医师们会影响出访的医生，会令他们不能专心地培训当地的医生，而在那里一直救治新病人的，显然是当地医生。

当然，这一选择方向理应成为机构内部的使命宣言和价值标准的重点。但是很遗憾，大多数组织的高管团队却选择了模糊的价值标准宣言，比如“接受多元化”“信任”和“诚信正直”，等等。（所以他们大胆地反对那些痛恨诚信正直的人！）而这些价值标准只有在最极端的情况下才足够引导人们做出一个决定。当然，Interplast 里没有人可以通过“哪一个选择更多地体现了‘诚信正直’”这一问题来解决家属议题的辩论。

因此将核心重点视为行动纲领，而非仅仅支持那些一般性价值标准是很重要的。即使是在 Hot Dog on a Stick（美国知名热狗店）里工作的收银员也经常会遭遇这种优先级的冲突。如果一名顾客失手滑落了一个玉米热狗，那么收银员应该给这名顾客免费更换一个新的热狗吗？（他的最高职责是保证让顾客满意，还是让店主盈利？）因为没有明确的核心重点可供参考，所以这个决定将依照这名雇员当时的心情做出。在处理失落热狗的事情上，我们也许能忍受一些随意性的存在。但是在许多其他的情形中，建立一个标准是非常重要的。

这就是为什么一些像韦恩·罗伯茨（Wayne Roberts）这样的管理者会热心于为决策提供相关的参考准则。2000 年，罗伯茨加入了戴尔公司并带头推动其服务项目。传统意义上，戴尔公司一直是一家硬件公司——销售台式电脑和服务器。它的客户经常需要咨询服务——比如，就升级个人电脑的基础设施的最佳方式向整个销售团队进行咨询。此前，戴尔都是通过组建由销售工程师组成的特定小组来处理这些情况的。现在，戴尔准备建立一个咨询团队，而此次被聘进公司的罗伯茨要做的就是落实这一计划。

最开始，罗伯茨在位于得克萨斯州圆石市（Round Rock）的戴尔总部建立了一个 20 人的团队。因为这些人都在同一个地方，所以他们容易做到彼此沟通并做出决策。但是，当罗伯茨开始在现场雇用咨询人员时，这就变得难以实现了。他在 18 个月的时间里组建并领导了一支由 100 余人组成的戴尔咨询团队，而这些人可能会在任何一个指定的时间被分散到多达 50 个客户站点。

结果，有许多决定常常是在罗伯茨没有参与探讨的情况下做出来的。在很多状况中，咨询人员会在无法直接请教戴尔的管理者的情况下解答客户关于设备的问题。有时他们需要在夜间工作，以避免干扰到客户的员工，这就意味着与此同时他们也没有办法给任何人打电话寻求帮助。罗伯茨说："我不想让他们一直都向公司总部咨询，我想让他们做出自己的判断。"

这是管理中经典的冲突之一：你想要鼓励成员做出自己的判断，但与此同时，你也需要团队成员做出的判断具有正确性和一致性。为了解应该提供什么样的行为指导，罗伯茨开始研究团队成员们遭遇的常见困境。他发现，团队中的咨询人员常常会挣扎于类似下面这样的困境：他们是否有权私下同意为客户进行小范围的调整，还是应该等总部批准？对于一个金额为 1 000 美元的购买行为，他们可以自己决定，还是应该征求总部的许可？

罗伯茨渴望拥有一份写有简单原则的列表，用来充当处理这些问题的“护栏”。如他所说，他寻找的是“可以赋予权力，但同时也能给予引导的宽窄度合适的护栏”。所以他列出了一系列指导原则，我们可将其称为“韦恩规则”。

其中的一条规则：“要偏好行动——先行动，后道歉。”咨询项目从来都不会像钟表一样非常有规律地工作，它们总会遇到一些不可预测的变化。在一个咨询项目实施期间，客户可能会要求做出某个调整，而这一调整将耗费戴尔更多的时间和金钱。这种要求会令一个咨询人员感到紧张，因为她不想因为项目利润的减少受到责备。

设定“要偏好行动”这一规则的目的是要平复这些紧张的情绪。罗伯茨知道他的团队所接手的大多数项目的期限都只有 1~3 周而已，如果他的咨询人员就一个关于调整的问题花上 1 天或 2 天的时间进行辩论，那么这些商讨的过程就会打乱计划，而且有可能会推迟下一个客户的项目开始时间。与其花时间辩论要不要做出调整，倒不如尽快地采取调整行动。“我们不会就 2 000 美元去跟法务和采购部门讨价还价。”罗伯茨说道。毕竟，这个团队的咨询项目常常与价值百万美元的硬件订单相关联。

韦恩规则的另一个内容是“让生意做起来更容易”。在团队开始工作后，客户提出的调整请求必须在“更改订单”中加以记录，然后再呈请公司总部予以批准。因为戴尔的咨询人员会在夜里工作，所以上述程序要求经常会导致 48 个小时的延误，也就是说，客户的请求会经过漫长的多道程序——从咨询人员（在夜里工作）到公司总部（这时时间已经到了白天），总部再将信息反馈给咨询人员（时间为夜里），最后终于到达客户那里（白天）。显然，这是一个糟糕的“让生意做起来更容易”的例子。罗伯茨领导的团队所做的工作是，将大部分更改订单的决定交由精通业务的咨询人员来处理。

这些规则为韦恩的团队确定了核心重点。它们确保了在相似的情形中，不同的人可以很快地做出相似的决定。

当我们确定并将自己的核心重点视作行动纲领后，我们做的决策就会变得更加具有一致性，做决定时也会少受些折磨。

精简次要事项，专注重要事项

也许这个建议听起来会太过寻常：明确你的核心重点，并将其视作行动纲领。这并不是什么全新的建议，但以下两个原因可以解释，为什么少有人切实地遵照了上面这个看似基本的建议去行动。

第一，人们很少明确自己的核心重点，直至被迫那么做。拉米雷斯未确定她自己的核心重点，直到她面对一个工作上的选择。

Interplast 从未解决它的使命宣言中存在的冲突，直到它的两个价值标准进入了直接对立的状态。另外，我们很容易想象到，面临类似 Interplast 经历的那种价值标准冲突时，其他组织的领导者可能会在不确定核心重点的情况下选择逃避。一个傲慢自大的 CEO 可能在简单地说一句“这是我的决定”之后，就强制性地解决了这个问题，却没有清楚地说出任何有关核心重点的内容。又或者，一个立场更加不坚定的 CEO 解决这一问题时用到的可能是政治手段，也就是支持任何一个她需要讨好的派系。总之，对于做出好的决策来说，核心重点是非常重要的，但它同时也是要完全出于自愿的。永远不会有人要求你说出自己的核心重点。

第二，建立核心重点与践行它们是不同的。在麻省理工学院的威廉 · F. 庞兹（William F. Pounds）所做的一系列采访中，管理者被要求分享他们在自己的组织中面临的重要问题，他们中的大多数人都提到了 5~8 个问题。在后期的访谈中，他们被要求描述自己在前一个星期中的活动内容。庞兹说：“没有一个管理者提到的活动是与他曾描述过的问题有直接关联的。”他们没有针对自己的核心价值观做任何事情！紧急的事情把重要的事情从时间表中挤出去了。

父母们也有这样的经历：与孩子在一起的时间会被紧急的差事或餐前准备侵占。问题在于，那些紧急的事情——最为迫近的当下环境——总是会独占我们的“聚光灯”。

日程表是记录我们的核心重点的终极证据。如果司法分析师们搜集你过去6个月的日程表、电子邮件记录和网页浏览记录，那么他们所能推断出的你的核心重点会是什么？（我们兄弟俩担心自己的核心重点可能包括喝咖啡，玩“愤怒的小鸟”游戏，还有以小时为单位的认真删除垃圾邮件的行为。）

在核心重点上花更多的时间（当然了，这是我们的目标！）就必然意味着用在其他事情上的时间会减少。这就是为什么吉姆·柯林斯（Jim Collins）——《从优秀到卓越》（*Good to Great*）一书的作者——会建议我们制订一个“停止做的事情”的清单。这个想法源于他的顾问对他提出的一个具有挑战性的问题。他的顾问让他思考，如果他接到了两个改变人生的电话，他会怎么做。在第一个电话中，他会得知自己继承了2 000万美元，并且无任何附带条件；第二个电话则是告知他，他患上了一种罕见而难以治愈的疾病，只剩下10年的寿命。

柯林斯的顾问这样问他：“你会有什么不同的举动？尤其是，你会停止做什么事情？”柯林斯说，从那个时候开始，他每年都制订“停止做的事情”的清单。

以为通过一心多用或更有效的工作方法，就能够为一切事情挤出时间——这种想法纵然诱人，但也幼稚。不过还是面对现实吧，你的时间表并没有那么多空余。在这件事上多花费一个小时，就意味着在另外一件事上少花费一个小时。所以说，如果你决定花更多的时间和孩子在一起，或是去大学上一门课，又或者决定多做些锻炼，那么你的这一决定就必须考虑你准备停止做的事情。

更具体一些：回顾过去一星期的时间表，问问你自己，为了挤出自己需要的 3 个、4 个或 5 个小时的时间，你本可以放弃做的具体事情是什么？

在组织中，“停止做的事情”的清单可能会要求我们做 10 个小时的前期工作，以防止日后会耗费 30 个小时。迈克尔·阿伯拉肖夫舰长（Captain D. Michael Abrashoff）就擅长使用这一方法。那时他接管了“本福尔德号”驱逐舰（*USS Benfold*），这艘驱逐舰于 1996 年在美国的太平洋舰队服役。

在他所著的《这是你的船》（*It's Your Ship*）一书中，阿伯拉肖夫舰长说到他最初的行动之一是与这艘船上的 310 名船员进行交流。他了解了他们的个人生活经历以及加入海军的动机，他还问到了他们对“本福尔德号”的看法：你最喜欢的是什么？最不喜欢的是什么？如果可以的话，有什么是你想要改变的？

受益于这些谈话，阿伯拉肖夫舰长将“本福尔德号”上的工作分列在两个列表：列表 A 中的是关键性任务，列表 B 中的是重要但非核心的工作，“沉闷而重复的东西，比如削凿和刷漆”。在对两份列表整理过后，阿伯拉肖夫舰长决定对列表 B“宣战”。

列表 B 中最令人恐惧的可能就是给舰艇刷漆的工作，所以阿伯拉肖夫舰长和他的船员们开始寻求方法，使重新刷漆的需要降到最低。一名船员建议用不锈钢材质的螺栓和螺母来替换舰上的金属螺栓，因为后者会在舰体侧面形成条纹状锈迹，毁掉刷好的漆。

阿伯拉肖夫舰长很喜欢这个主意，不过船员们很快遇到了一个障碍：海军的供应系统中并没有储备不锈钢材质的螺栓。所以在得到上将的许可后，他们将位于圣迭戈的许多家得宝和哈德瓦销售点的螺栓一扫而光。待螺栓被安装完成——这是艰辛的过程——全体船员们可以一整年都不用进行新的刷漆工作了。（从那以后海军为每艘船舰都安装了不锈钢固件。）

接下来，船员们将注意力转向了舰艇上部的某些金属件，这些金属件易受腐蚀，需要人力进行刮擦和打磨。船员们发现了一个有望成功保护金属免受腐蚀的新工艺——先将金属热处理，然后用防锈涂料对其进行火焰喷涂。这一工序已经被应用于海军中，但遗憾的是，海军中没有一间军用设施能满足“本福尔德号”船员的要求，哪怕是其中的一小部分。

于是又一次，船员们随机应变——找到了圣迭戈的一家钢成品公司，这家公司能够以 25 000 美元的价格将这项工作全部完成，并且能保证数年的使用寿命。

“船员们再也不用漆刷，”阿伯拉肖夫舰长说，“他们有更多的时间提高整艘船的战备指标。”

对列表 B 中的内容进行削减使得船员们可以有更多的时间进行战斗模拟，学习更多的技能。这些在船员能力上的投入获得了意想不到的成功。有一次，“本福尔德号”上的全体人员在海军的要求下要进行为期 6 个月的训练演习。他们在演习中遥遥领先，在第一个星期里就通过了标志着演习结束的终极挑战！在这一过程中，他们的得分高于其他所有的舰艇，这其中也包括那些完成了全部6个月演习的舰艇。海军领导不能完全终止“本福尔德号”船员的这次演习，但是他们将这一演习时间由6个月缩短成了2个月，且允许“本福尔德号”在前往卡博圣卢卡斯、旧金山以及维多利亚港口的途中进行训练。

后来，“本福尔德号”驱逐舰和它的全体船员成为波斯湾战争中美国一方的关键力量，负责执行最为艰巨的任务，并因其出色的表现获得了赞誉。

每一天，我们所有人都在努力远离列表B，回归列表A。这并非易事。还记得吗？麻省理工学院的研究显示，在一个星期的时间里，管理者们根本没有在他们的核心重点上花费时间。彼得·布莱格曼（Peter Bregman）——一名研究生产力的专家和《哈佛商业评论》（*Harvard Business Review*）的博客写主——推荐了一个避开这种命运的简单技巧。他建议我们将定时器设置为每小时一响，然后在它发出哔哔声的时候问自己：“我是否在做自己当下最需要做的事情？”

他将这称为“富有成效的干扰”——提醒我们不要忘记重要的事情和志向。它驱使着我们回到列表A里的工作中去。

我们在本部分中已经看到，如果我们想让自己的选择遵循核心重点，我们就需要“在做出决策前留出思考的距离”。通过留出一段距离，我们可以平复短期情绪并忽略当下状况的熟悉感；通过留出一段距离，我们可以让潜藏在艰难选择之下的优先级冲突显现出来；通过留出一段距离，我们可以认出并杜绝那些妨碍核心重点的相对不太重要的事情。

获得这一距离的过程是令人痛苦的，它就像 Interplast 的领导者们展开的无休止的讨论一样。但是留出距离并不意味着就要耽搁行动或承受痛苦。有的时候，它几乎是在一瞬间就发生了。幸亏有这个“护栏”——先行动，后道歉——我们才知道了什么是正确的选择。幸亏有这个简单的问题——我会让自己最好的朋友如何去做？——我们可以看到更宏观的大局。幸亏有一个手表准时报时，我们才变得更加注意自己预设的重要事项。

那么接下来出现的，就是决定带来的结果了。我们已经做出了艰难的决定，现在我们必须来看看它是如何发展的了。当然，我们不只是看客。我们不能控制未来，但是在已有规划的情况下，我们是可以塑造未来的。（如果你曾对一个房间进行过儿童安全改造，那说明你已经了解了这一概念。）

在做出一个决定之后，我们必须挑战自我，问自己这样两个问题：我们应该如何应对好的和坏的两种结果？我们如何知道何时应该重新考虑自己的决定？

换言之，我们必须做好出错的准备。

本章小结

1. 平复短期情绪并不总能令一个决定变得容易。
   - 即使是在最初的兴奋感冷却下来之后，拉米雷斯仍然受了几个星期的折磨。

2. 一个令人苦恼的决定常常是你的核心重点遭遇冲突的时候。
   - 核心重点：长期的情感价值、目标和志向。
   - 你想要成为什么样的人？你想要建立什么样的组织？
   - 目标并非是消除情感的影响，而是尊重那些重要的情感。

3. 将你的核心重点视为行动纲领，在解决现在以及未来遇到的困境时，就可以更容易一些。
   - 在 Interplast 内部，在管理者决定病人才是终极服务对象后，无休止的争论才得以平息。
   - 韦恩规则使戴尔公司的咨询人员准确而一致地做出了决定。

4. 遗憾的是，明确你的核心重点与践行它们是不同的。
   - 麻省理工学院的研究称：管理者们在前一个星期里没有做与自己的核心重点有关的工作！

5. 为空出时间来实践我们的核心重点，我们必须对不太重要的事情发起攻势。
   - 在“本福尔德号”驱逐舰上，全体船员全力避免列表 B 上的工作，比如喷漆（使用不会留下锈迹的不锈钢螺栓）。

- 吉姆·柯林斯“停止做的事情”的清单：为了在重要的事情上花费更多的时间，你愿意放弃什么？
- 布莱格曼设置每小时报时的定时器：我是否在做自己当下最需要做的事情？

做好出错的准备

第十章

预防过度自信

对结果进行最佳和最差预期

布莱恩·本斯托克（Byron Penstock）非常珍视的物品之一是一张和崇拜的英雄——投资大师沃伦·巴菲特的合影。本斯托克甚至可以引用巴菲特几十年前写给股东的信，而且当他提到股票的投资方式时，总会面露喜色。感觉要是他钱包里有一张自己投资组合的图片的话，他一定会展示给你看。

本斯托克并非一直都想要当一个投资者。在 20 多岁的时候，他曾是巴尔的摩曲棍球强盗队（Baltimore Bandits）的守门员——一个次级联赛的运动员。后来他开始研究公司法，但很快就对此行业不屑起来。然而在接触到投资后，他却深陷其中。在进入哈佛商学院深造后，本斯托克在 RS 投资——一家坐落于旧金山的共同基金公司——找到了他在投资行业的第一份工作。下定决心要成功的本斯托克在凌晨 3 点就会出现在办公室，以期在当天有一个好的开始。

那是在 2009 年年末，本斯托克正观察着拥有两大业务线的公司——硬币之星（Coinstar）的股票。硬币之星公司最初的业务是生产硬币之星机器，这个机器常被安置在食品杂货店中，它会先对顾客的硬币进行计数，然后给顾客打出一张可以兑换成纸币的凭条（同时收取比例很少的手续费）。这项硬币计数的业务很成功，也很稳定。硬币之星在市场上的地位已非常强势，它未来增长的趋势将会放缓。

硬币之星的第二条业务线是经营红盒子（Redbox）——DVD（数字视频光盘）影片租赁自动服务机。公司对红盒子的早期尝试产生了喜忧参半的结果，但在后来的某一时刻，公司的管理者们尝试了以“一部电影一夜一美元”的价格来对外出租 DVD。结果销量出现了激增。最开始时，管理者们并没有把握能赚到钱，毕竟价格如此之低，但是大幅攀升的租赁数量却弥补了这项业务低毛利的弱势。几乎是在一夜之间，硬币之星就拥有了一项快速增长的业务。凭借着经营红盒子这一项业务，硬币之星在 2007 年至 2008 年间的收益增加了一倍多，即从 3.07 亿美元增加到了 7.62 亿美元。红盒子自动服务机的数量也在迅猛增长，至 2008 年年末，已经有 13 700 台服务机安装完成。

2008 年 12 月，红盒子遇到了一些麻烦。环球电影公司（Universal Studios）宣布，它再也不会向红盒子出售 DVD，原因是制片方担心红盒子会对他们利润丰厚的 DVD 销售构成威胁。试想在用 1 美元就可以随时观看 DVD 的情况下，消费者们为什么要花 18 美元去买一张 DVD？

大约 9 个月后，又有另外两家大型的好莱坞影业公司——华纳兄弟影业公司（Warner Bros.）和 20 世纪福克斯电影公司（20th Century Fox）切断了对红盒子的 DVD 供应。这令投资者们紧张了起来：如何经营一个没有 DVD 影片的 DVD 租赁生意？随着这种不确定性的增加，硬币之星的股票价格在一个月内下跌了近 25%。

本斯托克知道这种恐慌是被过度渲染了。前一年环球电影公司的决定让他感到意外，所以自那以后，本斯托克已经着手研究起影业公司和红盒子之间的关系。令他吃惊的是，虽然环球切断了对红盒子的 DVD 供应，但是红盒子自动服务机仍在提供环球发行的影片，比如《忘掉莎拉·马歇尔》（*Forgetting Sarah Marshall*）和《对话尼克松》（*Frost / Nixon*）。那么红盒子是如何得到这些 DVD 的呢？

几次红盒子之行揭开了这个秘密。原来，为红盒子自动服务机补充库存的司机们在其运输路线上增加了一个新站点：沃尔玛。他们直接从沃尔玛的柜台购买环球的最新影片，然后再将其装进红盒子的机器里！

虽然这种游击战术在最开始时显得有些荒唐，但是本斯托克的研究表明这并非是一个疯狂的做法。对于红盒子直接购买 DVD 并将其出租的行为，并没有相应的法律对其禁止。[①] 事实上，红盒

① 与一些 DVD 影片片头的威胁性警告相反，“首次销售”法律原则保留了买方将其购买所得进行出租、出售以及借出的权利。

子有时可以通过从沃尔玛购买 DVD 来节省资金，因为新发行的 DVD 折扣很大。

所以当 20 世纪福克斯和华纳兄弟影业切断了对红盒子的 DVD 供应后，本斯托克知道这并非是一个大灾难，最多是一个麻烦事儿。在他看来，投资者们现在的反应过激了。本斯托克开始建立一些金融模型来验证自己能否在股票上赚钱。

本斯托克使用了一种被他称为“区间评估”(bookending)[①] 的方法，它是指对两种不同的前景进行估计：一种是可怕的前景（区间下限），在此情形中，事情的发展会对一个公司不利；一种是美好的前景（区间上限），在此情形中，一个公司会有很多次时来运转的机会。[②] 例如，假使本斯托克在对数字进行分析之后预测说，就全球石油市场上发生的情况来看，埃克森美孚公司（ExxonMobil）的股票“区间”价格将分别是每股 50 美元和每股 100 美元。

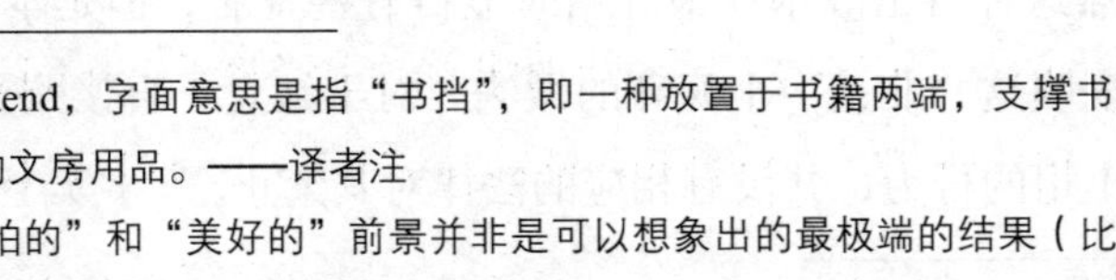

① bookend，字面意思是指“书挡”，即一种放置于书籍两端，支撑书籍平稳站立的文房用品。——译者注

② “可怕的”和“美好的”前景并非是可以想象出的最极端的结果（比如，破产与偶然发现一种普遍使用的减肥药片的对抗），它们仅仅是与现实假定相关的非常消极和非常积极的两种结果。

如果股票的当前价格为 90 美元，那么本斯托克就绝不会在上面投资。因为它距离区间上限太近了，它的上涨幅度较小，下降幅度巨大。即使是正中的价格——每股 75 美元——对本斯托克来说也是有风险的。

“我所寻找的生意，它的股价要拥有一个很大的变动范围，但是它的股票价格要靠近这一范围的最左端。”他说。

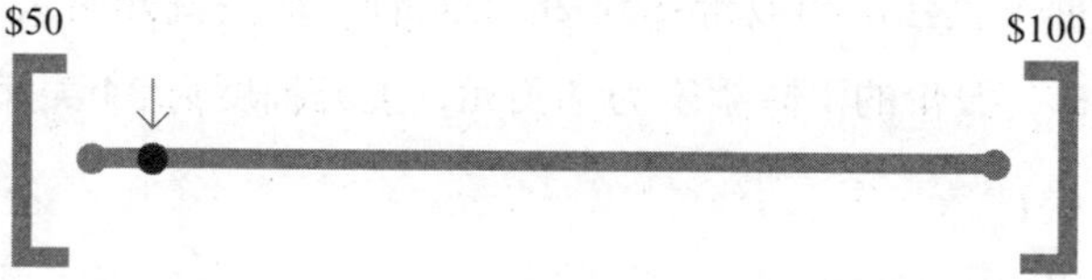

本斯托克猜测硬币之星会符合这一有利的模式，所以他开始对这个公司进行区间分析。为了设置区间下限，他设想了一个十分严苛的情景，即公司的管理者们完全放弃红盒子业务，并且将所有的自动服务机和 DVD 按重置价卖给一个竞争对手。据本斯托克估计，这一情形中的合理股价约为 21 美元。本斯托克接着将注意力转移到了区间上限上，他推断如果红盒子团队足够幸运的话，它的股票价格将会在两年内攀升至 62 美元。

与此同时，在福克斯和华纳做出宣布后，真实的股价已经在渐渐向每股 30 美元下滑。本斯托克确信自己将有一笔大投资：股票价格正在朝他设置的区间下限的方向发展。

他认为，那区间下限的情形真是荒唐可笑！在他想象的清算场景中，他假定的是红盒子只是在出售它的机器，而它的地理位置是一文不值的。可实际上红盒子已经锁定了市场上的最佳位置，包括沃尔玛和大多数的连锁超市。对竞争者而言，享有这些位置的权利将具有巨大的战略价值，且这一价值要远胜于那些机器。在惨淡的行情中，红盒子的顾客关系和品牌都被假定成了“免费”。

通过使用这种分析，本斯托克说服了 RS 投资的同事们在硬币之星押下重注。当股价达到 28 美元时，他们就开始买入股票。据他分析，股价的下降幅度为 7 美元，上升幅度为 34 美元。

2009 年 11~12 月，本斯托克的公司以平均 26.70 美元的价格买入了约 140 万股的股票。

在接下来的几个月中，他一直焦急地监视着股票的动向。股价此时出现了上升。投资者们越来越相信硬币之星并没有面临很大的险境。这时的股价已达到了每股 30 美元，并且在继续攀升。到 2010 年秋天，股票价格已经在 40 几美元浮动。本斯托克感到非常开心，他的公司因为他的分析已经赚得了 2 500 万美元。

然而随着价格的升高，他对这一投资渐渐失去信心，因为股价正一点点稳步地朝着他设置的区间上限价格移动。

到 10 月中旬，本斯托克推断股票已不再值得一搏，他建议公司卖掉所持股票，然后公司就这么做了——以 46.54 美元的均价卖出了股票。该公司在 10 个月之内获得了大约 75% 的回报。

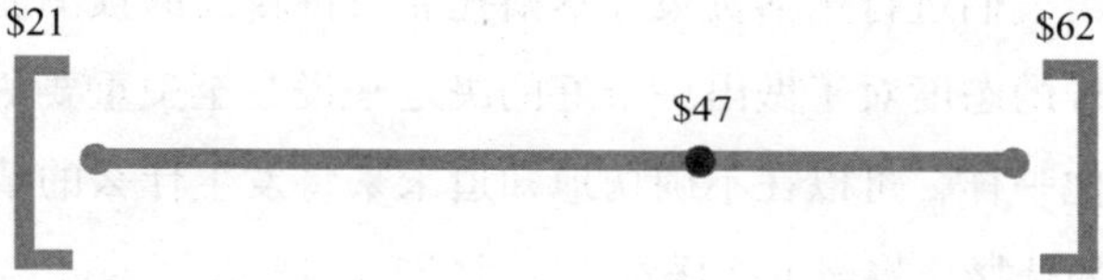

本斯托克的区间评估策略是非典型的投资办法。他说，许多投资者都试图对一支股票的“真实价值”进行精确的预测。它有时被称作“目标价格”(target price)，如果目标价格高于现价，投资者们就会决定买入。本斯托克并不支持这种思维。他相信，估算一个确切的股票目标价格的行为反映出的是对未来的盲目自信。

他说：“作为一个投资者，对未来进行思考是我的工作。但未来是不确定的，所以我的投资不能依赖于对它的预知。我所寻找的情形是，区间表明我可以明智地做出投资，即便我并不太准确地知道未来会发生什么。”

他将这称为“低智商投资”。

我们提及这一例子的目的，不是要鼓励你在投资退休储蓄时运用本斯托克的策略。对大多数人来说，个人股票投资是一个亏本的买卖。因为你的竞争对手是像本斯托克这样的全职专业人员，他们在凌晨 3 点钟就起来从事分析工作——但即便是这样，他们中有 96% 的分析表现还是要逊于简单的指数基金。(如果你想看我们是怎样大谈特谈为什么你将退休储蓄用在指数基金，而非个人股票或共同基金上会更合适时，请参阅本书注释的内容。）

提供这个示例的原因在于，我们真心地想要将本斯托克的方法推荐给人们进行生活决策。本斯托克对待自己的预测能力很谦逊，这样的态度对于做出一个好的决定来说是至关重要的。要是我们像他一样，可以在不确切地知道未来将发生什么的情况下做出明智的选择，将会怎么样？

要做到这一点，我们就必须做好在预测未来时会出错的准备——也就是 WRAP 模式中的 P 环节（准备环节）。我们必须提高自己感知未来的能力，考虑到未来的多种可能性，包括好的和坏的，而这恰恰是本斯托克的区间理念中所反映出的原则。

本斯托克凭直觉发明了自己的这套流程，不过的确有研究支持他的这一方法。在一项研究中，研究人员杰克·索尔（Jack Soll）和约书亚·克莱曼（Joshua Klayman）要求参与者们做出一系列的猜测。举一个例子来说，他们被要求对 20 世纪 90 年代安吉丽娜·朱莉（Angelina Jolie）所主演电影的平均票房收入做出估计。参与者们指定了一个数值范围，在此范围内有 80% 的确定性会包含真实的数值（比如，我有 80% 可以确定安吉丽娜·朱莉主演电影的平均收入在 3000 万美元至 1 亿美元之间）。在 80% 确定的情况下，参与者本该只有 20% 的可能会得到令人惊讶的结果，但结果显示他们太过自信了：实际票房收入的平均值超出他们指定范围的概率达到了 61%。

有趣的是，当被要求对这一范围内的最大值和最小值进行明确地思考时，人们做出的估算结果就会精确得多。[①]研究人员指出，通过对区间的上、下限分别进行思考，人们将会使用到不同的知识。所以如果你在思考为什么朱莉的电影的平均票房收入可能会出现低值时，你也许会想起 90 年代中期，在她还是一个相对不知名的演员时她所拍摄的一些低成本独立电影。而在考虑为什么由她主演的电影的平均票房收入有可能会超过 1 亿美元时，你也许会记起《古墓丽影》（*Lara Croft*: *Tomb Raider*）这部影片，它的大获成功也许会抬高票房收入的平均值。

这一问题的确切答案是，20 世纪 90 年代朱莉主演过的影片的平均票房收入只有 1 300 万美元。（要知道，拥有 1.31 亿美元票房的《古墓丽影》是直到 2001 年才上映的。）总的来说，研究人员发现，在没有考虑区间情况时，人们所创建范围的宽度只有他们本该创建范围（与统计最优模型相比）宽度的 45%。在被要求对区间情形进行考虑时，他们的猜测就会上升至最优模型的 70%。此外，在把自己对中间值的最佳猜测加入其中（利用到了第三种知识）后，他们设定的范围就会上升至最优模型的 96%——距离完美就只差 4%。

在对极限进行考虑时，我们会延展自己的考虑能力去思考可能会发生的事情，而那部分延展范围更好地反映了现实。本斯托

① 研究人员提出的问题包括“在你看来，如果安吉丽娜·朱莉的电影平均票房收入的最高值只有 10% 的可能性会被超越的话，那么那个最高值是多少”以及“如果真实数值只有 10% 的可能性会低于一个下限的话，那么这个下限会是多少”。

克和其他投资者们利用这一延展范围在股票上做出了明智的赌注。然而我们其他人并不是在为结果下赌注——我们是生活在结果中的。因此，我们需要做好准备去应对任何一个在我们已绘制的区间中会出现的结果。

在为区间下限做准备时，我们需要有相应地预防措施。如果你购入了一辆新车，那么你应该增加购买碰撞险的金额，这样在车辆撞坏后你就可以对其进行更换。（你已经考虑了要如何为你的组织“保险”，以应对一个新进员工造成的“破坏”吗？）在为区间上限做准备时，我们需要一个计划去应对意想不到的成功。试想一名精品店的设计师发现奥普拉很快将要宣传她的产品。那么她准备好满足销量暴涨的需求了吗？在用区间评估未来时，我们预期着最好和最坏的结果，并为之做计划。

缺乏区间思维时，我们的聚光灯将会定位在对自己未来发展的“最佳猜测”上，就像投资者们试图预估一个公司“真实的”目标股价。

事前析误：假设决策失败，造成失败的原因可能是什么

即使我们对未来的猜测很有把握，但是对过度自信的研究仍

然表明：我们实际犯错的概率常常出乎意料。未来并非是一个点，而是一个范围。

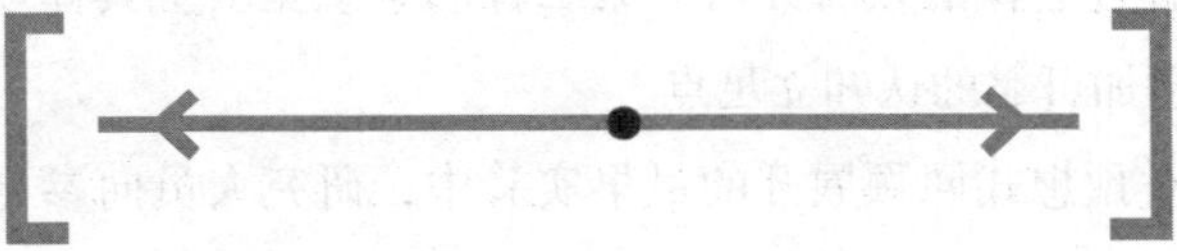

我们怎样才能将聚光灯照射到更加广阔的范围——以处理区间内的各种可能性？心理学家们已经为这一目的量身打造了一些简易的方法。试试下面的这个思维实验：

> 2020 年 11 月，一名亚裔美国人将当选美国总统，这样的可能性会有多大？请简单记下使这件事情有可能实现的一些原因。

这一方案改编自决策研究人员 J. 爱德华·拉索（J. Edward Russo）和保罗·J·H. 休梅克（Paul J. H. Schoemaker）的研究成果。接下来试试这个思维实验的第二部分，它与前一部分相似，但内容稍有变化。注意在对它进行思考时，你的感觉是怎样的：

> 现在是 2020 年 11 月，一件具有历史意义的事情在刚才发生了：美国刚刚选举出了它的第一位亚裔美国总统。请思考令这件事情成为可能的所有原因。

拉索和休梅克发现，在采取第二种思维方式——以一个确定的未来为基础，利用“预想式回顾”（prospective hindsight）进行反向推导时，人们能更好地解释一件事情有可能发生的原因。你也许已有过这样的亲身经历。第二种场景感觉会更具体一点，它提供了更加可靠的认知立足点。

在对预想式回顾展开的最早实验中，研究人员向参与者们展示了一份对刚开始一项新工作的员工的描述，以及对相关公司和行业情况的粗略描述。半数的参与者被要求就“这一员工在从现在起 6 个月后可能会辞职”的行为给出合理的解释。平均起来，他们每个人给出了 3.5 个理由。

另一半参与者被告知使用回顾法：想象现在是 6 个月后，这名员工刚刚辞职。他为什么要辞职？在这一小组中，每个参与者平均给出了 4.4 个理由，比另一小组高出约 25%，而且他们的理由对所提供的情境而言更具体且更有关联性。预想式回顾似乎能鞭策我们产生更多的深刻见解，因为它迫使我们在今天和一件确定发生的未来事件之间的空白处添上内容（截然不同于一个猜测某件事情是否会发生的更加不确定的过程）。

受到这一研究启发的心理学家加里·克莱因（Gary Klein）设计出了一种被他称为“事前析误”（premortem）[1] 的用来测试决策的方法。尸检的分析是在人死后进行的，它问的是“死因是什

---

① premortem，由 postmortem（尸检）变形而来，字面意思为“死前的尸检”。——译者注

么”。与之相比，事前析误要想象一个项目在未来“死亡”，还要提出“是什么扼杀了它”的问题。一个实行事前析误分析的团队会以一个假定“惨淡未来”的方式开始：好吧，已经过去一年了，我们的项目遭遇了彻底失败，让我们前功尽弃。那为什么它会失败呢？

团队中的所有人在数分钟内写下了所有他们能想象到的导致项目失败的原因。在这之后，团队领导要求每人轮流分享一个原因，直到所有的原因都得到了分享。一旦所有风险显露出来后，这个项目团队就可以通过“改变计划以规避尽可能多的消极场景”来做好迎接出错的准备。从本质上讲，事前析误就是一种既能把未来可能性的区间下限标注出来，又能规避沦落至此的方法。

事前析误策略的另一种形式后文会提到，这个形式曾用于“10 万人安家活动”（100 000 Homes Campaign）——一个致力于为 10 万名长期无家可归的人安置居所的活动。这一史无前例的大规模活动是由一个数十人组成的小型机构“社区解决方案”（Community Solutions）精心组织的。它的领导者贝基·卡尼斯（Becky Kanis）是一名兼具活动家的激情和军人的纪律性的女性——她毕业于西点军校，有 9 年的军官经历。

在策划这一活动的过程中，卡尼斯和她的同事们向克里斯蒂娜·巩特尔墨菲（Christina Gunther-Murphy）等专家征求了意见。（找到那个已帮你解决了问题的人。）巩特尔墨菲执行官曾在医疗保健方面开展过一项类似的活动——通过改变医疗实践拯救

10万个生命。她向他们介绍了一个叫做“失效模式与影响分析”（failure mode and effect analysis，简称FMEA）的方法。作为事前析误法的前身，这一方法已在军队和政府中运用了数十年。

在FMEA中，团队成员们要确定计划中每一步可能出现的问题，并且对每一个潜在的错误提出两个问题，“它出错的可能性有多大”以及“它的后果会有多严重”。在对每一个问题的答案进行1~10分的评分后，他们将两个数字相乘，得到一个总数。那些最大的总数——最严重的潜在错误——得到的关注最多。①

在2010年“10万人安家活动”团队召开的一次春季会议上，FMEA分析法揭露了许多潜在的“绊脚石”。其中的一个“绊脚石”尤其令人苦恼：要是我们的做法违反了公平住房的相关法律该怎么办？

一位名叫贝丝·桑德尔的职员讲述了一件曾发生在洛杉矶的棘手事情：在一名开发商所拥有的大楼里有一间闲置的补贴住房，但他拒绝对一名无家可归者进行优先考虑。他有一份这一住房的候选者名单，他认为让这名无家可归的男子排到首位，可能存在徇私舞弊的违法风险，使他的联邦政府补贴受到影响。

对此，桑德尔的回应：这名无家可归者应该以最快的速度得到住房安置，因为如果不能很快地得到收容，他会有死亡的危险。

① 注意这是社区解决方案团队执行FMEA的方法。其他类型的FMEA包含了第三个问题“如果错误发生了，那我们无法将其察觉的可能性有多大”，然后将三个答案的数值相乘。

（“10 万人安家活动”团队的工作人员会优先考虑最急迫的无家可归群体的住房问题。）她争辩说：“你看，你这份等候者名单上的每个人都有联系地址。如果在 5 年里他们一直都有联系地址，那他们就不是最急需住房的人。”

在桑德尔分享了这一经历后，会议上的其他人也讲述了相似的故事。当他们运用 FMEA 方法进行分析时，住房问题被定为最大的潜在风险之一。如果地产拥有者们不迅速地安置无家可归的人，这一活动将会陷入困境。这个团队开始集思广益如何防止这一问题的发生。

一名女性成员认识一位获得全国认证的公平住房法的律师，团队成员们都赞成征求他的意见。该律师提醒他们说，他需要对此事进行研究，并且他不能保证自己的意见会支持他们。尽管如此，这个团队还是同意让他继续研究，他们认为即使法律对他们是不利的，那也是件需要尽早知道的事情。

几个月后，这名律师带回了一份有力的法律摘要，它证明这一团队的工作并没有违反公平住房法。

摘要解决了他们的问题。“现在，这个问题再也不会出现了，”桑德尔说，“这使我们可以继续前行。”

幸亏运用了事前析误的方法，这个团队才得以将可能面临的风险逐渐显露，并将其消除。这使得他们可以少花一些时间去担忧法律问题，而多花些时间为这个国家最脆弱的群体寻找栖身之地。

迈伦就是这个群体中的一员，他是在凤凰城露宿街头的一名老兵。迈伦和他的战友霍华德无家可归近 30 年了。在 2009 年 7 月一个酷热的夜晚，霍华德死在了迈伦的怀里。怀抱着他坐在公园长椅上的迈伦一直哭泣着，直到救援人员到来。

“在他的战友离世后，迈伦对什么都不在乎了。”玛蒂·洛德——“10 万人安家活动”的附属组织 Project H3（H3 项目）的领导者这样说道。在对凤凰城的无家可归者进行调查时，洛德和她的同事们遇见了迈伦。他们将迈伦认定为凤凰城街头非常弱势的 15 人之一。洛德说：“我们要为他安置一个住处，不论遇到什么困难。”

当地的其他机构嘲笑玛蒂·洛德，认为他们帮助迈伦离开街头的想法是不切实际的。因为他脾气不好、爱找茬、意志消沉，此外还有酗酒问题。他憎恨官僚。但是洛德和她的团队在 3 个月内为迈伦找到了一处住房。当他们把钥匙交给迈伦时，迈伦简直不敢相信。这将是他 30 多年来的第一个家。

搬进新家的那天是令人激动的。活动团队的工作人员们做了迈伦最爱吃的意大利面，他们还送上了一份祝贺迈伦乔迁之喜的礼物——装裱好的迈伦和他战友的合影。这一切让迈伦流下了泪水。他立即将照片拿到卧室，把它摆放在了自己的床边。

在拥有了自己的家后，迈伦发生了转变。他再也不必将全部的精力都放在生存问题上了。他与家人重新取得了联系，他去拜访了多年未见的姐姐。“原来认识迈伦的人都对此难以置信，”洛德说，“他现在很快乐。”

2010 年冬天的时候，迈伦的身体变得非常虚弱，他被安置到了国家退伍军人之家。自那以后他又恢复了过来，虽然仍有一些虚弱。洛德形容他是一只“社交蝴蝶”——他知道一切有关他人孩子和亲属的事情。他仍然每星期都和自己的家人进行交流。

洛德对迈伦的新生活引以为傲，“所有人都认为在他身上这是‘根本做不到的’，但我们恰恰证明他们错了”。

在美国各地，跟迈伦一样的人也逐渐获得了新家的钥匙——也是开启新生活的钥匙。到 2012 年夏天，加入“10 万人安家活动”的各团体已经为 20 000 名无家可归的人安置了住房。

在数月之前，当团队成员为第 10 000 名无家可归者安置好住房后，他们举办了一个庆祝会。西点军校的毕业生——这项活动的领导者卡尼斯，甚至将这个数字文在了自己的手臂上。不过，她故意把千分号标在了错误的位置：100,00。

她向团队说：“我有十足的信心，我们终将帮助 100 000 人永远地脱离无家可归的行列！”等到成功的时候，卡尼斯说，她会将最后的那个 0 补在文身上：100,000。

FMEA 和它的“姐妹篇”——事前析误法，共同阻止了人们对未来进行单一的且常常是乐观的猜测，它们迫使人们注意到了环绕在这一猜测周围的不确定性因素。努力对可能性进行全方位探索以及为潜在的最坏情景做准备，这一切在对抵制过度自信方面发挥了有效的作用。

事前预演：针对未来可能的种种结局，要提前做好应对措施

我们的判断会因多种方式出错。我们也许会因未考虑到自己可能遇到的问题而犯错，这就是为什么我们需要事前析误。不过我们也有可能会因未准备好迎接意料之外的好结果而犯错。在我们对未来进行区间评估的时候，同时考虑好的一面以及不好的一面是很重要的。

这就是为什么在运用事前析误方法之外，我们需要一次“事前预演”（preparade）[①]。事前预演要求我们对成功进行思考，比方说现在已经是一年后，我们的决定带来了巨大的成功，以致即将有一个特意为我们举行的庆祝活动。对于这样的未来，我们该如何确定自己已经做好了迎接它的准备呢？

1977 年，一个名叫迷你唐卡（Minnetonka）的小型企业发现自己正掌握着一个有潜力的重磅产品。这个公司以专营新奇制品，如芳香泡沫剂、香味蜡烛和有味道的润唇膏而闻名。不过有一个新产品此时正在展示着它非凡的潜能。这一产品叫作液皂（Softsoap），是经塑料手泵压出来的应用于家用洗手领域的液体肥皂。

那个时候，大多数人都在使用块状肥皂洗手，而块状肥皂的

① 由 parade（游行、庆典）变形而来，字面意思是“事前的庆典”。——译者注

市场正被一些成熟品牌如黛雅抗菌皂（Dial）、象牙皂（Ivory）和激爽香皂（Zest）所主导，拥有这些品牌的公司在激烈地争夺着市场份额中的每一个百分点。不过迷你唐卡在块状肥皂生产商的注意力之外所进行的小市场测试显示：液皂已经在短时间内占领了4%~9%的市场份额。

在多个局部市场上成功地进行了这些试验后，迷你唐卡的管理者们准备好"跳跃"了。这是一个全国性产品首次亮相的时刻。

他们真的准备好了吗？要知道公司以前的产品——润唇膏和芳香泡沫剂——可从未有过液皂所具有的转变市场的潜能，所以管理者们开始讨论应该如何为可能实现的巨大成功做好准备。

在这里面，供应链是一个关键性的考虑因素。如果此时全国范围内的消费者以他们在小范围试验中曾表现出的热情来做回应，那么迷你唐卡可能会需要生产出数百万瓶的液皂。但很遗憾，只有两家供货商能够提供用于压液的塑料泵。若管理者们因此无法获得足够数量的泵去满足消费者的需求，怎么办？

为迎接一个可能会带来可观发展的未来，迷你唐卡的管理者们迈出了大胆的一步。他们与两个供货商都签订了期权合约，预计购入的泵数总计为1亿个。他们已经有效地买断了未来18~24个月里全世界范围内的塑料泵供应。

通过"事前预演"，公司的管理者们确保了迷你唐卡将会拥有驾驭成功的能力。这一明智的塑料泵合约令块状肥皂的大生产商们被排挤出了市场达两年之久，等到这些生产商终于可以进入市场时，液皂已经为自己占据了一个将会延续几十年的统治地位。

安全系数：提前控制无法预测的结果

在处理可以合理预见的问题和机遇时，事前析误和事前预演是最行之有效的方法。在对未知的事情加以防范上，还有另一种很有用的技巧。其实，它是个简单到令人惊讶的技巧：只需假定你正处于一种过度自信的状态，然后给自己一个适度的误差范围。

举个例子来说，许多工程师已经学会了将“安全系数”嵌入到他们的工程项目中。安全系数源自工程师对缺陷的健康的偏执心态，这是因为工程师们所做出的计算可能会产生关乎生死的结果：支撑一个大坝需要多少混凝土？一架飞机机翼的材质需要有多大的强度？

工程师们可以运用高度复杂的工具计算出恰当的数值，但是这些数字的确定性经不起推敲。其中的一个变量可能会以完全出人意料的方式发生改变。举一个令人难以置信的例子，假设一名商务机飞行员驾驶着飞机从一群加拿大雁（Canadian geese）中猛冲而过，结果飞机的两个发动机失效，因而需要紧急迫降到河中。这种碰撞将会给飞机机翼带来巨大的不可预见的压力。（当然，这个“令人难以置信”的例子是真实发生过的。2009 年，飞行员切斯利·沙林博格将飞机安全地迫降在了哈德逊河上。不可思议的是，机上人员居然全部生还。这多亏了他的驾驶技术，当然还有工程师的安全系数！）

一个更为常见的例子是，在设计一架梯子时，工程师们可能会计算出它需要承受400磅[①]的重量，但是接着他们会用一个安全系数值——比如6——去与这个数字相乘。结果，这个梯子就将以承受2 400磅重量的目标来进行生产。如此一来，如果某天8个（判断力有问题的）彪形大汉决定一起爬上这个梯子，那这梯子也能承受得住他们的重量。没有人会因此受伤，也没有人会受到控告。

领域不同，安全系数就会不同。对航天飞机的地面设备来说，它的安全系数为4。对电梯电缆来说，则是11。（所以如果下次你在一个拥挤的电梯里，你不必焦虑地计算着人群的总重，大可以放心乘坐。）

令人不可思议的是科学精度和粗略估计的奇妙结合。在计算电梯电缆的强度时，工程师们会使用极为复杂的算法和工具。接下来，在找到科学所能提供的最佳答案后，他们会采纳那个答案，而后会用一个看似任意的数字“11”来与之相乘。这就像是一名三年级的小学生在他的数学练习册上做的练习一样。

纵然粗略，但这种方法能拯救生命，而且也展现了令人钦佩的谦逊态度。身为工程师的我们知道自己可能会过度自信，而且我们是不可能做到让自己对此完全免疫的。所以，我们为什么不

① 1磅≈0.454千克。——编者注

简单地去做些纠正呢？

这一原则同样适用于风险较小的环境。软件公司已经逐步形成了一套延长项目交付期限的安全系数。对自己高超的编程技能非常自信的微软开发人员常常会过度低估达成目标所需的时间。因此在意识到了这些开发人员的过度自信后，软件项目的领导者已经学会了如何添加一个“缓冲”系数，比如在计划时间上增加 30% 的时间。对诸如操作系统这样更复杂的项目而言，这一缓冲系数可能会达到 50%。（虽然从以往的操作系统项目遭遇的延期情况考虑，这个缓冲系数可能还需要有一个自己的缓冲系数。）

真实工作预览：光鲜亮丽不如丑话说在前

注意，这些纠正过度自信的方法存在着一个共性，那就是它们都会戳破自我膨胀的“气球”。在运用事前析误法时，它迫使我们去提问“我们宝贵的计划已经失败了。它失败的原因是什么”。此外，我们也在学会质疑乐观主义后，把缓冲时间加入到既有的时间表里。这种自我检查对我们是有益的，它帮助我们预先做好有利于自己的准备。

可是，我们经常会出于本能地去做相反的事情。比如，就招聘员工的整个流程而言，它充斥着积极氛围和自我膨胀感。求职者所展现的是她闪耀的个人才能，雇主所展示的则是这份工作的美好。它就像是一次约会，好久以后脏衣服才会被展示出来。正是因为这种虚假的阳光面，雇主和求职者双方都很难真切地看到自己所面临的选择，“我能承受这份工作吗”以及“我们能接受这个雇员吗”。

如果互相选择错误，代价是很高的。在呼叫中心代表和餐饮服务行业人员等入门级的工作领域中，工作人员每年的离职率达到 130% 其实并不鲜见。这意味着如果一个呼叫中心有 100 个岗位，那么人力资源团队就必须每年雇 130 个人来使这些岗位一直有人。这种频繁的人员变动给公司造成了巨大的资源浪费，他们必须招聘和培训员工，然而有的员工在几星期后就会选择离职，更不用说那些身处于无法忍受的环境中的员工们所遭受的不必要的痛苦了。

作为对这一问题的回应，一些公司正在试验一种新的雇用方法——一个戳破“气球”的方法。好好思考这个例子：一家在 2011 年建立的网站允许人们申请它提供的呼叫中心的工作。它让这些求职者们面对一系列注意事项和警告：“你将每天都和懊恼的、苛责的客户打交道；你将被期望提供优质的客户服务；即使身处压力，你也要表现得友好和善。”

在阅读了和报酬相关的“令人清醒”的信息——“只有在接了客户的电话后，你才能有薪水”后，求职者们被要求听一段音频，这段音频名为“挑战通话样例”，它取自一次真实的通话。

呼叫中心代表（约瑟）：您好，我是约瑟。我能知道您的名字吗？

客户：可以。我叫 ***。[名字在音频中被消除了]

约瑟：谢谢。请问有什么需要帮忙的吗？

客户：是的，我们以前就遇到过这个问题。我要说的是有关账单、超额计费和数据使用费的问题。如果可以的话，你能否调出我的总账单？

约瑟：嗯，好的，先生。

客户：你会看到就在“使用费”下面，它写着“数据：1.10 美元”。你们过去多收了好多次的数据流量费，我们每一次都打电话告诉你们，我们不在手机上使用流量，甚至都是禁用流量的！我知道你们悄悄把这些费用放了进去……因为没有人会为了 1.10 美元打来电话，毕竟只是区区的 1.10 美元。所以你们就把它偷偷地加进了人们的账单中，然后每个人都为此掏钱。但这是犯罪！这太可怕了！[声音中愤怒情绪加剧] 我要你们把这个“1.10 美元”从我的账单中清理出去！并且，我再也不要为这个数据流量付费了，再也不要！

在听完这名愤怒的客户的发泄后，求职者们被问到，“你确定每天都可以忍耐着去帮助无礼的、懊恼的或者困惑的客户吗”？

接下来，求职者们又接到了各种警告：难用的网络系统，严格的“准时”政策，需要在额外的时间包括节假日里加班，要忍受与在其他时间轮班的同事共享一个办公桌（意味着不能悬挂照片或以其他方式使自己的工作空间更具人性化），还需要在公共交通以外寻找上班的交通方式——因为他们经常在城市公车已经停运的时候工作。

与任何一个标准的招聘流程相比，这个流程真是令人扫兴。就像一个男人在第一次约会时说：“我得坦白地告诉你，我钱包空空，我意志消沉。我的胖肚子强烈地暗示着我将来会变成一个糖尿病患者。还有，跟婴儿一样，我的情绪变化直接与我的消化系统挂钩。现在，我们要一起出去吃个饭吗？”

呼叫中心“毫不遮丑”的招聘方式被称为“真实工作预览”（realistic job preview）。马克斯·斯密科夫（Max Simkoff）是Evolv（人力资源管理初创企业）的CEO, Evolv就如同上文所描述的那样，它是一家采用真实工作预览的公司。斯密科夫说，许多专业招聘人员不理解设定期望值所具有的作用。在一个典型的呼叫中心里，斯密科夫说：“有些职位会在一年中交接三四次。对此，呼叫中心的人会立即回应道，‘我们聘错了人。我们需要重新考虑胜任者的素质模型。’我们会对他们说，‘你错了，实际上你是没有把工作情况真实地告知给你招聘的那些人。’”

大量的文献资料表明，真实工作预览能够降低离职率。斯密科夫分享了一个Evolv自己做的个案研究，关于一个每年招聘人数大致在5 400人的呼叫中心。在执行了真实工作预览后的一年时间里，这个呼叫中心新招聘员工的人数减少了 10% 以上：少聘用了 572 人，累计节省资金近 160 万美元。

这一概念已经在多种职业中得到了验证，包括杂货店装袋工、海关检查员、护士、陆军和海军新兵、人寿保险中介、银行柜台出纳以及酒店接待人员。在分析了 40 个真实工作预览的案例后，研究人员吉恩·菲利普斯（Jean Phillips）发现，就像呼叫中心的那个例子一样，对真实工作预览的实践持续降低了离职率。但是个中原因也许会不同于你的猜测。

你可能会认为，那些真实工作预览的实践之所以会成功，是因为它们吓跑了本来就不能胜任那份工作的人。从某种程度上来说，的确如此。然而这只是一个影响相对较小的因素。事实上，在菲利普斯回顾的一些案例中，接受工作预览的人们并没有比那些不了解全部情况的应聘者们更容易退出招聘流程。

相反，这种真实工作预览的成功似乎是被菲利普斯称为的“疫苗接种”效应所驱动。让尚未着手工作的人暴露在“少许的组织现实”前，反而降低了震惊和失望的可能性。因此在呼叫中心，当一名新的客服代表正在跟一个处于愤怒中的家伙通电话时，她并没有被吓倒。实际上，她已经预料到会出现这样的情况。

这也解释了另一个让人费解的事实：真实工作预览实践一直在降低离职率上发挥着巨大作用，即使它们是在员工已被雇用后才被实施的。预览法并不仅限于帮助“错误”的人选择退出招聘流程，它其实是在帮助所有人更好地应对未来工作中会遇到的不可避免的困难。其实，真实工作预览不仅能降低离职率，还能提高工作满意度。①

作为管理人员，你可以利用真实工作预览帮助你的组织给新员工们“注射疫苗”。或许你也可以用它来应对自己已经做出的决定。比如说，如果你即将在近三个月里向市场投放一个产品，那么从某个处理过类似项目的人那里得到一个产品投放期的“工作预览”还是很有必要的。或者，从另一个领域来说，如果所有的大一新生都能从大四学生那里听到他们在大学里的“艰难时刻预览”，那么这会降低大学的退学率吗？

真实工作预览触发了我们的应对机制，同时也引发我们去思考自己将如何反应。换句话说，我们不仅要考虑到可能遭遇的困境，还要思考在遭遇那些困境时，自己将如何做出回应。

一个与之相似的“心理模拟”方法已经被专攻认知行为疗法（cognitive behavioral therapy，简称 CBT）的咨询师们所运用。CBT 强调的是从心理上预演“如何在艰难的人际交往中做出反应”。在《思想与情感》（*Thoughts and Feelings: Taking Control of*

---

① 顺便说一下，这就是真实工作预览会符合 WRAP 流程中“做好犯错的准备”这一内容的原因：因为它并非是为了帮人们决定采用哪个选项而专门设计出来的工具。如之前提到的，菲利普斯发现，求职者们极少会在工作预览后改变自己的决定或选择退出。他们已做出的选择：我想要这份工作。但是真实工作预览却通过“疫苗接种”提高了人们做出决定后获得成功的概率，也提高了人们能够长期从事这份工作并对其感到满意的概率。

Your Moods and Your Life）一书中，心理咨询师马修·麦克凯、玛撒·戴维斯和帕特里克·范宁讲述了桑德拉的案例。桑德拉想要让老板给她加薪，可她非常紧张。她写了一个清单，列出了自己想要采取的行动，以及如果事情的发展势头不对的话，她要做出的反应。

在最开始的计划中，她想象自己去找了老板，并请求占用老板 15 分钟的时间来商量加薪的事情。老板试图回避，不过她对自己说“要坚持”，最后她终于迫使他约定一个商谈的时间。

到这个商谈时间来临的时候，她设想自己走进了老板的办公室，然后坐到了那张客人们常被邀请坐下的蓝色座椅中。她想象着自己必须把闲聊转移到自己的要求上：10% 的加薪。她解释道，虽然她拥有良好的业绩纪录，但她的薪水已经在很长时间内都处于同一个水平了。

现在，让我们挑选一些她描述的想象中的谈话过程。

- 他面露不快，答复我说部门的情况不是很好，我们所有人都得学着适应不尽如人意的现状。
- 我认为：“我是值得被加薪的。所以不能放弃。”
- 我指出，与培训一个新员工来接替我的职务相比，给我加薪更为划算。
- 他继续持否定的态度。
- 我做了一个深呼吸，然后提醒自己要坚定和沉着，提醒自己是值得被加薪的。

- 我对他说，如果不能得到自己应得的加薪，我就会准备另找一份新工作。
- 他提出要给我加薪 5%。
- 我继续坚持自己的要求，不仅提醒他，更是提醒自己：我有能力，而且富有经验。
- 在意识到我不会让步后，他最终同意了加薪 10%。
- 我向他表达了谢意，并询问了他加薪的具体时间，然后满心欢喜地走出了办公室。

注意，桑德拉是在为双方互动中有可能出现的各种不利走势做着相应的准备。她想象老板会因为她的要求而“面露不快”。在他援引社会压力——“我们所有人都得学着适应不尽如人意的现状”时，她振作精神，继续阐述自己的论点，指出“与培训一个新员工相比，给我加薪是更划算的”。

她在想象中把这一场景练习了 4 次，然后让丈夫扮演那个“难对付的老板”。在做了所有的预演后，她终于做好了准备。

当她真的在员工休息室遇见了老板之后，她提出要和他进行一次商谈，老板同意了。她努力说服老板，可后者果真如她预想的那样，是一个态度强硬的谈判对手。

不论如何，她最终还是得到了加薪 8% 的允诺。

桑德拉所做的，从本质上讲，是给她自己一个要求加薪后可能出现状况的“真实工作预览”。她已然做出了选择，她知道自己需要提出加薪的要求。对于已经做出的决定，她如何能最大程度地提高自己成功的概率呢？对未来的预期，包括对潜在的不愉快事情的预期，帮助她做好了准备。这是一种我们所有人都可以效仿的策略。

对未来的过度自信扰乱了我们的决定。它令我们疏于对问题的准备，它诱使我们忽略了失败的早期征兆，它令我们对那些愉快的惊喜毫无准备。

与过度自信进行抗争，意味着我们必须把未来看成是一个范围而非一个点。布莱恩·本斯托克没有尝试为红盒子业务预测一个目标价格，而是用“区间”估计了可能性的价格范围。他的“低智商”投资策略帮助他做出了一个大胆的投资决定。

用区间评估未来意味着我们必须要让聚光灯大幅地摇摆，照亮存在可能性的整个区域。然后通过准备应对糟糕的局面（使用事前析误）和良好的局面（使用事前预演），我们可以预先做好对自己有利的准备。“10万人安家活动”团队用事前析误法避开了一个关键性的法律问题。通过锁定世界范围内的塑料泵供应，迷你唐卡公司做好了用液皂获得成功的准备。

即便是对不利结果无能为力的时候，我们依然可以通过对不利结果进行思考而帮助自己。真实工作预览不仅使人们抵制了失望的情绪，而且提高了人们的满意度，即使人们正身处于一项很艰难的工作之中。当我们做好心理准备时，我们才能更容易去应对挫折。

预先布局令我们更有可能获得成功，但就算是有着最佳的先见和计划，有时事情也会进行得不顺利。我们看过很多人在一开始做了个糟糕的决定然后在上面加倍下注，为一个糟糕的决定白白浪费资源。我们如何知道何时应该重新评估自己已做出的选择呢？能令我们放弃已有选择的条件是什么？反之，使我们加倍努力、坚持自己选择的条件又将是什么？

我们所需要的是一个能够在恰当的时间令自己保持清醒的工具，确保我们不会错过将损失减小的机会——或者使机遇最大化的机会。

简而言之，我们所需要的是个“止损点”。

本章小结

1. 未来不是一个“点”——一个我们必须预测的简单场景，它是一个范围。我们应该用区间来预测未来，对从最差到最佳的大范围内的结果都进行考虑。
   - 当他的区间评估显示上升趋势比下降趋势多时，投资者本斯托克在硬币之星上投了注。
   - 在把区间进行延伸后，我们的预测变得更加精确。

2. 在为最差的情况做准备时，我们需要进行事前析误。“已经过去一年了。我们的决策彻底失败了。它失败的原因是什么？”
   - “10 万人安家活动”通过事前析误，避开了法律风险。

3. 在为最好的情况做准备时，我们需要进行预演。“已经过去一年了。我们变成了英雄。我们准备好获得成功了吗？”
   - 期待在全国范围内推出产品的液皂生产者，垄断了 18~24 个月里塑料泵的供应。

4. 为了应对无法预见的结果，我们可以使用“安全系数”。
   - 实际制造出来的电梯电缆强度会是其真正所需强度的 11 倍。
   - 软件行业的工作时间表中包含了“缓冲”系数。

5. 对问题做出预期能够帮助我们处理问题。
   - “真实工作预览”：预先暴露一份工作的缺点，给人们“注射了预防不满意的疫苗”。

- 桑德拉预演了自己向老板提出加薪要求的场景，准备好在出现各种状况时自己会怎么说，怎么做。

6. 通过区间评估——同时对逆境和成功做出预期和准备——我们预先做好了有利于自己决定的布局。

第十一章

设置一个止损点

打破行为惯性，及时止损

捷步达康（Zappos）是一家网上鞋店，它以出色的客户服务而闻名。外界流传着这家公司不同寻常的服务故事。其中一个是，有一名到拉斯维加斯——Zappos 的总部所在地——去旅游的顾客忘带了她最喜欢的那款鞋子。于是她打电话给 Zappos，希望可以再买一双。客服代表发现这款鞋没有现货，但他并没有为此烦恼，他立刻驱车前往一个竞争对手的店中，买下了那双鞋，并把它送到了顾客所在的旅馆。

在另一个例子中，一位顾客已经得到了一双鞋的退款，但没有把鞋邮寄回 Zappos。客服代表打电话向她确认是否发货，顾客致歉并解释说自己的母亲刚刚过世。她说会尽快把鞋拿到 UPS（United Parcel Senice，联合包裹速递公司）去寄。几分钟后，她收到了一封电子邮件，称客服代表已经安排了 UPS 去她的家里取鞋子，所以她不用亲自跑一趟了。第二天，一家花店给她送去了一大篮子的白百合和白玫瑰。

Zappos 的文化有趣而热烈。对一些人来说它就是天堂，对另一些人来说就有些过火了。因此，在雇用新员工时，该公司非常注重“合适”的问题。请看看在 2007 年接受过客服工作面试的乔恩 · 沃斯克的经历。乔恩 · 沃斯克，30 岁，此前的几年里他的工作是策划拉斯维加斯的现场秀。被娱乐行业弄得疲惫不堪的他准备改变。

曾在呼叫中心工作过的他对回到企业界并不十分期待，他想：“我已经 30 岁了，我在所有的时间里都得随时听候召唤。我还没有保险，如果有一天我腿断了就麻烦了。”他听说 Zappos 正在招聘，于是提出了申请。在接到面试电话后，他系上领带，动身前往位于拉斯维加斯郊区的公司总部。

他被领进一间海滩小屋般的公司会议室，坐在海滩睡椅上，抬眼就可以看到天蓝色的天花板。穿着牛仔裤的面试官们提出的问题很奇怪：你认为自己在生活中幸运吗？以 10 分制为标准，你觉得自己有多古怪？（他说给自己打 7 分或者 8 分。）

最后他问是否可以摘下自己的领带，这个举动显然是正确的，因为他得到了参加后续客户服务班的机会。在为期四周的培训中，他的受训同伴包括了各种各样的人，甚至包括即将上任的 IT 部门主管。（Zappos 的员工，不论担任哪个职位，都要先接受客服培训。）

到第一天结束时，班上的所有人都已和有经验的客服代表们共处了两个小时，聆听了他们是如何处理客户电话的。沃斯克发现关于鞋子他要学的东西还有很多。“进入 Zappos 之前，我在鞋子方面的知识真的非常非常匮乏，”他说，“我甚至在好长一段时间里都不知道有加宽版鞋子的存在。直到 26 岁时，我才知道原来自己有一双宽脚。”

在第二星期的培训课上发生了一件令人惊讶的事情。团队的主训师离开了房间，另一个人走进来对他们说：“你们已经了解了我们能为你提供的一切，还有我们是一群什么样的人……如果我们认为你符合企业文化并聘用了你，而你却不喜欢这里，那这里就不利于你的成长。我们不希望你留下来的原因只是因为一份工作，就好像被困在这里似的。今天，我们会给你开一个离职报价。”

受训人员对此很好奇，他们继续听了下去：“如果你在任何时候感觉这里并非是合适的地方——你在这里不会脱颖而出或得到成长——那你就可以把培训员拉到一边，说‘我愿意接受那个提议的报价’。然后我们就会支付给你 1 000 美元让你离职。”

是的，Zappos 确实出价 1 000 美元让刚入职的新员工离职。（事实上，到 2011 年末时，这一数额已经增加到了 4 000 美元。）回到家后，沃斯克对妻子说：“你绝对无法相信这是真的……”

这个报价促使沃斯克认真考虑起自己对这家公司的承诺。他真的想要把时间花在狂热的客户服务上面吗？每天都处在喧闹的环境是不是太难应对？他真的足够特别到能欣赏得了该公司的文化吗？还有，他真能确定自己要拒绝 1 000 美元的现金吗？“如果我拒绝这个离职报价的话，”他想，“那么我就需要投入这份工作了。”

后来他拒绝了那个报价，并且一直在 Zappos 工作。

事实上，只有 2% 的 Zappos 员工选择拿钱走人，而他们常常就是培训员们已经有所质疑的对象。

这个提议让与之相关的每个人都愉快了不少：即将离职的员工因为拿到了钱，所以愉快地离开了；Zappos 的管理者们也很愉快，因为他们避免了花更高的代价去管理那些不适合公司的员工；甚至那些拒绝了提议的员工们也感觉更愉快了，他们坚决地表明了态度——“跟拿那笔钱相比，我更倾向于待在这里”——这种方式感觉很不错。

为什么这个离职提议，这个被刻意植入培训体系的选择，能够如此有效地筛选员工？

• • •

辛辛那提的巴瑞·基尔施纳，一名为娱乐时间电视网（Showtime Networks）工作的销售经理说，YouTube（优兔视频网）为他提供了一些生活中的“顿悟时刻”。其中对生活最具启发意义的，是一个关于如何剥香蕉的 56 秒的视频。“从小时候开始，”他说，“我就一直从香蕉的茎部开始剥皮，但在用力将手指抠入茎部时，经常会挤压到香蕉。”这个观看次数超过 330 万的 YouTube 视频，告诉人们如果从香蕉底部开始剥皮，你就能更轻易地将它剥下来，而且不会造成挤压。(这也打消了在香蕉茎部不轻易折断时，你想去咬它并体会强烈的香蕉皮滋味的冲动。)

在“自动驾驶”状态下，我们的行为是不会受到自我检查的。你上一次认真地思考要怎么剥香蕉皮或者洗澡是在什么时候？通过经验选择性地忽略某些行为，使我们得到了很多好处——在淋浴时，我们可以把思想腾出来去考虑其他的事情。(比如你是否可以通过在 YouTube 上提供的水果剥皮的小窍门来谋生。)

问题是，有时候这些自动状态下的行为是应该受到更多监控的。绝大多数人从小开始就在剥香蕉皮时对香蕉造成了挤压。虽然这不是什么大事，但如果有更好的方式来处理更重要的自动行为，比如，如何处理电子邮件的收件箱，或者回应客户的要求，又或者如何在晚餐时与自己的家人进行一次融洽的交谈。

这些自动状态的循环是很难被打破的，因为循环本身就是自动状态的要点所在。身处其中的我们不会考虑自己在做什么。我们在生活中漫无目的，在过往选择所留下的余波中浮沉，轻易地忘记其实我们拥有改变航向的能力。

亚拉巴马州的一位女士梦想着去意大利旅游。有一年，她终于有机会去了，但是因为工作关系她推迟了这次旅行。时间飞逝，她常常会想起意大利，可数十年就这么过去了，最终她的身体状况恶化，她已无法实现这一旅游计划了。那么，确切地说，她到底是在什么时间“选择”了不去意大利旅行呢？是每一天，还是从一开始呢？她绝不会预料到自己早期的决定——将旅行推迟——会变成一生的决定。

解决这个问题的方法，就是将我们自己的决定和“止损点”[①]捆在一起。作为一种信号，止损点会在最恰当的时刻令我们清醒过来，强迫我们重新考虑自己的决定，或者做一个新的决定。它就像你车内的低燃油报警灯，变亮时你总是会注意到的。（要是亚拉巴马州的那位女士拥有一个在她失去健康前就发出警告的报警灯该有多好。）设置止损点是为了使我们从无意识的常规行动中清醒过来，从而意识到自己得做出选择。

对大卫·李·罗斯来说，演出后台出现的棕色 M&M's 巧克力豆，便充当了止损点的角色——警告他要特别注意舞台的状况。Zappos 也对它的新员工们使用了止损点，1 000 美元的离职提议使得一些员工反复出现的轻微疑问——“我不确定这个工作是否适合我”——转化为一个决定。Zappos 的培训员明确对他们的“自动状态”提出了警告：“我们不希望你仅仅为了‘在此逗留’……”

然而在组织机构的内部想要改变前进的方向是很难的，因为它们的基本结构是围绕着以往的决定而逐渐建立起来的。例如，一个推出新产品的决定将会产生一项预算、一组工作人员以及一套流程，而所有这些都可能会妨碍你做出业务方向上的改变。

---

① 止损点（tripwire），原意指用于陷阱、地雷等的绊索或引线等装置，在文中引申为“止损点”或“预警信号”，用于指代促使我们重新思考自己的选择，并立即做出改变的征兆。——译者注

因为这一惯性——过往决定所留下的根深蒂固的影响，使得领导们可能会难以做出改变，即便他们知道自己必须改变。其中一个经典的案例要属伊士曼柯达公司（Eastman Kodak），因为它冲破了艰难，成功做出了两次关键性的转变——虽然在第三次时失败了。

设置保本底线，同时做出大胆决策

伊士曼柯达的创立者乔治·伊士曼（George Eastman）曾是罗切斯特市的一名银行职员，在19世纪70年代末的时候，他计划了一次去圣多明戈的阳光度假。他希望可以在度假时拍些照片，所以就买了各种必备工具，照相机、胶片、化学试剂和显影设备，不过这些凌乱又笨重的装备让他感到泄气，这种泄气的感觉太强烈了，甚至令他取消了度假，他决心找到更好的解决方案。

当时，照相机是通过在玻璃板上涂抹液体化学试剂的办法来显影的，但伊士曼开始研究干版法，一种他听说已经在英格兰成功运用了的方法。1881年，在做了三年的实验调整后，他获得了干版法的专利，并建立了伊士曼干版公司（Eastman Dry Plate，后来更名为伊士曼柯达公司，我们将其简称为柯达）。当然，如果知道自己的公司在130多年后还依然存在的话，伊士曼一定会感到震惊。（尽管令人遗憾的是，在2012年1月公司宣告了破产，其主要原因会在后面说到。）

该公司拥有超长寿命的原因，至少部分原因在于它的领导者们对核心技术进行革新的本领。第一次技术革新发生于公司创立之后不久。伊士曼意识到，玻璃板甚至干版不适合业余爱好者，因为它们的体积太庞大，构造太脆弱，价格也太贵。

于是伊士曼发明了一种纸质的胶卷，后来演变成了我们今天仍在使用的赛璐珞胶片（celluloid film）。职业摄影师们嘲笑这种胶片的成相品质太低，然而配有这个胶片的相机却在普通消费者中引起了轰动。它令照相变得方便了。到 1898 年的时候，伊士曼推出了第一台“布朗尼”（Brownie）相机，它的价格仅为 1 美元，配用的胶卷单价仅售 15 美分。4 年中，柯达售出了世界上 80%~90% 的赛璐珞胶片。

柯达的第二次技术革新发生于 20 世纪初，伴随着彩色胶片的出现而发生。与第一代纸质胶片一样，彩色印品的图像质量在最初也很差，但伊士曼认为彩色胶片是未来的趋势。他在公司的研发上投入了大量精力与财力，到 20 世纪 20 年代，在经过了数次失败后，柯达终于发布了一款高品质的彩色胶片。在这一场彩色革命之后，彩色胶片市场稳定了数十年，而柯达公司一直保持了它在这一市场中的领军地位。

到 20 世纪 60 年代，第三次技术革新近在眼前——数码摄影的时代即将到来。在最初的几次太空之行中，美国国家航空航天局（NASA）使用数码技术将图像传回地球。1972 年，美国德州仪器公司（Texas Instruments）取得了无胶片电子相机的专利。不到十年后，索尼公司推出了马维卡（Mavica）——世界上第一台商用电子相机。

柯达的领导者们一直观察着这些进展，也鼓励公司的实验室进行相关数码技术实验。然而他们不认为数码技术将会是未来的趋势。即便在被合作伙伴和供应商催促时，他们的行动依然缓慢。勉强的态度常常反映了一种科学技术上的傲慢：胶片当然要比数码优越。他们难以想象大众会为了一个低级技术而抛弃优质技术。（当然，考虑到柯达公司曾凭借“布朗尼”相机冒犯了那些摄影“假行家”，这种态度颇具讽刺意味。）

1981 年，柯达内部的一个小组评估了未来 10 年中数码技术可能构成的威胁。报告的结论是，在 20 世纪 80 年代：

- 大众不会觉得电子图像可以在品质上替代传统摄影技术（如利用胶片）。
- 消费者想要对照片进行把玩、展示以及传播的需求不会被电子显示设备所取代。
- 电子系统（电子相机和电视的图像输入设备）的价格将不会低到对大众具有普遍吸引力的程度。

这些推论带有一些证实倾向。它们就像是在说：“我们一直做得很好不是吗？”但公平地说，这份报告的预测是完全正确的。在 20 世纪 80 年代，甚至在进入 20 世纪 90 年代后，这些预测都被证明是正确的。

但是在此期间，种种迹相表明这一行业将会被永久改写。在大众欣然接纳了移动电话和互联网——关键而便利的技术后，相机行业向数字技术发展已经势在必行。至 2002 年，由于数码相机的存在，传统相机在销售额上已经黯然失色；至 2011 年，所有大学生有可能从未冲洗过胶卷。

• • •

柯达已经在数十年前预料到这一“浪潮”将会到来，它自己却还是翻了船。自 1997 年取得 310 亿美元的市价峰值后，柯达开始走向衰落。起初它的衰落速度很慢，但是从 2007 年开始，柯达陷入了骤然恶化的形势中。至 2011 年中期，该公司的市场价值已经缩水至 20 亿美元以下。2012 年 1 月，柯达申请了破产。

究竟发生了什么？该公司衰落的原因错综复杂，但主要是因为它有一代代受到吹捧但无所作为的 CEO，还有一系列试图给传统胶片生意穿上数字外衣的无用交易，其中之一便是 Advantix 预览（Advantix Preview）相机——它以机身背后的尖端数字显示技术为特色。这听起来很有前途，不是吗？但是可惜，虽然你可以对胶片上的图像进行预览，但还是要把它拿到当地照相馆里去冲印。这就有点儿像是在销售一台纵然微小袖珍，但必须插到墙上才能拨打电话的电话机一样。

在逐渐走向破产之前，该公司的管理者们错过了一个又一个逆转的机会。显示胶片生意已陷入麻烦的预警信号是无所不在的，可仍不敌一个“声音”响亮——这个诱人的声音不断地对着柯达的高管们说，胶片生意依然有利可图……让我们等等看会发生什么吧。

我们都遇到过这个声音：男友依然没有像我期待地那样对待我，不过他也许会改变……我就等等看会发生什么吧；我知道我们的销售并没有如预测中顺利，但是在重新考虑战略之前……让我们等等看会发生什么吧。

柯达的高管们被困在了“自动驾驶”状态中，他们以过去的选择为动力，靠着惯性前行。他们需要一个止损点来迅速提起注意力，并强迫自己做出选择。

柯达的高管们本可以使用一个什么样的止损点呢？其实答案就在 1981 年他们自己做的一份报告中。注意看，将一个充满希望的预测转变成一个预警系统是多么容易的事情。举例来说：

大众不会觉得电子图像可以在品质上替代传统摄影技术（如利用胶片）。	→	**我们将在此时采取行动**：超过 10% 的公众表示对数字图象感到满意。
消费者想要对照片进行把玩、展示以及传播的需求不会被电子显示设备所取代。	→	**我们将在此时采取行动**：超过 5% 的公众购置了某种电子显示系统。
电子系统（电子相机和电视的图像输入设备）的价格将不会低到对大众具有普遍吸引力的程度。	→	

由于日常的变化是逐渐发生的，甚至是觉察不到的，所以想要知道应该在何时做出改变是很难的。但是止损点却告诉了你这个改变的时间。设置止损点并不能保证柯达的领导者们会做出正确的决定。有的时候，即便是一个明确的报警信号都会被故意忽视。（我们很可能会完全忽视火灾警报，因为我们认为它是个误报。）但止损点至少能确保我们意识到该在什么时候做出决定，确保我们不会陷入“自动驾驶”状态而错过选择的机会。

身边的止损点：独立包装薯片和论文最后期限

可能你认识的某个人已经被困在“自动驾驶”状态中很长时间了。有的时候“自动驾驶”会导致人们忽略了机会。也许你的一位朋友多年来都在谈论说要写一部小说，但似乎一直都没有取得任何进展。其他时候，“自动驾驶”会让人们坚持某种状态，但这种状态明显需要改变。比如一对夫妻长期处于一段双方都感到很痛苦的关系中，或者一个亲戚想要以山水画家的身份谋生的天真梦想，又或者一名管理人员拒绝承认自己最爱的计划遭遇失败。在某种情况下，坚持不懈的美德会变成否认现实的恶习。在这种转变发生的时候，你如何帮助当事人清醒过来？

有个方法是设定最后期限，而这是止损点最为常见的形式。有些最后期限是自然发生的，例如为每日报纸发表的报道所设定的截稿时间——印刷机必须在某个时间运转，不论故事是否已经创作完成。但是我们会容易忘记，生活中大多数最后期限都是人为制定的。它们就是止损点，目的是迫使我们做出行动或决定。

有一些最后期限是通过法律途径实现的，例如美国国税局将4月15日定为交税的最后期限，我们永远不会低估此类最后期限的高效。奇怪的是，这些人为制定的最后期限总是能有效地促使我们做有益的事情。

两位心理学家阿莫斯·特沃斯基（Amos Tversky）和埃尔德·沙菲尔（Eldar Shafir）让大学生们填写了一份调查问卷，并以5美元作为报酬。一组限定了5天时间，有66%的学生完成了问卷的填写并拿到报酬。另一组没有设定截止时间，只有25%的学生完成了问卷并拿到报酬。

在另一个风险更大的情形中也产生了同样的现象。英国的国家经济和社会研究委员会（Economic and Social Research Council）为全球经济、安全以及教育等领域进行研究的大学研究员们提供资助，它决定取消研究员们提交申请资料的最后期限，并随报随批，项目满了即止。做研究的教授们该为此松口气了：他们以前必须在几个固定的日期提交计划书，这几个时间点又常常处于教学期间。如今他们拥有了一定的灵活性——可以在任何一个自己空闲的时间去提交申请书。

在委员会做出了这项决定后，申请书的提交数量急速下降了15%~20%。

设定最后期限看似不太合理：如果学生们想要获得5美元，

如果研究员们需要那笔资助，那他们不需要什么最后期限，就会自发去做的。虽然不合理，但这种行为对我们所有人来说也许都讲得通。最后期限迫使我们把聚光灯集中于一个选择之上。它抓住了我们的“衣领”，并说道，如果你想要做这件事，那就立刻去做。

基于以上认识，请思考一下员工年度绩效评估的惯例。许多人（包括本书作者）都觉得一年只为员工提供一次反馈机会的主意很可笑。（什么样的家长会默默积攒下自己每一天的反馈意见，直至 12 月的某一天，让孩子坐好，然后将所有反馈意见一股脑儿地讲出来？）

虽然一年一次的反馈是不够的，但它总好过一次都没有。不设置最后期限的行为似乎变成了一种常态。如此看来，年度总结就确实是一种孤注一掷的止损点了，它确保了至少在每一年都会发生一件紧要的事。

如果你的一位亲戚或同事正在“自动驾驶”的道路上前行，或者你认为他们对自己成功的机会过于自信了，那么请你与他们一起设置一个止损点吧——让他们对自己的预期负起责任。“6 个月前你相信自己将在今天得到一份唱片合约。”

这些谈话开展起来并不容易。没有人喜欢被泼凉水。我们无法确定他们是否会改变前进的方向；要知道过度自信的力量是很强大的。乐观的企业家始终相信明年的销售额将会激增，有抱负的歌手永远认为自己会在某个时刻被“发掘”。无论如何，比起放任自流，对做出的决定进行反思，总是可以更好地避免失误。

在设定最后期限和测量评估方法之外的另一个策略是，用一个“隔断”（partition）来充当止损点。想象你正在一个地铁商店里吃午餐，在正餐外你又买了一小袋薯片。在吃完这袋薯片后，你可能还想吃一袋。但是要拿到它，你就不得不主动做出一个决定：走到柜台那里再买一袋。几乎可以肯定的是，你不会那么做。不过，假使地铁商店用了可续盘的碗来售卖薯片——就像墨西哥餐厅售卖炸玉米片的方式，将会出现什么情况呢？我们很容易推断说，你也许会一次性吃掉2~3小袋薯片的量。

在研究人员迪利普·索曼（Dilip Soman）和艾马尔·奇默（Amar Cheema）所定义的术语中，这一小“袋”充当的是“隔断”的角色。它将某种资源（薯片）分成独立的离散部分。索曼和奇默已经发现，“隔断”可以有效地促进人们思考自己的消费行为。原因在于，它强迫我们清醒地决定是否要将自己的行为继续下去。

在一项有关“饼干试尝”的研究中（这毕竟是个难以抵挡的诱惑），每位被试都领到了24块饼干，这些饼干被装在一个可容易重新封上的盒子里，以保持新鲜。其中一半的盒子存在微小的区别：里面的每一块饼干都被锡箔纸单独地包裹住了。

区别虽小，但影响巨大。领到未被锡箔纸包裹的饼干的人，平均用了6天时间就吃完了饼干。但是，领到被锡箔纸包裹的饼干的人，居然用了24天才吃完！在这个研究中，锡箔纸充当了

“隔断”，它强迫人们思索自己是否想继续（吃）下去。（也许用锡箔纸把赌场里的老虎机包裹起来，可以帮助那些退休后沉迷于赌场的人。）

其实，关于老虎机的想法并不完全是个玩笑。在另一项研究中，当赌资被分别装在 10 个信封而非被全部塞入 1 个信封里时，被试的赌博次数就相对减少了。索曼还发现，在把报酬分别装入多个信封里支付给临时工后，他们的储蓄存款大大增加了。这种隔断效应解释了为什么信用卡会刺激人们过度消费——允许我们在没有隔断的情况下消费，就好像你从像沙发大小的一个袋子中拿出薯片来吃。

有些风险投资者们利用了这一隔断逻辑：相较于预先投入一大笔资金来说，投资者们有可能会选择在较长的一段时间内将这笔钱分成多轮做投资。而每一轮都将引发一次新的讨论：我们的计划正确吗？客户对我们的投资收益满意吗？这些隔断迫使企业家们有意识地关注自己的投资表现。①

上述有关隔断的例子中认识到了止损点的又一个优点。我们最初便强调，止损点是令我们从“自动驾驶”状态中清醒过来的

① 注意，隔断更适用于自我控制型问题，比如存钱以及抵挡饼干的诱惑。当你开始考虑如何将这个方法应用到办公环境中时，它也许会变得有点怪异。比如，你希望同事们更加认真地思考对彩色打印机的使用问题，于是你创造了一个“隔断”——要求同事们在打印机每印出 10 页之后就点击一个按钮。这种行为也许很快便会引得怨声四起。

有效途径。隔断却在做一些不同的事情：它在设定界限。

界限是需要设定的，因为人们容易逐步加大对自己选择的投入。举一个简单的例子，一个玩街机游戏的小孩正在执行一个杀死僵尸的任务，但是她的人物角色在她犯了一个错误后牺牲了。为了继续下去，她不得不再多投入些游戏币。到了这个阶段，想要放弃真的是太难了。她在此之前可能已经投入了很多钱，而且花了20分钟的时间才玩到了这一关。如果就此离开，她就会“失去”所有。再花点钱让游戏进行下去难道不值得吗？

这是一个有意识的决定，而不是一个“自动驾驶”状态下的选择。可她依然有可能会遭遇陷阱。因为要是她没有在某一时刻中断这个循环的话，她就会在这一个游戏里耗光所有的游戏币。（这并非是收获快乐的方法。）

换个方式设想这个女孩，她带着三张不同的磁卡（或者是一堆25分的硬币——在老式的游乐场里会用到它）走进了游乐场，并且她决定只用一张磁卡去玩僵尸游戏。这就是一个止损点，它的意义是中断正稳步升级的循环。一旦用完了第一张磁卡，她就会因为一种内心产生的压力感而放弃这个游戏。另外，要是决定动用第二张磁卡，那她多少就会有些“难受”，因为她知道自己正在打破心理上已做好的预算安排。

当然，这种预算状态也存在于一些更加重要的决定之中，譬如恋爱关系或企业投资。（既然我们已投入了这么多，难道不值得再多投入一点吗？）如果和你约会的人无法给你承诺，那么你能否做出以三个月为期限的止损点，从而看出你们两人间是否有任何进展？又或者，如果一个正在进行的项目遭遇了停滞，那么你能在启动的资金之上再设置一个 5 万美元的预算增额吗？

有了正确的止损点，我们就能确保不会在糟糕的决定上投入大量的时间或金钱。

所有这些对于陷阱和意外事件的担忧，也许会令止损点听起来太过谨慎——就像给决策戴上自行车头盔。事实正好相反，通过为实验开拓出一个“安全空间”，止损点给了我们冒险的底气。

比方说，你的丈夫想要创立一个为顾客做树形雕塑的生意。你觉得这个想法很疯狂，但你很敬佩他的激情。反对他这么做似乎有些残忍，此时你可以设置一个止损点：好吧，亲爱的，就让我们来试试这个树形雕塑生意，但是能不能先说好我们不会从存款里拿出超过 1 万美元的钱投入？或者，你也可以说：去做吧。不过要是在 3 个月内还没有一个顾客的话，到时就让我们好好地谈一下备选方案吧。

类似这样的止损点会限定你的风险，而且也能产生一种精神上的宽慰，止损点给出了“最后通牒”，直到那一天到来之前，你们夫妻二人可以一直停留在“自动驾驶”的状态。也就是说，如果你们才干了两个月，或者你们只花了 4 300 美元的预算，那你们就可以放松了。没有理由去为此担忧、争吵或煎熬。你们已然步入了正轨，而且止损点会告诉你们再一次需要注意是在什么时候。同样，如果柯达的管理者们在那时设置了止损点，那他们也可以放松，并且可以专注于胶片生意，直至到了维持现状的某个条件被推翻的那一刻。

总之，止损点允许我们充满信心地投入于某个行动之中，即便那是一个带有风险的行动，同时它也会使过度自信的代价降低到最小。

出乎意料的问题和意想不到的成功

止损点的概念也被露西尔·帕卡德儿童医院（Lucile Packard Children's Hospital，简称 LPCH）应用于拯救生命的事业上。LPCH 是为旧金山湾区的孩子们提供治疗的终极治疗中心。“我们普通病房里的病例情况相当于其他医院重症监护室中病人的情况。”吉特·梁（Kit Leong）——LPCH 的一名质量经理这样说道。

在一次有关医疗质量的会议上，梁开始相信 LPCH 的一些死亡病例其实是可以避免的。这次会议的赞助者是医疗保健促进协会（Institute for Healthcare Improvement，简称 IHI），该协会发起了一项“挽救 10 万生命”运动，目的是让病人不再死于医疗过失和无效医疗行为。[①]IHI 观察到，如果病人所患疾病的早期迹象能够得到及时处理的话，很多危急情况是可以避免的。为了使这

---

① 我们在上一章中曾简单地提及过这项运动，一位 IHI 的专家帮助了“10 万人安家活动”的团队。

种快速反应成为可能，该协会力劝众医院建立“快速反应小组”（rapid-response teams，有时也被称为 RRT）。通常情况下，一名发现病人生命体征出现异常的护士就可以召唤一支快速反应小组，这支多元化小组的医疗专业人员会马上集合在病床边，对病人的状况进行快速分析。

梁对这个想法产生了兴趣，因为她知道与成年病人缓慢且可预见的健康衰退相比，儿童的病情经常会突然恶化。卡拉·厄内斯特，一名经验丰富的心血管科重症监护室（ICU）的护士说：“在很长一段时间里，他们一直在坚持，坚持……然后轰隆一声，撞到了墙壁，然后再也坚持不住了。”通常，如果等到护士使用“呼叫代码”发出紧急信号，警告孩子的生命出现危险，再去施救就已经来不及了。

梁知道，快速反应小组的优点在于，它鼓励医疗人员在一切都还来得及的时候——不需要使用“呼叫代码”之前就去采取行动。她说服了同事们对这个想法进行尝试。

在训练时，指导员分发了一些卡片，上面列了 6 个授权召集快速反应小组的预警信号①。其中的5个预警信号涉及了客观标准，比如在心率、血压或氧饱和度方面的急剧变化。而最重要的是处于卡片最顶端的第 6 个预警信号：如果对一位病人的情况感到担忧，就可以召集快速反应小组。

---

① 此概念等同于前文的“止损点”。——译者注

一些 ICU 病房的医护人员对此项内容表示怀疑，他们担心这会给处于一线的护士们过多的控制权。如果护士们过度使用快速反应小组，致使医生们不能专注于 ICU 的工作，那该怎么办？尽管存在这种疑虑，医院还是试行了快速反应小组的计划。

在接下来的 18 个月里，快速反应小组被召集的频率大约是每周两次，最常见的召集原因就是卡片上的第一项：护士对病人的情况感到担忧。卡拉·厄内斯特，这名 ICU 病房里的护士表示，把护士们的担忧明文规定成预警信号真的很重要。她说："作为一名在病床边待命的护士，你不用再精确地描述'我从病人的呼吸频率中看到这一变化'或'我从病人的心率中看到那一变化'……你可以直接寻求帮助：来看看这个孩子吧，他似乎状况不佳。"

当意识到自己能比以往更早地处理问题时，医生和护士们对这个计划的信心就增强了。使用"呼叫代码"的次数一直以来都非常少——在每 1 000 个病人中只发生过 2~3 次，快速反应小组出现以后，这个数字就更低了。梁和厄内斯特表示在最初的几个星期里，她们一直都听到有人在说，"为什么我们早没想到呢？"

2007 年，《美国医学协会杂志》上的一篇文章总结了在最初 18 个月里这项计划所获得的成果。正因为快速反应小组的存在，ICU 病房外代码呼叫的数量下降了 71%。察觉及阻止问题的时间提前了。提前实施的救治行动挽救了生命：医院里的病患死亡率降低了 18%。据估算，在 18 个月的时间里，143 次快速反应小组的呼叫共拯救了 33 条生命。

之前人们担心重要的医疗人员会因此顾不上 ICU 病房，这种担心实际上是多余的。事实上，快速反应小组开放了医疗资源。“在快速反应小组情形中，你只用花上 20 分钟的时间来检查一个孩子，”梁说，“但在‘呼叫代码’的情形中，这可能会需要一个小时甚至更长时间。”

一组简单的预警信号应用使 33 个孩子平安地回到了家中，回到了父母的身边。

在本章前面的内容中，我们遇到的止损点都是很明确的：Zappos 金额为 1 000 美元的离职报价，为完成调查所设定的最后期限，为配偶的树形雕塑生意做出的预算限额。

请注意，儿童医院的情况是略有不同的。6 个中最重要的那个预警信号要求护士们只要担心病人状况就可以进行求救。它的内容有些模糊，而且带有一点主观色彩。因此，快速反应小组的成员无法预测他们将在何时触发到那个预警信号，以及他们将会触发它多少次。触发这些预警信号的，不是预算、日期或隔断这种明确判断，而是模式的识别。

这是一个重要的区别，因为在很多组织中，模式匹配是领导者们极度渴望其员工掌握的一项技能。他们想让员工对环境中的风险和机遇保持警觉。他们希望员工在看到某个模式突然出现的时候能够将其识别出来，并且在这个情况真正发生时，员工会觉得自己有权利采取行动。这是快速反应小组式协议的重要特征——无论护士们在何时发觉一个孩子看起来不太对劲儿，这个协议都会令他们的做法被社会接受，他们可以提高嗓门说，我们有麻烦了。

当然，这一想法既适用于风险，也适用于机遇。组织的领导者们需要员工对环境中的变化有足够的敏感度，并需要员工有足够的勇气大声说出自己的看法——这里有些新情况，这里有个对我们来说非常棒的机会。

彼得·德鲁克（Peter Drucker）鞭策高管们去利用“意想不到的成功”。他写道：

> 当一个新创企业真正获得成功时，它所处的市场环境往往已不同于它最初打算为之服务的那个市场了，它所提供的产品或服务也不完全是它最初所提供的那些样子。这些产品和服务被消费者大量购买，可这家企业甚至一开始就没有将这些人作为目标客户，而他们的产品可能最终被用于除了原先设计的用途之外的各种其他的目的。如果一家新创企业没有预期到这些，没有组织自己去利用那些意想不到的和尚未看见的市场……那么它只会给竞争对手创造成功的机会了。

“意想不到的成功”故事发生在落健（Rogaine）药物身上。落健是一种帮助秃顶男士再生毛发的药物，而它的生发作用是在偶然间发现的。落健的有效成分米诺地尔（minoxidil）原本是一种被称做长压定（Loniten）药品的主要成分，这种药品被许多病人用于降血压。Loniten 有一个意外的副作用：病人的手臂、背部和大腿部位的体毛会增多。（可想而知，这不是一个受人欢迎的副作用。）普强（Upjohn）公司的科学家们非常聪明地看到了问题中的机会，他们将这种药物进行重新配制，使之变成了我们看到的落健抗脱发良药。

伟哥（Viagra）的发现过程也很相似。最初，它被测试用于治疗胸痛（心绞痛），这一治疗目标并没有实现，病人们却开始向医生报告一种难以启齿的副作用。（设想那些尴尬的对话："医生，我胸口还是疼……但是，呃，那个，我发现它在别的部位有效果……"）

一名记者从这类故事中得出结论说，"制药工业是由同等分量的运气和计划推动的。"但这句话说得不是很正确，因为运气是制造不了落健的。它需要有一套流程，识别机遇并使它们变现。（坦白说，后背上的毛发并非明确地预示一个价值 10 亿美元的机遇。）

这与快速反应小组例子里的预警信号所体现出的模式识别如出一辙。护士们变得对危险迹象敏感，而制药的科学家们也变得对机遇的预兆敏感。

你可以为自己的团队成员定义一个相似的预警信号吗？你可以让他们对德鲁克所说的"意料之外的成功"变得敏感吗？一位小企业主也许会这样指导他的员工，"如果你看到客户在以一种我们没有预见到的方式使用我们的产品，请告诉我，咱们一起坐下来谈一谈。"一所高中的系主任可能会说，"如果你在测试一种提升学生写作业积极性的方式，那就让我们在下次会议上讨论一下吧。”

通过训练人们识别风险或机遇的模式后，你可以利用一种我们都经历过的现象——“在哪里都见得到它”效应：你学了一个新的概念或单词，然后突然之间你开始在哪里都能看见它。有一个网站叫“1 000 件不可思议的事情”（*1 000 Awesome Things*），它将这个现象称作第 523 件不可思议的事。许多评论者都分享了自己的经历：

» 这真是一件非常不可思议的事……“haberdashery（男子服饰用品店）”是我最近才刚刚知道的一个词。谁能想到它竟然是一个真正的单词？我的教授说哈里·杜鲁门曾经是一个 haberdasher（男子服饰经销商），在这之后，好吧，我的祖母又用了这个词，接着我在小店铺的招牌上看到了它，然后它又出现在了 East Side Mario’s 餐厅的墙壁上……这世界真小！

» 我记得自己小时候偶遇了“feasible”（可行的）这个词。然后第二天在棋艺社，在我们用的讲棋艺技巧的书中，有一本书就使用了这个词……一次……一次……又一次……我的棋艺真的没怎么提高，词汇量倒是大有长进。确实挺不可思议，真的。

»“贾斯汀·比伯”是我刚知道的人名，但现在我避不开它了。我十分肯定，这个名字快把我洗脑了。

通过给止损点或预警信号贴上标签的方式，你可以令它更容易被识别出来。就像在学习了“haberdashery”一词后，你会更容易地认出它。拿飞行员举例来说，他们被教导要注意留心“leemers”：指在没有明确理由的情况下的一种隐约的不安。给这些感觉贴上标签后，它们就被合法化了，这也使得飞行员减少了对它们不予理会的可能性。在一瞬间识别出这种感觉——噢，这是一个 leemer——能令“自动驾驶”模式迅速切换为“手动控制”模式，从一个无意识的行为迅速转变成有意识的行为。

我们在生活中常常会需要这样的快速切换——这个提醒告诉我们现在的前进方向并不是一成不变的。止损点或预警信号提供了一个先于我们行动的顿悟：我必须有所选择。

本章小结

1. 在生活中，我们会自然地进入“自动驾驶”状态，将以前的决定搁置一旁，不对其进行检查。
   - 例如，我们一直从茎部开始剥香蕉皮。没有任何事情迫使我们重新考虑这个做法。

2. 一个止损点可以令我们清醒过来，并使我们意识到自己有个选择。
   - Zappos1 000 美元的离职报价为新员工提供了可供选择的岔路口。
   - 大卫·李·罗斯的棕色 M&M's 巧克力豆暗示他需要对产品进行检查。

3. 在变化缓慢进行的时候，止损点特别有用。
   - 数码图像毁灭了柯达，它的管理者们本可以用止损点去做出更大胆的应对。

4. 受困于“自动驾驶”状态的人可以考虑最后期限和隔断。
   - “6 个月前你相信自己将在今天得到一份唱片合约。”
   - 隔断：工资放入 10 个信封而非 1 个信封中时，临时工们的存款金额增加了。

5. 我们容易增加自己对糟糕决定的投入，隔断能帮助我们阻止这种做法。

- 例如，“我们不会拨出 5 万美元以上的资金去启动这个失败了的项目。”

6. 实际上，止损点可以为冒险行为提供一个安全空间。它们：（1）规定了冒险行为的上限；（2）使你的精神获得平静，直至碰到“警报”。

7. 许多有力的预警信号是通过模式识别的，而非由明确的日期、度量和预算所确定。
   - 出乎意料的问题：一家儿童医院允许护士们在担忧病人情况时呼叫快速行动小组。
   - 彼得·德鲁克：为“意想不到的成功”做好准备。
   - 落健的科学家们聪明地从药物的副作用中发现了生发产品的机遇。

8. 止损点或预警信号可以提供一个宝贵的领悟：我们需要做出一个选择。

第十二章

决策流程的公正性

群体决策是中庸之道还是集体的智慧

大部分日常决定都是不费力气的，例如沿着哪条路线去上班，买哪种三明治做午餐。艰难的决定则劳神费力。对组织机构中的大多数人来说，这些艰难的决定很可能是群体决定。

在本书中，我们已经讨论过通过劝服、敦促和激发群体去做出更好决定的各种方法：再找出一个选择。找到那个已帮我们解决了问题的人，提出“要想让自己正确，你必须具备怎样的条件”的问题，令尝试成为抑制权术的方式，以核心重点为基础做出重大的决定，使用“事前析误”和“事前预演”，设置止损点。运用这些方法将提高群体决定的效果。

我们还应该面对决定所造成的影响，因为在大部分情况下，一项决定往往会对那些想法没有被接受的人造成“附带损害”——感觉到愤怒、受伤或是对新方向丧失信心。你如何确保一个决定在人们眼中是公正的？

通常情况下，WRAP 流程将会有助于对公正性的理解。因为它帮助人们理解一个决定产生的过程，并且了解到决定的流程是一贯的，这为意见未被采纳的人提供了些许安慰。除了 WRAP 流程，这里还有几个额外的方法可供你在努力做出正确的群体决定时加以考虑。

做出一个公平公正的决定最直接（也是最难）的方式是，让尽可能多的人参与其中，然后令所有人达成共识。还记得我们提过的那个搜集组织决策，然后发现大多数组织就只对一种选择进行考虑的保罗·纳特吗？在后来的一项研究中，他分析了在通用电气、美国国家航空航天局以及通用汽车等各组织所做的 376 个重要决策是如何最终敲定的。他发现，只有七分之一的决策使用了被他称为“讨价还价”（bargaining）的方法，此方法的本质是妥协的艺术——确保各方参与者在意见不一时能够讨价还价，直至找到一个可以为大多数人所接受的解决方案。讨价还价的方法虽然并不经常使用，可一旦使用，往往就能提高决定成功的概率，纳特用了“显著”一词来形容提高的幅度。

如果你对此发出一两种质疑的声音，那也是情有可原的。第一个质疑可能：妥协会显得草率，看起来也不美好。妥协就像是个老笑话：“骆驼乃是由委员会制作的一匹马。”[①]iPhone（苹果手

① “骆驼乃是由委员会制作的一匹马”（A camel is a horse made by a committee），此谚语强调的是将过多相互冲突的意见汇入一个项目后的低效性。在这一比喻中，骆驼所具有的特征，比如驼峰，被看成是制作不良所致的畸形。——译者注

机）手机并不是一个委员会产品。如果你所在的组织很像苹果公司，拥有明确的价值标准和一个少有分歧的发展轨道，那么一些妥协也许就是多余的，甚至适得其反了。然而苹果公司是这条规则的例外。设想通用汽车的 CEO 只因为自己的设计构想很优雅，便期待着工会能做出重大让步，那么就祝这位 CEO 好运吧。当一个决定涉及多方强大的参与者时，妥协是不可避免的。

这并不是说妥协是个必要的坏事。相反，妥协本身是有价值的，因为它表明你已经听取了不同的意见，而这种方式可以控制风险。其原因在于，讨价还价者们把各种选择带到了谈判桌上，这帮助整个团队避免陷入狭隘的思维框架中。（确实，讨价还价者们通常会在决策时考虑至少两个完备的选择，而其他决策过程中人们只思考一种选择。）此外，讨价还价者往往会充当彼此的魔鬼代言人，提出那些对方不常自问的反面问题。

如果一位地区教育主管为她的辖区构想了一个雄心勃勃的计划，并且在不顾反对意见的情况下将其推进，那么她在此时就承担了很大的风险。如果她对辖区存在问题的判断和她提的解决方案都是完全错误的，那该怎么办？相反，如果她和同事或教师进行了一番讨价还价，那么，她会得到一个“打折”的计划。但“打折”的部分也许仅仅是方案中最不可能起作用的部分。

你对讨价还价的第二种质疑可能会：的确，让更多的人参与到决策中是一个绝妙的主意，在谈判后能得到一个所有人都接受的结果，这真的很棒。但是拜托，请冷静些吧，我们根本没有时间去那么做！商业世界是建立在快速决策的基础上的，永远不会快速达成共识。

我们必须承认这种质疑的存在。在做出决定方面，讨价还价确实是一个慢慢产生效果的方法。但速度并非是判断决策有效性的正确途径，因为决策只是达到目的的手段。你的团体可能会需要选择一种软件方案来处理客服电话，但最终目标并不是做出这个决定，而是令顾客更加愉快，这就意味着不仅要选择正确的方案，全体工作人员还要满腔热情地用一种令客户满意的方式去应用它。也就是说，成功的获得需要两个阶段：首先是做决定，然后是执行。

讨价还价进展缓慢所造成的影响有可能会被其关键优势——加速执行进度——所抵消。如果前面提到的那个女地区教育主管独断专行的话，她就可以闪电般地做出一个决定。可如果学校管理人员和教师对此不认可的话，这一决定的执行过程将会出现停滞。

所以，你想要在哪方面投入时间呢？是先讨价还价，还是稍后再对抗那些阻力？讨价还价看起来更靠谱。

• • •

当然，这并不是在暗示讨价还价的方法总能让每个人都满意。有些决定会使少部分人的情况变得更糟，但他们必须有所牺牲，才能成就更多的人或组织。

对决策过程的公平性是否认可，将直接影响败诉者的反应。请思考下面两个由小额索赔法庭处理的案件：

案件 1：卡洛斯因为承包商迈克不规范地安装了新的花岗岩工作台而将他告上了法庭。在法庭上，卡洛斯说他自己不得不另雇一名承包商去重新安装。他正在要求退款——迈克曾向他收取的 650 美元劳务费。法官认真地听了二人的陈述。最终，法官判决卡洛斯胜诉，并解释说这一判决结果取决于一组照片，这些照片表明了迈克也许没有牢固地安装好工作台。

案件 2：阿娜丽莎起诉了代为照看房子的珍，起诉理由是珍养死了她的鱼。阿娜丽莎声称珍没有按照她留下的计划表去给热带鱼喂食。等到她回家后，鱼儿们正在鱼缸的顶部漂着。珍声称自己真的遵从了那个苛刻的喂食计划表。在阿娜丽莎想要拿出更多的证据时，法官打断了她，结果判决珍胜诉。这名法官含糊地说："反正也养不了多久"。

这两个案件得到了截然不同的裁定——案件 1 的审判过程看起来很公正，案件 2 却不是。一些研究这类诉讼案件的人员发现，在法院裁定后的结果中存在着一贯的模式。胜诉者——卡洛斯和珍——对案件的判决感到很开心。这当然毫不意外。（虽然与卡洛斯相比，珍的开心程度要小一些，因为法官给出的判决理由很古怪。）

败诉者的感受和态度却与他们有着鲜明的对比。在不公正的裁决中败诉的阿娜丽莎（鱼的主人）对于判决结果感到非常恼火。她甚至没有机会陈述完证词！

最令人意外的是迈克——那个在工作台案件中败诉的承包商。虽然他没有卡洛斯（胜诉者）那么开心，但是在开心度上也非常接近他了。事实上，迈克可能会比珍——那个在不公正裁决中胜诉的人——还要开心！

研究人员将这种公正感称为“程序正义”（procedural justice），指用于做出判定的程序具有正当性，这完全不同于“分配正义”——关于判定所带来的有利结果是否得到了公正分配。大量研究证实，人们对一个决定的感受，很大程度上依赖于程序正义。关键的不是结果，而是过程。

程序正义的元素是非常明确的：给人们一个获得倾听的机会，一个阐述自己想法的机会；要真正地聆听——人们所说的话；使用精确的信息做出决定，在信息不正确的时候，给人们一个挑战它的机会；无论是在什么情形中，始终坚持一贯的原则，避免偏见和自私自利；对决定产生的原因做出解释，对相关风险或担忧保持坦白。

当然，没有必要去争论这是否是做出决定的正确途径。（有谁想要为不一致的、无礼的决定而辩解吗？）确实，有可能会出现这样的情况：我们看重自己的想法而非公平的过程，我们选择权宜之计而非程序正义。

有时也可能会发生这样的情况：我们设法履行程序正义，但这份努力并没有得到认可。就拿专注聆听举个例子：你也许正认真地听着一位同事的讲话，并且点头示意你对内容很关注。你认为自己确实是在认真聆听——你正在实现程序正义中的要素。可在同事看来，你的想法没有那么显而易见。你既有可能是在聆听，又有可能是在盘算着自己要怎么做出反驳。所以，你需要一种令真实情况可视化的途径。

作为高风险企业案例的调解员，罗伯特·芒金（Robert Mnookin）就面临着这样的问题。在他曾处理的一个案例中，索尼公司起诉苹果公司侵犯版权，而苹果公司又进行了反诉。考虑到不得不应对的强烈敌意，他要尽量使自己变成程序正义的执行者。因此他并不只是去听，如他所说："我站在对方当事人的立场阐述问题，比他们所能做到的还要好。然后他们会慢慢放松，因为他们认为自己得到了聆听。"当你能够比当事人更清晰地说出他们的观点时，就证明你确实是在聆听。

这同样适用于捍卫某个决定的情况。如果你做了一个有争议的决定，那么反对者们将会需要确认你的这一决定并非是盲目或天真使然。在受到挑战的时候，我们的第一反应常常是去进一步分析并积极地捍卫我们的决定，但有时站在对方的角度思考会更加有效。

NetApp 公司（纳斯达克公司）的创始人戴夫·希茨（Dave Hitz）说他认识到"有的时候，捍卫一个决定的最佳方法是指出它的缺点”。在他所著的有趣的自传《如何阉割一头牛》（*How to Castrate a Bull*）中，他解释了自己是如何处理反对意见的：

假设你已经决定了要执行A计划。作为一名管理人员，捍卫这个决定并向你的员工解释这个决定，是你工作的一部分。所以当某个人走进你的办公室，向你说明A计划很差劲，Z计划可能要更好的时候，你会怎么办？……我原来的本能反应是去倾听Z计划，接着说我不喜欢它的哪一点，然后尽我所能地去描述为什么还是A计划相对更好。当然，面前的这个人已经从我发布的电子邮件里看过了相同的论据，但既然他没有同意，那一定就是他不清楚我所讲的内容，所以我最好还是把论据再重复一遍，对吗？但我可以告诉你的是，这种做法很少能起到非常好的作用。

可如果我以下文的方式开始对话，情况就会好很多：“不错。Z计划确实是个很好的计划。当然不仅仅是由于你刚才提到的原因，因为它还有另外两个优点。而A计划——我们已经选择的那个计划——除了你刚提到的缺点外，还有另外三个缺点。”这种技巧的效果很让人惊奇。这似乎是完全违背常理的，即使你没让人们相信你的计划更好，但听到你在说自己计划的缺点——以及他们计划的优点——会使他们舒服得多。

希茨的这种逻辑挑战了我们对公共关系的本能反应。难道我们不应该极力捍卫自己的决定吗？如果我们承认了缺点，不会吓到别人吗？

答案是否定的。希茨的观点是正确的。一名管理人员的自我批评会使人感到舒适，而不会令人焦虑，因为这表明了她正在做基于现实的决定。这名管理人员实际上是在说："我们打这个赌是有根据的，我们相信这个决定会起作用，不过我们也会一直密切地关注着它。"（我们的决定是基于现实的，而且我们已经设置了止损点。）反过来说，如果在反对意见面前，这名管理人员变成了决定的代言人并且立刻退守自己的观点，那就会引起人们的不安，因为这种做法将令她的团队担心，即便这个决定出了差错，她也不会就此改变方向。

如何看待各方对此决策的认可程度

程序正义的研究表明，人们非常在乎过程。我们都想相信影响我们决策的过程是公正的，想要相信它正在将所有正确的信息纳入考虑之中。即使结果对我们不利，我们对于过程的信心也很重要。通过承认自己的决定存在缺点，希茨鼓励他的团队成员去信任过程而非信任单一的决定。个人决定时常会出错，但是正确的流程在任何情形中都会帮助我们。

要想知道一个流程是怎样帮助哪怕是极为私人的决定的，请看马特·达瑞格（Matt D'Arrigo）——一个非营利组织领导者的例子。达瑞格的故事始于他的家庭遭受的接二连三的变故。

1991 年，达瑞格在亚拉巴马州墨比尔市的斯普林希尔学院（Spring Hill College）读大学一年级。在春季学期时，他得知母亲被确诊了胃癌。他的父亲把达瑞格和他的四个姐妹召集在一起，全家人商量如何应对这种情况。由于医生们相信达瑞格母亲的癌症也许是可控制的，所以达瑞格回到了学校，虽然内心担忧，不过还是乐观的。

也是在这个学期，达瑞格的姐姐凯特开始抱怨自己的肩痛。这种疼痛持续了整个夏天，医生在给她做了核磁共振成像后发现了一个肿瘤。凯特患了淋巴瘤。在夏末初秋之时，他的母亲和姐姐同时接受了化疗。“我们的整个世界都被倾覆了。”达瑞格说。

那年秋天，达瑞格决定不去学校了，他选择跟家人待在波士顿。在那段艰难的时间里，令他保持理智的是艺术。他通过作画发现了绘画的治疗功能——一种减轻焦虑的方式。一段时间后，姐姐的病情出现了好转，而母亲的病情恶化了。12 月初，医生们发现达瑞格母亲的癌症又一次扩散了。在圣诞节后几个星期，她去世了。

心烦意乱的达瑞格选择继续每天作画。某一天，他意识到艺术能帮助自己同样也会帮助他人。他突然醒悟到：这就是我应该做的事情。我应该通过艺术去帮助孩子们。

他从未与他人分享过自己的这个顿悟，他对此感到很难为情，担心人们会觉得这是个“愚蠢的想法”。最后，他回到了自己的生活中，完成了学业，做了几份工作，然后在经过几次搬迁后到达了圣迭戈。从他有了那个顿悟到现在，差不多已经过去了10年，他发现自己再也不能忽视它了。他跟父亲谈了这个想法，父亲提供了5 000美元作为他的本钱，姐姐凯特还送了他一些建立非营利组织的指导书籍。

他于2001年建立了“艺术——一个生存的理由”组织（A Reason To Survive，简称ARTS），该组织的使命是用艺术安慰生病的孩子。达瑞格志愿在“麦当劳叔叔之家”（Ronald McDonald House）帮忙，而这里是街对面的儿童医院患儿家属经常待的地方。达瑞格早期帮助过两个孩子：一个正在接受化疗的3岁男孩莱利以及他的姐姐亚历克西。在那宝贵的几个小时里，与达瑞格的互动使莱利和他的家人忘记了莱利的病情。达瑞格教他们如何用水彩作画，如何画一些简单的图形。他们还为医院的其他孩子写了祝福卡片。有一天，他给他们播放了海滩男孩乐队的音乐，在随着音乐律动的时候，他们也画出了一幅海滩主题的壁画。

2001年年末，莱利病逝了。达瑞格驱车4个小时去参加了这个小男孩的葬礼，男孩的家人们请他讲几句话。达瑞格对莱利的病逝感到非常心痛，但是他知道自己肩负着使命。“在那些非常黑暗的时间里，我愿为孩子们变成一束明亮的光。”他说。

在最初几年里，ARTS的成员就只有达瑞格和一批艺术家志愿者。他们设计出孩子们一次就可以完成的艺术课题，按照达瑞格的说法，这么做是因为“那些孩子要么是无家可归的，要么是受到虐待的，要么是生病住院了的，你无法确定下个星期还能不能见到他们”。

随着时间的推移，ARTS 吸引到了更多的志愿者和更多的捐款，它慢慢地成长了起来，该组织服务的孩子数量也从几十人增加到了几百人。至 2007 年，达瑞格已经筹集到了足够的钱，他开办了艺术中心（Arts Center）——这是 ARTS 首次拥有的一个专为启发孩子而设计的固定空间。“它轻盈、明亮而五彩缤纷，”他说，“一旦穿过了那扇门，孩子们就会感受到不同。”

在艺术中心里，你可能会看见一个来自少年法庭的孩子，一个来自收容所的孩子，还有一个患有唐氏综合症的孩子共同做着某项艺术课题。对许多孩子来说，这个中心就是他们的“第二个家”。一次，有个女孩把自己的看法说给了达瑞格：“在学校和家里，你必须保守秘密。不过在艺术中心，你可以把秘密讲出来。”

2011 年，ARTS 庆祝了它的第 10 个纪念日，但是那些庆祝活动却引起了达瑞格的内心波动。在前一两年的时候，他总感到有些不安。他一直梦想着 ARTS 会将范围扩展至全国，可到目前为止它的活动范围仍只限于圣迭戈。在他向一些董事会成员提出了扩大规模的想法后，他们常常会建议他要专注于本地的工作。

他开始考虑离开 ARTS，也许他会开始自己的咨询实践活动——他觉得或许自己可以向其他城市中志趣相投的非营利组织提供咨询服务。可是想着将要离开这个他亲自创立并领导了 10 年的组织，他感到确实很困难。他被这个想法折磨了数月：应该留下来还是离开？

在一个（奇普发起的）决策研讨会上，达瑞格描述了自己所遭遇的困境。有一个人直截了当地问他："想象一下10年后ARTS已经在圣迭戈取得了巨大的成功，它服务的孩子远比现在多得多，它成为地方社区的支柱。但是其他任何地方都没有它的存在，你会感到开心吗？"达瑞格摇了摇头，"不会，我不会对此感到开心。"

达瑞格做出的这一反应令他自己都有些震惊——他知道自己要有所行动了。他开始向同事、资助者和一些董事会成员咨询建议。其中的一次谈话起到了尤为关键的作用：达瑞格与圣迭戈一家儿童社会服务机构的CEO见了面，他向这位女士描述了自己内心的挣扎——是继续扩大ARTS的本地规模，还是离开ARTS去追寻全国性的目标。她回复说："马特，为什么你不能同时进行呢？"她强烈建议他想出一个方案——既可以保持ARTS在圣迭戈的稳固地位，又可以实现将项目扩展至全国的想法。

他意识到她是正确的，没有什么障碍阻扰他两者兼顾。所以他打消了离开ARTS的想法，同时开始思考如何扩大ARTS的影响力。2011年夏天，他开始采取行动，第一步是试探董事会对新方向的看法。

达瑞格询问董事会成员如何才能认可扩张政策。他们的担忧是可以理解的：组织会失去焦点，资源会过于分散。

达瑞格感觉这些都是可以解决的问题。他给自己规划了为期一年的准备工作：到2012年6月30日的董事会议时，我将会有一个适当的方案，得到董事会的同意，推进ARTS的全国扩张战略。他知道要令这个战略性转变成为可能，他的圣迭戈团队将需要更多的资金和更多的工作人员，所以他新雇了一个业务发展主管，负责提高募款的力度。然后他开始补充在圣迭戈的工作人员，自己借此机会把注意力更多地放在全国范围内。

为了测试自己关于扩张的想法，达瑞格和一个叫作“La Maestra（老师）社区卫生中心”的团体建立了合作关系，这一团体的服务对象是60多个国家的新移民。达瑞格知道La Maestra所服务的孩子们需要ARTS提供的帮助。（想象一个移民家庭，父母某方身患疾病，女儿正在努力应对新的语言和文化。）达瑞格的想法是对La Maestra的员工进行培训，让他们知道如何操作ARTS的治疗项目。如果他的想法得以实现，如果La Maestra的员工在没有他持续参与的情况下仍可以推进这项工作，那这便有效地证明了达瑞格能够做到将ARTS的影响扩大至全国，却无需增加员工人数。

与此同时，ARTS在圣迭戈的影响正在继续扩大。ARTS抓住了一个绝佳的机会接管了纳新诺市低收入社区内的一个场所——这栋建筑是被当地政府整修过的一座旧图书馆。现在这一社区的居民对于将它改造成艺术中心感到很兴奋。对ARTS来说，这是个非常完美的局面：该建筑的面积是他们现在中心面积的三倍，但价格只有现租金的四分之一。在离这栋建筑非常近的地方有一所初中和一所高中，这些学校的学生都是来自贫困家庭的孩子，也有一些无家可归的或是来自反家庭暴力庇护所的孩子。这个区域内有不计其数的孩子需要 ARTS 的服务。

2012 年 3 月，也就是在他自己规定的最后期限前的三个月时，达瑞格获得了董事会对于发展新战略的许可。他感到如释重负，而且满怀希望。他的热忱是显而易见的，“我被重新注入了活力。现在很激动。我发现自己的创造力正在觉醒”。

到本书完稿时，我们还不知道 ARTS 和达瑞格的新计划是否会成功。不过没关系，因为每一个决定都得经历这样的过程。我们无法知道在做了一个选择之后，它会不会成功。成功源于决定和好运，我们虽然无法控制运气，但可以控制自己做出选择的方式。

达瑞格就做了个不错的选择。

他避免了把自己置于太过狭窄的框架之中。他没有思考“我应该离开这个组织去追求在全国扩张影响的计划，还是应该继续留在 ARTS”。相反，他找到了同时进行的途径。他欣然采纳了“兼顾二者，而非其一”的方法。

他把自己的假设放到现实中去检验，与朋友、董事会成员和其他非营利团体的领导者都进行了交谈。其中一个人给了他一个至关重要的建议，帮助他打破了思维的狭隘：“马特，为什么你不能两样一起做呢？”

他对想法进行验证，而不是立即全身心投入其中。通过与 La Maestra 的合作，他能够试验自己对扩张的新想法，且不会冒太大的风险。

纠结于艰难选择的他在做出这个选择之前留出了一段思考的距离。在面对“如果组织在10年后还局限在圣迭戈，你会有什么感受”这个问题时，他认识到自己渴望的是扩大影响范围。他的核心重点对他提出了扩大影响力的要求。

他和董事会一起尝试了“区间评估”，探索着新的方向可能会失败的原因。这一分析帮助他们做了最坏的打算。因为达瑞格将注意力转向外界后，圣迭戈的募款活动很可能会遭遇挫折，所以ARTS新雇了一位聪明又进取的业务发展主管。达瑞格担心自己的注意力会被每日出现的紧急状况所分散——而这又是每一个正在壮大的组织必须经历的一部分——所以他扩充了执行计划的员工人数。除此之外，他还采用了一个方法，而这或许是最重要的——设置止损点：到2012年6月的董事会议时，他将提出一个适当的方案。

好的决策过程看起来就应该是这个样子的。

它不是一个在我们输入数字后就立刻给出“正确答案”的电子表格，也不是一个记有优缺点的统计列表，它是一个引导我们在正确的方向上前进的护栏。

达瑞格并非是一个倾向于“过程”的人。他的生涯从未被决策树驱动过。[①]他的经历告诉我们，激情和过程是可以密切配合的。

① 决策树（Decision tree），由一个决策图和可能的结果（包括资源成本和风险）组成，用来创建到达目标的规划。决策树建立并用来辅助决策，是一种特殊的树状结构。——译者注

一系列缜密思考的过程令他得以尊重自己持久的激情——渴望用艺术去安慰处于绝望中的孩子们，用艺术曾经安慰过他的方式去安慰孩子们。

充分信任决策流程

我们在《行为设计学》（*Decisive*）这本书中所设立的目标，一直以来都是要启发你去使用一种更好的做出决定的流程。并非每一个决定都像达瑞格的决定那样承载着那么厚重的情感。我们已经看过了很多种决定，其中的一些决定是很奇异的，就像受鲨鱼启发的游泳衣、哥斯达黎加雨林中的缆绳，以及 M&M's 巧克力豆诊断法的决定。

我们也看过了许多生活中的重大决定：你将对一份工作邀请做出何种决定？你应该怎么去处理一段艰难的人际关系？你如何选择一所适合的大学？如何雇到最棒的人才？如何以更好的价钱买到一部车？如何确定自己将时间花在了真正重要的事情上？

同一个流程能够对所有的这些问题起到指导作用：我们只需要再多寻找一个选项，用事实检验自己所做的假设，以自己的核心重点为基础做出艰难的选择，谦逊地做好出错的准备。

这个流程不需要花太多的时间去发挥效用。即便你只有 45 分钟的时间去考虑一个重要的决定，也可以完成许多事情：使用“消失选项测试”，看看自己是否忽视了一个非常好的选择；打电话给某个曾解决过相同问题的人；如果是朋友遇到这个问题你会给他提出什么建议（或者，你可以问，我的继任者会怎么做？）；把三个朋友或同事聚在一起，然后做一个“事前析误”。

在这本书里，我们一直在说服你相信流程的优点，但实际上我们在面临着艰苦的战斗：没有哪个词，比“流程”二字更让人感到无趣了。这就像是尝试让人们对一种算法着迷一样。

一个流程可以提供更令人振奋的东西：信心。这一信心并非是过度自信——源自对偏见性信息的搜集和对不确定因素的忽略，它是一种真正的自信——你明白自己已做了力所能及的最佳决定。决策流程并不会使你的选择更容易，也不意味着选择的结果总会带来荣耀，然而，它却意味着你可以让自己的思绪安静下来。你可以做到不再问“我错过了什么”的问题，你可以停止痛苦的循环。

同样重要的是，对流程的信任能够带来冒险的信心。流程的意义相当于登山运动员的安全带和绳索，它使你能够自由地去探险，而不用一直心怀担忧。流程完全不是拖累或限制，实际上它能够让你更加放心大胆地行动。

“更加大胆”常常预示着正确的行动方向。如我们所见，短期情绪能令既存现状变得非常有吸引力。当研究人员问老年人这一辈子有什么后悔的事情的时候，老人们所后悔的往往不是他们做过的事情，而是他们没有去做的事情。他们后悔自己没有抓住机遇，后悔自己曾经的犹豫，后悔自己的优柔寡断。

变得果断本身就是一种选择。果断是一种行为方式，而不是一项遗传特质。它令我们做出勇敢而又自信的选择，这并不是因为我们知道自己将会是正确的，而是因为即使尝试之后失败了，也要好过错失机会之后的懊悔。

我们做出的决定虽然永远都不会是完美的，但它们可以不断得到完善。正确的流程让我们更加大胆且更加智慧，引领我们走向正确的选择。

在对的时刻做出对的选择，一切将大不相同。

本章小结

1. 群体做出的决定有一个额外的问题：它们必须被人们视为公正的决定。

2. “讨价还价”——直至各方都可以接受最后的选择——有助于形成被人们视为公正的决定。
   - 纳特：讨价还价往往能提高决定成功的概率，它的影响是“显著的”。
   - 讨价还价开始时会需要更多的时间——但是它加速了执行的进度。

3. 在判定人们对一个决定有何感受方面，程序正义至关重要。
   - 诉讼案件：感受到程序正义的败诉者几乎与未感受到程序正义的胜诉者同样开心。

4. 我们应该确保人们能感觉到判定过程是公正的。
   - 高风险调解员芒金：“我站在对方当事人的立场阐述问题，比他们所能做到的还要好。”
   - 企业家希茨：“有的时候，捍卫一个决定的最佳方法是指出它的缺点。”

5. 一个可靠的方法可以帮助我们设法解决哪怕是最棘手的决定。

- 马特·达瑞格，ARTS 的创始人找到了一个途径，一方面可以继续为本地孩子提供服务，另一方面可以扩大组织在全国的影响力。

6. “流程”并非令人神往，但它能提供的信心却是珍贵的。对于一个流程的信任使得我们可以冒更大的险，做更大胆的选择。对老年人的调查显示，他们感到后悔的并不是做过的事，而是未曾做到的事。

后续步骤

如果你在阅读完本书后渴望了解到更多相关内容，那么欢迎你登陆我们的网站：http://www.heathbrothers.com/

请参看网站的“Resources”（资源）部分。你可以通过注册来立即获取包括下面这些内容在内的免费资料：

单页概述（One-Page Overview）：

WRAP 框架概述的可打印版，特别适合钉在办公桌旁边。

《行为设计学工作手册》（The Decisive Workbook）：

将本书中的观点应用于实践的一些提示和建议。例如：

- 避免小组讨论陷入狭隘思维的技巧
- 关于如何找到已经解决过你的问题的人的建议
- 挑战“维持现状偏差”的问题，这种思维偏差会妨碍我们做出有益的改变
- 在生活和工作中设置止损点的更多思考

12 个决策情景（12 Decision Situations）：

一些将 WRAP 结构应用于以下困境的想法：

- 我该不该和男（女）朋友分手？
- 我该买哪台电视？
- 我该如何对待讨厌的同事？
- 以及其他 9 个困境

《行为设计学：掌控关键决策》播客（The Decisive podcasts）：

一些由本书作者录制的短播客，更深入地探讨了下面的话题：

- “长期优柔寡断者的决断力”
- “职场选择的决断力”

《行为设计学：掌控关键决策》书友会指南（Decisive Book Club Guide）：

如果正在阅读本书的你是某个书友会的成员，那么该指南会提供给你一些可用于讨论的问题和话题。

推荐书目

《思考，快与慢》，2011 年

THINKING, FAST AND SLOW

丹尼尔·卡尼曼（Daniel Kahneman）

此书全景式地展示了我们所知的决策心理学，由做了大量开拓性研究的诺贝尔奖获得者所著。此书内容精彩、见解深刻，能为读者带来有趣的阅读体验。

《制胜决策力》，2002 年

WINNING DECISIONS:

GETTING IT RIGHT THE FIRST TIME.

J. 爱德华·拉索（J. Edward Russo）

保罗·休梅克（Paul J. H. Schoemaker）

此书提供了决策问题的综述，两位作者同时提出了处理这些问题的可靠建议，内容有力、通俗易懂。

《怪诞行为学：可预测的非理性》，2008 年

PREDICTABLY IRRATIONAL:

THE HIDDEN FORCES THAT SHAPE OUR DECISIONS.

丹·艾瑞里（Dan Ariely）

一本关于非理性决策的畅销书，由决策研究领域较为睿智的学者之一所著。

《助推：如何做出有关健康、财富与幸福的最佳决策》，2008 年

NUDGE:

IMPROVING DECISIONS ABOUT HEALTH, WEALTH, AND HAPPINESS.

理查德·H. 塞勒（Richard H. Thaler）

卡斯·R. 桑斯坦（Cass R. Sunstein）

这是一本伟大的书，由一名行为经济学家和一名法律教授合著而成。对于人力资源领导者、政府官员和其他所有决策系统的设计师，这本书都应该是必读的。

《知你所不知》，2009 年

KNOW WHAT YOU DON'T KNOW:

HOW GREAT LEADERS PREVENT PROBLEMS BEFORE THEY HAPPEN.

迈克尔·罗伯托（Michael A. Roberto）

对于在政府、医疗保健、公共安全以及技术领域里需要为意外情况做准备的领导者来说，这是一本具有深刻洞察力的书。

《亿万美元的教训课：从过去25年间最不能原谅的商业失败中你能学到些什么？》，2008年

BILLION DOLLAR LESSONS:
WHAT YOU CAN LEARN FROM THE MOST INEXCUSABLE BUSINESS FAILURES OF THE LAST 25 YEARS.

保罗·卡罗尔（Paul B. Carroll）
梅振家（Chunka Mui）

两位作者——一名记者和一名咨询顾问对商业世界中一系列价值数十亿美元的错误进行了分析，并提供了如何避免类似（损失没这么大的）错误的建议。如果你面临着组织内的战略决策问题，这本书会帮助你避开主要的决策陷阱。

《前往B计划：突围到一个更好的商业模式》，2009年

GETTING TO PLAN B:
BREAKING THROUGH TO A BETTER BUSINESS MODEL

约翰·穆林斯（John Mullins）
兰迪·科米萨（Randy Komisar）

本书的两位作者分别是硅谷的风险投资者和商学院的教授。书中提出的框架解释了如何做出关键性决策，它将决定好的想法能否发展成可行的生意，所有的企业家均能从中受益。

《拿工薪，三十几岁你也能赚到600万》，2011年

MILLIONAIRE TEACHER:

THE NINE RULES OF WEALTH YOU SHOULD HAVE LEARNED IN CHOOL.

安德鲁·哈勒姆（Andrew Hallam）

如果你在担心如何为退休资金做准备，那么你将会从本书的深刻见解和建议中有所收获。作者哈勒姆总结了相关的研究文献，并提出了极其实用的建议。

《爱情永不够》，1989 年

LOVE IS NEVER ENOUGH:

HOW COUPLES CAN OVERCOME MISUNDERSTANDINGS, RESOLVE CONFLICTS, AND SOLVE RELATIONSHIP PROBLEMS THROUGH COGNITIVE THERAPY.

阿伦·贝克（Aaron T. Beck）

如何更好地处理婚姻关系中的选择，你需要新鲜的观点吗？你也许能从这本认知行为治疗之父所著的书中得到有用的点子。虽然本书的目标读者是已婚人士，但书中的原则同样适用于其他关系，比如与同事或与孩子的关系。

案例研讨

在下面三个“案例研讨”中，我们将利用真实情景，鼓励你去思考如何运用 WRAP 方法做出更好的决定。我们希望你在“案例研讨”里梳理全书内容。

提示：以下所有情景均不存在完美无瑕的结局。这是故意设置的。要知道一个好的决策并不是由结果评定的，否则在拉斯维加斯轮盘赌中的胜利者也将被称为决策天才了。我们在此关注的是流程——这些情景中的主人公如何利用 WRAP 方法，使机会对自己有利？

案例研讨 1

一家小公司应该起诉规模大于它的竞争者吗？

情景

[注：此案例中的真实情景均出自《公司》杂志的个案研究，由詹妮弗·阿尔泽尔（Jennifer Alsever）编写。链接请看注释。]

金姆·艾塞治（Kim Etheredge）和她的朋友温迪·利维（Wendi Levy）联合创立了 Mixed Chicks 公司（此公司为混血女性提供护发产品）。经过八年时间，该公司的年营业收入已达 500 万美元。2011 年 2 月，艾塞治收到了一封令她不安的电子邮件。一个从 Mixed Chicks 进货的零售商报告说 Sally Beauty（美国著名护肤品零售商萨利美）——年收入达 30 亿美元的零售业巨头——已经开始经营自己的混血女性护发产品了。产品的名字是什么呢？是 Mixed Silk（混合式蚕丝护发乳）。艾塞治对此简直无法相信。然而一小时后，又有一个零售商打来电话报告了类似的情况。

艾塞治和利维派一名同事买回这一产品，在看到 Mixed Silk 后，她们异常气愤。她们认为这是剽窃，因为它有着和自己的产品类似的瓶子和包装设计——甚至上面的字体都一样，而它的售价大约是自己产品的一半。

她们并没感觉到 Mixed Silk 的产品质量有多好，但她们担心当两个产品被放在一起时，消费者们区分不出来。很快，她们收到更多零售商的报告，称消费者们在购买更便宜的产品。

她们有哪些选择？

艾塞治和利维研究了其他企业家在类似情况下的做法，还和律师讨论了可供选择的法律方案。她们可以发出一封勒令停止的通知函，要求萨利美立即停止 Mixed Silk 的生产。但这种做法是有风险的：一方面如果法院驳回请求，那么她们就必须向这个零售业巨头补偿收入损失，而且金额巨大。不过话说回来，如果她们提起诉讼并最终胜诉，那 Mixed Silk 将永久地从货架上消失，她们还能够得到损害赔偿金。

诉讼非常昂贵：专家估计每年的律师费为 25 万 ~50 万美元。案子也有可能会拖很多年。这是否值得她们花费时间和精力呢？

如果不打官司，万一 Mixed Silk 和它的相对低价最终压垮了 Mixed Chicks 该怎么办？她们会对当时没有维护自己的利益作何感想？

两名创始人痛苦地思考着这一问题：起诉，还是不起诉？

她们如何做出有利的决定？

• ***拓宽选择空间***。“要不要起诉”这一框架预示着她们可能已陷入了思维狭隘之中。可以打破思维狭隘的一个问题是“机会成本”：我们可以把这些时间和资源用在其他什么地方呢？如果将每年 50 万美元的律师费用在 Mixed Chicks 的宣传广告，或者用来雇 10 名新推销员的话将会有什么效果。《公司》杂志引用了零售业专家詹姆斯 · 诺博（James T. Noble）的观点。诺博对此情形做了进一步分析并提出了非常棒的替代选择：“与起诉相比，艾塞治和利维可以将产品重新定位为高端产品，在萨利美的产品宣传和市场增长的攻势下激流勇进……从某种程度上讲，萨利美打入市场的行为可以说是该行业有史以来发生的最好的事情。”另一种替代选择是，Mixed Chicks 可以把时间和金钱投入到公关竞争中，为消费者演绎一个经典的大卫战胜歌利亚的故事。（喻指以弱敌强，正义对抗邪恶的胜利。）

· ***把假设放到现实中检验***。艾塞治和利维很明智地去寻找那些有过相似经历的企业经营者。这是对她们自己的想法进行现实检验的绝佳途径。她们在研究法律方案时应该小心谨慎，仔细地寻找驳斥自己想法的证据。因为代表她们的律师——并且拿着每年 50 万美元律师费——不可能是中立的！（我们希望这些费用估算来自其他行业经营者的“基本比率”，而不是来自律师的预测。如果律师们虚报了这一价格，实际上的费用总计为每年 100 万美元，那么这将是一场灾难。）为获得更多准确的法律信息，这两个创始人能够“考虑相反的情况”吗？比如，她们可以找一名企业法律顾问——一个可能会代表萨利美的人——并支付几个小时的咨询费去获取“反面”建议。律师可以帮助她们进行放大分析，让她们明白这种诉讼案件胜诉的基本比率；可是这位律师也可能会帮助她们进行缩小分析，让她们明白“一次真实的诉讼含有什么内容。（这个案件让你每天有什么样的感觉？它会支配你的生活吗？对你的健康有影响吗？）

· ***在做出决策前，留出一段思考的距离***。在此事发生一个月后，Mixed Chicks 于 2011 年 3 月提起了诉讼。“金姆和我的想法一样，”利维说，“我们绝不能坐以待毙。”这一说法很让人忧心，因为它听起来就像一个缺乏深思熟虑的决定。想要在萨利美面前“坚持到底”，这是完全可以理解的——换作我们也会这么想——但是她们会不会被愤怒支配了选择呢？我们想知道，要是她们当时问了“我们的继任者会怎么做”的话，可能会发生什么情况。从其他角度来看待这个情形也许会帮助她们留出考虑的距离。看待这个情形的另一个角度：她们的核心诉求是什么？如果建立公司的初衷是满足混血女性的头发护理需求，那么与其他选择相比，提起诉讼是否能更好地服务于这一目标？此外，为了给诉讼腾出时间，她们需要停止做什么事情？我们猜想，作为成长中的企业家，她们在诉讼开始前是不会有太多空闲时间的。在做出了起诉决定后，“列表A”中的重要事项将会受到什么影响？

• ***做好出错的准备***。利维和艾塞治应该用“事前析误”去鉴定提起诉讼的最大风险是什么。在我们看来，最大的风险在于诉讼会使她们消耗大量金钱，而且拖延数年；诉讼会削弱她们的创业动机，令她们承受巨大的压力，因此无法应对经营发展给企业所带来的考验。在此情形中并没有明确的休止符，所以就迫切地需要设置一个止损点。她们可以向自己承诺，绝不让诉讼费用超过75万美元；或者，她们不会允许诉讼审理拖延超过18个月。被诉讼占据工作，这是她们承受不起的，尤其是在诉讼后其情绪会变得强烈且痛苦的情况下。

对流程的反思

在我们看来，此决策中应该避免的最大风险：（1）陷入“起诉还是不起诉”的思维狭隘，错失其他好的选择；（2）因短暂情绪而做出代价高昂的决定。

到本书截稿时，此案件仍在审理。

案例研讨 2

一名年轻的专业人员应该搬去都市吗？

情景

索菲亚是一名年近 30 岁的单身女子，她生于中国，后来移民到了美国，并在美国一所一流的商学院获得了 MBA 学位。2012 年的时候，她居住在印第安纳州的韦恩堡，工作是为一家大型服装公司提供公司策略。她很喜欢这份工作，也很喜欢自己的同事。但她想要组建家庭。“我无法想象自己到了 35 岁的时候还没有结婚。”她说。在韦恩堡居住了 5 年，而且经过一次非常糟糕的约会经历后，索菲亚开始担心自己还能否在这个地方找到真命天子。“这里没有单身男子……都是一家子来这儿买郊区的房子安居乐业的。”她说。索菲亚有一名女同事居住在芝加哥，必要时才会回到韦恩堡的办公室。她建议索菲亚也这么做。在一个拥有 130 万男性的城市里，索菲亚就不会抱怨缺少选择了。

她的选择有哪些？

索菲亚在一两年的时间里一直想着搬去芝加哥的事——她相信老板会同意她搬迁——可她还没下定决心。这个想法看起来很麻烦：她得把韦恩堡的房子卖了，在芝加哥找到住的地方，然后去全然不同的城市。随着时间一个月一个月地过去，她的约会还没有什么进展，于是她想是不是真的需要尝试搬家了。她应该离开还是留下？

如何做出有利的决定？

• ***拓宽选择空间***。注意这个二元化的简单选择：她应不应该离开？大多数情况下，这意味着思维狭隘。但值得赞扬的是，索菲亚已经考虑了许多其他的选择。她考虑找一份新工作，这可能会使她搬到更适合单身人士的地方，可她又断定自己非常看重现在的工作和同事。与此同时，她也在考虑着怎样能在韦恩堡更努力地去结识朋友，也许她会寻找并加入某些社交群体。

• ***把假设放到现实中检验***。索菲亚如何能搜集到可靠的信息去指导自己的决策呢？首先她应该咨询在这一方面一流的专家——例如，她那位居住在芝加哥但在韦恩堡上班的女同事！她应该慎重地向这位同事问一些反面问题：住在那么远的地方，最大的缺点是什么？住在那里，你有什么遗憾呢？住在那里，你用多长时间交到了可以一起出去玩的新朋友？除此之外，还有一个比较难操作的方法：她当然可以花一星期去芝加哥到处走走。但也许两面都没得到好结果：来回往返给她带来许多麻烦，却没有任何交到新朋友和开始新生活的喜悦。在这种情形中，尝试就变成了“小心试探”。也许她需要直接跳跃——或者为了内心的平静，不再思考跳跃的事情。

- ***在做出决策前，留出思考的距离***。对于离开的这一想法，索菲亚已经考虑了一段时间，而这个决定最终归结于她是否已准备好冒险了。韦恩堡也许缺少单身男子，但是对她来说，这里的环境是熟悉的，这里的生活是舒适的。芝加哥听起来很不错，但是那里有太多的未知数。如果她讨厌那里怎么办？如果那里更糟糕怎么办？（注意这些是曝光效应和损失厌恶的表现。）某一天在晚餐时，一名同事问她：“如果面临这种情况的是你最好的朋友，那么你会告诉她如何去做？”索菲亚不假思索地回答说：“嘿，去芝加哥！”她似乎有些惊讶，这个答案居然如此清晰。就在当天晚上，她给老板发了短信，想知道老板是否依然会接受她搬迁的想法。

- ***做好出错的准备***。决心离开的索菲亚最后还需要再充分考虑一下，看看去芝加哥的决定是否会不可行。她能够采取的最佳行动之一，就是将韦恩堡的房子继续保留一段时间，比如说 9 个月或 12 个月，将它租出去以支付房屋贷款。这样在需要的时候，她就可以顺利地回归到以前的生活中。索菲亚还应该从芝加哥的朋友那里获取一个“真实工作预览”：她应该为之准备好的“毫无保留的”现实是什么？（通过之前向朋友提出反面问题，她已经获得了一些信息。）最后，她也可以设置一个止损点：要是在芝加哥的第一年中没有几次有趣的约会经历，那么可能问题是出在了自己的生活方式，而不是地理位置上。在这种情况下，她应该减少出差次数，或者更努力地加入志愿者组织、教堂或专业团体，更多地开展社交。（再者，为什么不考虑更好的“兼顾二者，而非其一”？也就是说，为什么不搬去芝加哥并在那里开展新的社交活动呢？）

对流程的反思

对于类似“搬不搬去芝加哥”的二元化简单决定，我们已经再三提出了警告，可索菲亚的决定看起来却是合理的。（她进行了探索并排除了其他选项。）因此在我们看来，索菲亚决策的最关键之处在于她需要获得思考的距离，使重要的因素充分显露出来。在这个例子中，“你会告诉最好的朋友如何去做”这一问题给了她需要的思考距离。

到本书出版时，她仍在计划着要离开，但尚未动身。（也许她需要一个止损点。）

案例研讨 3

我们应该打折出售自己的软件吗？

情景

你是一家软件公司的销售主管。你们的主要产品是一个能帮助客户更有效地处理在线客服交流的工具，到目前为止，你们已经获得了高科技领域客户的广泛支持，但是你所在公司的高层领导们渴望将销售范围扩大到那些接待大量公民的政府机构中。遗憾的是，向政府客户销售产品的初期努力一直没什么效果。虽然有两名全职推销员进行了 6 个月的努力，但也只得到了很少的订单。汤姆是你们公司的一名销售代表，他反复跟你说过，你需要为政府客户降低产品价格，但因为你已经做了很久的销售经理，你很清楚销售员们总是在想着压低价格，所以你合理地怀疑了降价是否正确。

你的选择有哪些?

你的工作职责是做些事情来提高产品在政府市场上的销售量，但是你的选择并不是很清晰。你可以什么都不做——培养人际关系会需要很长的时间，也许让销售努力获得成功需要的只是更多的时间。或者，你可以选择马上削减价格，看看是否会造成什么影响。但除此之外，你并不知道还能够尝试什么其他做法，这种不确定性本身就是问题的一个部分。

如何做出正确的决定?

• ***拓宽选择空间***。不要因为汤姆的抱怨而受限于“要不要降低价格”的狭隘决定，这是非常重要的。价格并非是解释客户购买动机的唯一变量。你还有什么其他选择呢？要是没能立刻想到一个答案，那你就“爬梯子”吧。首先是从内部寻找亮点。你已经完成了一些订单，可以从中学到什么？然后你可以继续向上爬，看看其他软件公司都在政府市场上做着什么，成功的因素是什么？再继续向上爬时，你可能会研究任何一种同时面向企业和政府机构的产品，此类产品在配置以及销售方式上存在什么差别？你可能会发现，政府客户要比精通技术的客户期待得到更多的人工服务。总而言之，在获得更多资料之前，你不应该执着于价格因素。你需要更多的选择和信息。

- ***把假设放到现实中检验***。首先，要尝试。授权给汤姆为一两名客户提供大幅折扣，看看会发生什么。能够测试，为什么要猜测？同时，试试从相反的情况考虑：如果理论上认为价格是问题所在，那么就去寻找价格并非问题所在的证据。例如，你可以让其他的销售代表收取高价——但要包括多种更为周到的服务条款。对较高和较低的定价进行试验，你将会得到很多信息。在做这些试验的同时，你还要通过缩小和放大策略去搜集更多的信息。为进行缩小，你可能会去寻找第三方——比如说，市场研究公司——它们能告诉你通常软件公司会不会为政府客户打折，如果答案是肯定的，那么这个折扣又是多少。（这类似于“基本比率”。）此外，你可以通过和销售代表一起去做客户访问来获得放大的信息。与客户在私下见面并倾听他们的反馈，能够提供给你在这一情形中非常需要的信息。

- ***在做出决策前，留出思考的距离***。当你还没有准备好做出一个决定时，你最先需要的是获得更多的信息和选择。也就是说，如果汤姆的想法被证明是正确的，那么在你面前也许就有了两个相互抵触的核心重点：你应该为了建立政府客户群而降低价格（减少利润）吗？市场份额以及利润率，哪一个才是核心重点？在这种情况下，建议去试探一下领导们的看法。

• ***做好出错的准备***。在不知道做何决定的情况下，你很难为结果做好准备，但设置一个止损点不难。比如说，在你和销售人员正在做的试验上，你可以设定一个次数限制。你也可以和汤姆共同设置一个恰当的止损点——也就是说，假设汤姆提出的要求得到满足——他可以对产品进行打折出售，但在两个月的时间里他没能做成一笔交易，那么你们二人就应尝试另一种不同的方法。

对流程的反思

要想在这一情形中实现程序正义，让汤姆觉得他自己在被倾听是很重要的（并不是说你要不假思索地接受他的看法），应该给他一个证明自己观点的机会。但是作为这一尝试行动的领导者，你不可以在实践汤姆的观点时放弃其他的选择。你必须进行多目标追踪，从多个渠道获取信息以及做一些巧妙的试验，这将会帮助你认清自己的最佳选择是什么。

克服障碍

下面列出了阻止你有效利用 WRAP 流程的 11 个常见障碍，以及克服它们的一些建议。（提醒一下，这里采用的都是简略的表达方式，所以只有阅读过本书的人才能真正读懂。）

1. 我是一名很好的决策者，但是我做出决定的速度要比自己预想的慢得多，而且我的选择最后都太过谨慎。我如何能够更快或者更大胆地做出决定？

建议：

（1）听起来你似乎倾向于预防心态，所以我们建议你问自己一些进取心态的问题，比如，“如果我将注意力集中在为自己开拓机会上，那么我会如何做出这个决定”。（2）试着问自己：“我会建议最好的朋友怎么做？”你的谨慎也许是源于暂时的恐惧情绪（比如难堪），如果留出些心理距离，你将会意识到这一点。（3）要是你担心不良选择会造成不好的影响，那你可以考虑设置一个（基于日期或预算的）止损点——它会让你在控制损失后放心一些。

2. 我们是一家人手不足的公司，身处于一个混乱的市场，没时间在每次做决定时都走完详细的流程。

建议：

WRAP 流程有一个精简模式。（1）拓宽：在你的思考中再增加一个选择。（要是你无法立马想到一个，那就通过你的关系网或者网络搜索，去寻找已解决过相同问题的某个人。）（2）现实检验：给一名能告诉你"基本比率"（比如，成功的概率或典型时间表）的专家打电话。（3）留出距离：通过思考哪一个选择最符合你的核心重点，来解决你面临的两难困境。（4）准备：用区间评估未来——花一个小时的时间想想哪里会出错，哪里有可能会成功，然后为应对这两种情况都做些准备。

3. 爱人（或同事）想要做些在我看来很疯狂的事情。

建议：

（1）或许他们正陷入过度的思维狭隘之中——认为那个疯狂的主意是能够帮助自己实现目标的唯一途径。你是否能提出一些同样具有吸引力的，但不那么疯狂的选择？（2）你能让他们"去 genba（真实的场所）"吗？也就是说，你能否让他们去完成某个任务，让他们体会到真实情况，了解可能存在的落差？（例如，一名刚刚发展起来的珠宝设计师可能会被派去参加手工艺品展销会，请她计算某位设计师在 30 分钟的时间里达成的惨淡交易量。）（3）想想正文里树形雕塑生意的那个例子：你可以用止损点去限定自己对疯狂想法的可接受风险范围。

4. 我们分析来分析去，似乎永远做不出决定。

建议：

（1）如果决策缓慢是由“讨价还价”造成的，那么这份等待就是值得的。对各种选择和反对观点进行考虑，你们团队的决策结果就有可能会得到改善。（2）你们正在分析的事情是否可以得到更加快速的测试？将选择过程变为一个实验，像直觉公司做的那样。（3）提出安迪·格鲁夫的那个问题：你们的继任者们会怎么做？（4）如果决策缓慢是由于对风险的恐惧，那就做一个“事前析误”分析，找出控制潜在损失的方法。

5. 我们遇到的问题是，每个人都害怕做出决定。任何新的举动都会是职业上的一个大冒险，就像你把脖子放在砧板上。继续做自己正在做的事情更为安全。

建议：

（1）尝试思考罗杰·马丁的问题：“每个选择必须具备怎样的条件，才能成为最终的答案？”在一个群体中回答这一问题有助于把决定的责任分散出去。如果所有人都赞成了你将用来做最终选择的“条件”，那么大家对这一决定都将负有同样的责任。（2）在跳跃前先尝试，让你的头远离砧板。如果尝试失败了，你也只是冒了一个有限的风险。（3）曝光效应令现状看起来安全又舒适，而新想法看起来是有风险的。找到那个解决过同样问题的人，让新想法感觉更安全些。大胆声明这一问题已有解决方案——在你之前已经有别人冒了这个风险。（4）还记得戴夫·希茨所说的“捍卫一个决定的最佳方法是指出它的缺点”吗？承认你的想法具有的风险，同时设置止损点去指定在什么情况下你会改变自己的想法。（如果你已经公开地预期不良结果并为之做了准备，那么你就不太可能成为替罪羊了。）

6. 我如何知道自己拥有了充足的选择？

建议：

（1）试着“两次坠入爱河”。不要停止搜寻，直至你有了两个非常好的选择。（2）多目标追踪的目的是让你轻松地将选择进行对比，帮助你描绘出所有可能的情形。如果增加的选择没有令你变得更明智，那也许是因为你做的已经足够了。此时就可以停止你的搜寻。（3）注意不要搜集太多的选择，以防你没有足够的时间和资源对它们进行“现实检验”。（例如，有意购房者需要把选择限制在4~7所房子，而非30所，这就是基于现实的决定。）（4）如果某一个选择没得到任何人的拥护，那就不要再替它争辩了。（如果这是一个个人决策，那么请不要考虑那些连自己都无法说服的选择。）

7. 我们常常会探索和分析选择，可最终老板做的是他自己想做的事情。

建议：

（1）考虑相反的情况：或许老板是对的。他所考虑的信息范围可能比你的更加广泛；罗斯福的顾问们曾惊讶于他居然知道他们的闲话八卦和一些别的东西。如果你仍然对老板的判断存在质疑，那么请继续看第二条。（2）如果老板必然会做出一个基于其“直觉”判断的最终决定，那么你能否对他的直觉加以训练呢？比如说，你可以设法为他安排一个“特写场景”——一次影响他直觉的现场参观（比如去零售商店、客户服务站点和病人的家等等）。（3）在开会期间，想办法提醒大家，你们组织的核心重点是什么。令这些重点显现，也许会让你的老板少一些我行我素。（4）放弃这次的决定，但是开始思考下一步要怎么做：设法让你的老板接受止损点。例如，什么情况能说服他在9个月后重新考虑这个决定？

8. 我已经建议孩子（儿子/女儿）采用一些类似WRAP流程的想法，可他们就是不听，他们还是想做什么就做什么。

建议：

（1）在孩子到了一定年龄后，家长们的话语权就不再重要了，所以你需要去寻找令孩子更加信服的人。或许你可以找来某个按自己所选择的方式生活的人，然后让他给你的孩子讲讲亲身经历——做一个真实预览。（例如，一名考虑放弃大学而去纽约从事演艺事业的青少年，可以从一个正在现实中挣扎的演员口中得知那种生活是什么样子，并能够有所受益。）（2）这样问你的孩子，“如果我让你做了这个选择，那么将来你拿什么证明今天的选择是你的最佳选择？”（那个立志去纽约当演员的孩子回答道：“妈妈，反正我知道这么做一定会让自己很开心，而且我会节衣缩食地达成这个目标。”）将这些过于自信的预测话语记录下来，这样当/如果孩子的预测最终失败时，你就有了更大的话语权。（或者相反地，这些话也可能会帮你认识到孩子一直以来都是正确的！）

9. 我们拥有太多的信息，客户数据简直多如牛毛。如果真的对所有数据进行处理，那么我们决策的用时就会是现在的四倍。

建议：

（1）也许你将信息过于放大了。与试图根据独特的个案进行预测相比，专家们可以通过使用缩小法和考虑基本比率做出更好的预测。（2）能去了解，就别去预测。是否存在一个你可以先去尝试，从而避免过度思考的办法？（3）你在纠结一个无关痛痒的决定吗？尝试用10—10—10办法分析，看看这个决定是不是真的重要到让你如此煎熬。

10. 这里的文化使得没人愿意放弃一个糟糕的项目或者想法，因为放弃就意味着承认失败。这种愚蠢的坚持造成了损失，因为它耗

尽了本来可以分配到新项目上的资源。我应该怎么办？

建议：

（1）记住要在预防心态和进取心态之间进行转换，就像在经济衰退后表现最好的那些公司曾采取的做法一样。在目前这个情形中，进取心态可能会帮助人们调整方向，抓住新的机会，而不是坚持已经失败的选择。（2）设法提出一些反面的观点。你能让人们意识到如果坚持糟糕的项目，竞争对手和客户会怎么做吗？现在承认失败总好过未来面对灾难好吧。（3）与这一情况相似的是安迪·格鲁夫曾面临的英特尔内存业务。这项业务以巨大的成功开始，但渐渐陷入了麻烦之中。"我们的继任者会怎么做"的问题令格鲁夫决心宣布内存业务的失败——同时全力投入到微处理器业务之中。（4）设置一个资源隔断形式的止损点，它会迫使你在指定的时间做出重新评估。（例如，"我们会再给这一遗留下来的问题 6 个月的解决时间，或 25 万美元的追加投资。但若情况没有好转，那我们就会对它进行重新考虑。"）这样也许会令改变方向变得更容易，并且少些权力斗争。

11. 我知道应该做的正确事情是什么，但我不确定自己是否能在组织内部把这个想法推销出去。那么我应该为它而战，还是应该屈从于组织的大环境？

建议：

（1）思考"兼顾二者，而非其一"。注意不要将这个问题限制在黑白分明的条条框框里，请努力寻找既可以让你做正确的事情，又可以满足同事需求的解决方案。（2）成为一个“魔鬼代言人”。即便你没有影响到最终的决定，但你仍可能会对这一决定的执行方式产生影响。（3）诉诸于核心焦点。如果这件“正确的事情”最符合你们组织的价值理念，那么同事们的责任就是去质疑那些价值理念，而不是与你争论。（4）如果你的希望落空了，那么就采用“区间评估”吧。寻找能够将你所预想的潜在危害进行限制的途径。这样做时，你便是在保护自己的组织——同时也表明了你是一个能预见到危害的聪明人。（5）还要记得假设积极意图。同事也许是错的（或者你是错的），但有可能的情况是，你们都想为公司做最有益的事情。

注 释

前 言

1. 丹尼尔·卡尼曼。“极少被某个问题难住”与“正常情况”分别引自2011年丹尼尔·卡尼曼 *Thinking, Fast and Slow* 一书中的第97页和第85页（出版社 New York: Farrar, Straus & Giroux）。在此书中，对于那些已被决策性文献记录在内的令人困惑的偏见和错误，卡尼曼出色地将它们进行了简化，并且说明了在“目光所及，便是一切”的影响下，它们是如何系统化地产生的。欲知该原理是如何阐述本书中所论及的偏见，读者可参照他的分析：思维狭隘、过度自信、证实倾向和短期情绪。
2. 职业选择。40%的失败率出自2009年3月30日《金融时报》的 *Rise of a Headhunter* 一文，作者为布鲁克·马斯特斯（Brooke Masters），本文网址为 http://www.ft.com/cms/s/0/19975256-1af2-11de-8aa3-0000779fd2ac.html#axzz24O1DwtbW。谈及这些决策的代价，凯文·凯利（Kevin Kelly）——知名高管猎头公司海德思哲（Heidrick & Struggles）的CEO说：“收益额的损失是巨大的，员工的聘用也是昂贵的，也很损伤士气。”教育研究出自教学与美国未来委员会（NCTAF）的 *Policy Brief: The High Cost of Teacher Turnover* 一文，本文网址为 http://nctaf.org/wp-content/uploads/NCTAFCostofTeacherTurnoverpolicybrief.pdf。

律师相关数据来源于 2008 年 1 月 6 日《纽约时报》上亚历克斯 · 威廉姆斯（Alex Williams）的题为 *The Falling-Down Professions* 一文，网址为 http://www.nytimes.com/2008/01/06/fashion/06professions.html。（有趣的是，60% 的医生因士气低落而考虑离开医学界。）

3. 商业决策。对 2207 个商业决策的研究引用自《麦肯锡季刊》（*McKinsey Quarterly*）2010 年第 2 期 30–45 页内容，即丹 · 洛瓦洛（Dan Lovallo）和奥利维耶 · 西博尼（Olivier Sibony）的题为 *The Case for Behavioral Strategy* 一文。1999 年，毕马威进行了一项研究，内容是考察企业并购一年后所带来的股东收益，与同行业未并购公司的对比。股东收益是一个衡量企业成功的通用标准，研究发现"83% 的并购案未能带来价值"。戴维 · 哈丁（David Harding）和山姆 · 若维特（Sam Rovit）在 2004 年著有 *Mastering the Merger* 一书，出版社 Boston: Harvard Business School Press。83% 的并购案没有增加股东财富，甚至有一半的并购案损害了股东的收益。
4. 个人生活方面。1995 年，托马斯 · 基洛维奇（Thomas Gilovich）和维多利亚 · 赫斯特德 · 麦玮奇（Victoria Husted Medvec）在学术期刊 *Psychological Review*（102 期，379–395 页）上发表了 *The Experience of Regret: What, When, and Why* 一文，他们在文章中探讨了老年人体会到的遗憾与后悔。
5. 充满不确定性的直觉。至尊红色天鹅绒芝士蛋糕的相关信息见网址：http://abcnews.go.com/Business/diet-disasters-top-calorie-heavy-menu-items/story?id=1411460#.UA2nOLTUPYQ；麦当劳的奶酪汉堡，http://nutrition.mcdonalds.com/getnutrition/nutrition-facts.pdf；Skittles 牌彩虹糖，http://www.wrigley.com/global/brands/skittles.aspx#panel-3。读者可

通过维基百科上的对应条目去了解伊丽莎白·泰勒的婚史。

6. 直觉游移不定。清除文身：http://www.boston.com/lifestyle/fashion/articles/2011/09/02/tattoo_remorse_fuels_reverse_trend_tattoo_removal/（访问日期为 2012 年 9 月 27 日）。新年计划的调查由英国赫特福德大学的理查德·威斯曼（Richard Wiseman）发起，在 2007 年 12 月 27 日版的《卫报》上，阿洛克·贾（Alok Jha）在 *New Year Resolution? Don't Wait Until New Year's Eve* 一文中论及了此项调查，网址为 http://www.guardian.co.uk/science/2007/dec/28/sciencenews.research。
7. 洛瓦洛与西博尼的研究。对这一令人印象深刻的研究的描述见《麦肯锡季刊》（*McKinsey Quarterly*）2010 年第 2 期 30–45 页题为 *The Case for Behavioral Strategy* 一文。西博尼提出的法庭类比见于 *McKinsey on Finance*。2011 年第 38 期 10–15 页上刊载的比尔·休耶特（Bill Huyett）和蒂姆·凯勒（Tim Keller）的 *How CFOs Can Keep Strategic Decisions on Track* 一文。洛瓦洛所言出自奇普·希思在 2012 年 4 月对其进行的一次访谈。
8. 富兰克林的心理数学。此信件全文在网络上普遍可见，亦可见于约翰·图威尔·拉特（John Towill Rutt）所写的二卷本著作 *Life and Correspondence of Joseph Priestley* 的第一卷，出版社 London: R Hunter，1831 年。请参照书中第 182 页上的 1772 年 9 月 10 日的纪录。

第一章 阻碍有效决策的四大思维陷阱

1. 史蒂夫·科尔，兼顾二者，而非其一。科尔所言出自奇普·希思在 2011 年 5 月和 2012 年 6 月对其进行的访谈。
2. 有能力独自解决问题的承包商。保罗·纳特（Paul Nutt）是我们将要在第二章中提到的人，他在一次大型研究中发现当组织和团体只要求承包商进行一轮方案竞选，并从中挑选出最佳选择时（这是大部分组织采用的典型投标流程），他们的这一选择获得长期成功的可能性是51%。当他们用第一轮筛选所获得的信息法了解该领域，并在之后展开第二轮筛选时，成功率便跃至100%。*Surprising but True: Half the Decisions in Organizations Fail*，保罗 · 纳特（Paul C. Nutt），*Academy of Management Executive* 期刊第 13 期，75–90 页，1999 年。

3. 证实倾向，对吸烟者的调查源自 1965 年蒂莫西 · 布罗克（Timothy C. Brock）的 *Commitment to Exposure as a Determinant of Information Receptivity* 一文，刊于 *Journal of Personality and Social Psychology* 杂志的第 2 期 10–19 页。洛瓦洛所言出自奇普 · 希思在 2012 年 4 月对其进行的一次访谈。
4. 英特尔公司的内存芯片。这一故事见于安迪 · 格鲁夫（Andy Grove）所著回忆录的第 81–93 页内容。*Only the Paranoid Survive*，安迪 · 格鲁夫著，出版社 New York: Currency Doubleday，1996 年。格鲁夫对 1984 年公司情况的总结，以及“新任 CEO”的假设见于此书的第 89 页。英特尔的股票数值来自 2012 年 4 月 3 日的 WolframAlpha 网站。巴里 · 斯托（Barry M. Staw）花费了更多的努力去理解人们为何会不合理地增加对失败方案的投入，他预测了格鲁夫的技巧会产生效果。他说，区分合理努力与过度投入的办法是“留出一段时间回溯决定，以一个局外人的角度去审视它”。在这段时间里，可以自问“如果我今天第一次接手了这份工作，发现这个计划仍在进行，那么我应该支持它，还是放弃它”。参看 *Knowing When to Pull the Plug* 的第 5 页，巴里 · 斯托和杰里 · 罗斯（Jerry Ross），*Harvard Business Review*3–4 月刊，1–7 页，

1987 年。

5. 电子表格决策。决策分析领域以此种方法为基础。巧妙且易于理解的版本可参见 *Smart Choices: A Practical Guide to Making Better Life Decisions* 一书，作者约翰·哈蒙德（John S. Hammond）、拉尔夫·基尼（Ralph L. Keeney）与霍华德·莱福（Howard Raiffa），出版社 Boston: Harvard Business School Press, 1999 年。
6. 堆芯熔化的概率。“苏联官员表示，核反应堆芯熔化是‘1 万年发生一次’，” 1986 年 4 月 29 日新闻，可在网站 www.apnewsarchive.com 上输入 odds of meltdown（堆芯熔化概率）进行查询。
7. 谁想要听那些男演员在说什么鬼话？*Traveling Through Time*，克利福德·皮科夫（Clifford Pickover），PBS Nova 博客，1999 年 10 月 12 日，http://www.pbs.org/wgbh/nova/time/through2.html。
8. 一个电动玩具。这个引述被广泛报道，但它错得那么离谱，所以我们认为它可能是一个传闻。科学技术史学家戴维·豪恩谢尔（David A. Hounshell）称这个引证内容也许是伪造的，也许又不是。不过他举了很多信件中的例子，这些信件与贝尔的电话专利同处于一个时代，内容提及了在那个时候很多颇有学识的电报专家和商业人士都把它看成一个“玩具”。*Elisha Gray and the Telephone: On the Disadvantages of Being an Expert*，戴维·豪恩谢尔，*Technology and Culture* 季刊第 16 期，133–161 页，1975 年。
9. 披头士乐队的故事。*Four-Piece Groups with Guitars Are Finished*，乔希·桑伯（Josh Sanburn），《时代》，2011 年 10 月 21 日。网址 http://www.time.com/time/specials/packages/article/0,28804,2097462_2097456_2097466,00.html。Beatles Bible, http://www.beatlesbible.com/1962/01/01/recording-

decca-audition/。列依的话引自 The Beatles（2000 年），*The Beatles Anthology* 第 67 页，出版社 San Francisco: Chronicle Books。后来，迪克·罗威后悔自己做出的“吉他乐队的时代已告终结”的武断决定，在乔治·哈里森（George Harrison）的建议下，他于 1963 年，也就是一年之后，与滚石乐队签了约。根据维基百科资料显示，因为“后悔未签约披头士乐队”，德卡唱片公司愿意花大力气去和滚石乐队进行商谈。滚石“得到了新乐队普通唱片版税率的 3 倍，对唱片具有绝对的艺术风格控制权，以及录音母带的所有权”。（http://en.wikipedia.org/wiki/The_Rolling_Stones）

10. 四个步骤。各作者对决策的基础过程形成了广泛的共识，虽然在每一本决策书籍都对其内容有不同的区分和界定。我们对这些步骤的区分可能要最大程度地归功于一本伟大的书籍：*Winning Decisions: Getting It Right the First Time*, J. 爱德华·鲁索与保罗·休梅克著，出版社 New York: Currency/Doubleday，2002 年。奇普·希思教学多年，内容始自这些步骤的雏形《决策陷阱》（*Decision Traps*）一书。他对此永远心存感激，因为它们令他早年的教学变得容易一些。最有可能启发卡通衍生品创意的决策模型当属 GOFER① 模型（目标的明确，选择的产生，事实的查找，效用的思考，回顾与执行），出自 *Effectiveness of the GOFER Course in Decision Making for High School Students*，列昂·曼（Leon Mann）、罗斯·哈尔莫尼（Ros Harmoni）、科林·鲍威尔（Colin Power）与盖瑞·贝斯维克（Gery Beswick）著，*Journal of Behavioral Decision Making* 期刊，第 1 期，159–168 页，1988 年。

---

① GOFER 与迪士尼卡通形象 gofer（高飞狗）同名。——编者注

11. 约瑟夫·普里斯特利。利弊清单分析来自普里斯特利的信件，编辑于约翰·图威尔·拉特（John Towill Rutt）所写的二卷本著作*Life and Correspondence of Joseph Priestley*的第一卷，出版社London: R Hunter，1831年。尤其是他在1772年的信件：写给Dr. Price（7月21日，8月25日，9月27日），Reverend W. Turner（8月24日），Reverend T. Lindsey（未标注日期），Reverend Joshua Toulmin（12月15日）。著名的富兰克林“心理数学”回信（9月10日）在书中175–187页。我们对普里斯特利生涯的概述得益于美国化学学会对其生活和成就的记载，该协会每年都会为化学领域的贡献者颁发普里斯特利奖章（可在网站acs.org上输入Priestley进行查询）。
12. 直觉决策。几年前，人们强烈支持在日常和商业决策中运用直觉。例如，马尔科姆·格拉德威尔（Malcolm Gladwell）在*Blink: The Power of Thinking Without Thinking*一书中的叙述（出版社New York: Back Bay Books，2007年），或*The Power of Intuition: How to Use Your Gut Feelings to Make Better Decisions at Work*，加里·克莱因（Gary Klein）著，出版社New York: Crown Business，2003年。近来，有关直觉局限性的公众意识正在增强，某种程度上要感谢丹尼尔·卡尼曼在*Thinking, Fast and Slow*一书中对直觉做出的易于理解的解释。

    在支持直觉的同时，我们应该清楚直觉也有其适用情境，一项研究共识正逐步显现，其内容是在什么情形下，直觉能够可靠地提供合理答案。作为专注阐明直觉在何种情形中可以奏效的研究人员之一，罗宾·霍格思（Robin Hogarth）对学习环境进行了从好至坏的连续性描述。当我们在好环境中捕获直觉时，我们的内心本能有可能是有益的，而在恶劣环境中所捕获的直觉可能是糟糕的。在好的环境中，反馈是清晰的、即时的且不受预测行为左右的。预报第二天的天气情况，就是一个好环境。它的反馈既迅速（在第二天）又清晰（下雪或者不下雪）。并且，预测行为并不能左右最终的结果——雨雪不会受天气预报员控制。

与此相反，急诊室中的学习环境则是恶劣的，因为它缺少长期的反馈。大多数急诊室医生和护士都能得到很好的短期反馈（我要么能帮助病人止血，要么不能），但是长期反馈不好，因为他们看不到一个病人在离开急诊室后的情况是怎样的（比如说，我们所采取的止血措施是否在一段时间后会引起更为复杂的并发症。）从以下三方面来看，新产品发布情形下的学习环境是恶劣的。它们的反馈不清晰（Pets.com 也许不是一个好主意，或者仅仅是走在了时代的前面），总被延误（常常是几个月或几年），且被预测行为所左右（将一个产品发布进行高低优先权分级的行为可导致许多结果的自我实现，比如说，它的广告预算和它的产品发布团队的成员素质）。由于具体问题运作环境的关系，与相信发布新品的企业家或品牌经理相比，我们最好是相信天气预报员的直觉。我们应该相信急诊室的医生能够找到解决健康危机的短期有效方案，但不能相信他们能够提出好的应对慢性疾病的长期治疗方案。对霍格思论据的内容摘要可参阅 *Educating Intuition* 一书的第 218–219 页，罗宾 · 霍格思著，出版社 Chicago: University of Chicago Press, 2001 年。

令人沮丧的是，对生活中做出的许多重要决定——去哪一所大学，和谁结婚，发布何种产品以及提拔哪一个员工——来说，这些情形不适合相信直觉。杜克大学的瑞克 · 拉里克教授（Rick Larrick）总结了有利于培养良好直觉的学习环境：他将它们称之为“电子游戏世界”——提供着迅速、明确且不能改变的反馈。电子游戏中的你可以多次死而复生。但就本书中所提到的决定来说，这个“生命”可不会让你重来许多次。

有趣的是，在就“直觉的价值”进行了长达数年的辩论后，丹尼尔·卡尼曼和加里·克莱因最终达成了一致看法（并且与上文中霍格思的论点相似）。即使身为直觉价值的坚决支持者，克莱因也只是把直觉看成决策过程中的一个因素。当被《麦肯锡季刊》问到管理者们是否应该相信直觉时，他回答说：“如果你的意思是‘我的直觉是这样告诉我的，所以我可以凭此行动，无须担心，’那么我要说，你永远都不要相信直觉。你需要把直觉感受看作是一个重要的信息，在这之后你必须谨慎地对它进行评估，看看它在这个背景下能否说得通。”卡尼曼和克莱因最终一致认为，在处于以下情形中时，直觉的可信度要高一些：（1）学习环境是可预测的；（2）学习环境能提供好的反馈。克莱因语出 *When Can You Trust Your Gut?, McKinsey Quarterly* 季刊第 2 期，58–67 页，2010 年。欲知他们为心理学家所写的会话记录，请阅读 *Conditions for Intuitive Expertise: A Failure to Disagree* 一文，*American Psychologist* 期刊，第 64 期，515–526 页，2009 年。

13. 范·海伦乐队，棕色 M&M's 巧克力豆。我们最初在 2010 年 3 月出版的 *Fast Company* 杂志的专栏中写过大卫·李·罗斯的故事。大卫·李·罗斯的话全部引自他的自传作品：*Crazy from the Heat*，大卫·李·罗斯（David Lee Roth）著，出版社 New York: Hyperion，1997 年。电视机的故事在书中第 156 页，棕色 M&M's 巧克力豆条款在 97–98 页。罗斯说因为科罗拉多州的一所大学未对合同中的舞台承重指南足够重视，造成乐队的表演舞台陷入了其新涂过胶的篮球场地板中，重置费用高达 8 万美元。新闻报道却称罗斯破坏了化妆室，并造成了 85 000 美元的损失。“我有什么资格去反驳一则劲爆的谣言呢？”罗斯说。

14. 鲍迈斯特尔打的转弯处比方。*Ego Depletion: Is the Active Self a Limited Resource?,* 作者罗伊 · 鲍迈斯特尔（Roy F. Baumeister）等人，*Journal of Personality and Social Psychology* 杂志第 4 期，第 1252 页，1998 年。

第二章 避免思维狭隘

1. 青少年的决定。对“分手还是不分手”的讨论可参看网址 http://www.ask.com/anwers/177313841/break-up-or-not。此项研究调查出自 *The Real World: What Good Is It?* 一文，作者巴鲁克 · 菲施霍夫（Baruch Fischhoff），*Organizational Behavior and Human Decision Processes* 期刊，第 65 期，232-248 页，1996 年。菲施霍夫的总结在书中第 234 页和表格 1 位置。（菲施霍夫说，65% 的青少年的决定不具有明确的选项或替补选项，30% 具有两个或更多的真实替补选项，剩下的 5% 则是被他称为“谋求或‘设计’选择”的决定，比如说“对……做什么”。因为我们并不确切地知道应如何对这 5% 的决定归类，所以在本文中我们只提及了前两个分类。）穿什么衣服的选择是一类违反了“是否”式倾向——只考虑唯一选项的决定。全球服装市场为人们提供了丰富的选择，可即使是这样，仍有 40% 的青少年缺少对着装的第二选择。
2. 桂格收购斯纳普。此案例研究的大部分背景知识和分析内容出自 *Expanding the Search for Alternatives During Strategic Decision–Making* 一文，作者保罗 · 纳特（Paul C. Nutt），*Academy of Management Executive* 期刊，

第18期，第13–28页，2004年。他将斯纳普收购案记录在了第17–18页。“高出了10亿美元”的估测出自*Quaker to Sell Snapple for $300 Million*一文，作者巴纳比·菲德尔（Barnaby J. Feder），《纽约时报》，1997年3月28日。网址http://www.ny times.com/1997/03/28/business/quaker-to-sell-snapple-for-300-million.html?pagewanted=all&src=pm。在史密斯伯格宣布这项有史以来公司最大的收购决定的当天，双方的股价均有下跌，桂格公司的股价下降了10%。相关内容可看*Quaker Oats to Acquire Snapple*一文，作者格伦·柯林斯（Glenn Collins），《纽约时报》，1994年11月3日。http://www.nytimes.com/1994/11/03/business/company-reports-quaker-oats-to-acquire-snapple.html?pagewanted=2。“对提议说‘不’”引自我们最喜爱的商业决策书籍之一，即*Why Smart Executives Fail*一书的第98页内容，此书作者为席尼·芬克斯坦（Sydney Finkelstein），出版社New York: Portfolio。芬克斯坦也谈到了桂格收购案引发的债务问题。前面提到的菲德尔的文章指出，桂格的市场份额在它亏本出售斯纳普后已有增加。这表明投资者们对这份迟来的挽救决定很是欢迎。

3. 一项毕马威的研究。席尼·芬克斯坦在所著书籍*Why Smart Executives Fail*中用了一整章来讲述兼并和收购的问题（第4章，77–107页）。此项毕马威研究出自第77页的讨论。
4. 纳特对168个战略决策的研究。*The Identification of Solution Ideas During Organizational Decision Making*，作者保罗·纳特（Paul C. Nutt），Management Science第39期，第1071–1085页，1993年。第1079页上面的第4个表格对“是否”式的单一选择与多重选择的结果失败率进行了比较。纳特解释了“是否”式决定所面临的风险，具体内容见*Surprising but True: Half the Decisions in Organizations Fail*，保

罗 · 纳特（Paul C. Nutt），*Academy of Management Executive* 期刊，第 13 期第 78 页。

5. 海迪 · 普赖斯帮助学生。这一故事出自丹 · 希思与海迪 · 普赖斯在 2011 年 7 月和 2012 年 4 月的两次交谈，以及在 2012 年 7 月与考菲尔德 · 施纳格的一次交谈。
6. 聪明到可以进耶鲁大学。经济学者们研究了那些在两所备选大学中选择了去声望较低学校读书的学生。去声望较低的学校读书而造成的终生收入降低值为零。对普林斯顿的经济学者斯特西 · 戴尔（Stacy Dale）和阿兰 · 克鲁格（Alan Krueger）所做的两项研究的精彩概述可参见：*Revisiting the Value of Elite Colleges*，作者大卫 · 莱昂哈特（David Leonhardt），《纽约时报》，2011 年 2 月 21 日。网址 http://economix.blogs.nytimes.com/2011/02/21/revisiting-the-value-of-elite-colleges/。最初得出这一结论的文章是 *Estimating the Payoff of Attending a More Selective College: An Application of Selection on Observables and Unobservables*，作者为斯特西 · 博格 · 戴尔（Stacy Berg Dale）和阿兰 · B. 克鲁格 (Alan B. Krueger), *Quarterly Journal of Economics* 季刊，第 107 期，1491–1527 页，2002 年。莱昂哈特引用了克鲁格的话："我给学生提的建议是，不要把全部目光都放在那所没有录取你的学校上……你的学习动机、志向以及才能将比你毕业证书上的学校名字更能决定你的成功。"
7. J. 布莱恩 · 布兰斯菲尔德神父。此内容来自丹 · 希思和神父在 2011 年 6 月的交谈，以及后来的一次电子邮件交流。
8. 把 14.99 美元存下来另作购买计划。对这项机会成本研究进行讨论的是 *Opportunity Cost Neglect*，作者谢恩 · 弗雷德里克（Shane Frederick）

等, *Journal of Consumer Research* 期刊，第 36 期, 553–561 页, 2009 年。“考虑可以买到多少汉堡”以及艾森豪威尔的话均出自这一篇论文。立体音响的故事来自一篇未标明出处的文章；附加的故事背景来源于奇普·希思和谢恩·弗雷德里克在 2012 年 3 月的一次交谈。

9. 桑德斯应该解雇安娜吗？故事取自玛格丽特·桑德斯和丹·希思在 2011 年 10 月的一次访谈，“桑德斯”和“安娜”均系化名。

第三章 多目标追踪

1. 莱克西肯。莱克西肯的故事源于丹·希思和普拉赛克在 2010 年 9 月的一次交谈，以及对莱克西肯进行的一项时间较早的个案研究，它由奇普·希思和维多利亚·张 Victoria Chang 开展，题为 Lexicon（A），斯坦福商学院 M300A，2002 年。这个故事首次亮相于我们在 *Fast Company* 杂志上所写的专栏文章——*How to Pick the Perfect Brand Name*，作者署名丹·希思与奇普·希思，2011 年 12 月 /1 月。
2. 网络横幅设计研究。这项操纵团队成员同时设计多个广告或一次设计一个广告的研究来自 *Parallel Prototyping Leads to Better Design Results, More Diver-gence, and Increased Self-Efficacy*，作者史蒂文·P. 陶（Steven P. Dow）等，*Transactions on Computer-Human Interaction* 期刊，第 4 期，第 17 卷，2010 年。参与者们对设计程序的真实反应记载在书中第 16 页。克莱默的话源于奇普·希思在 2010 年 9 月对他进行的访谈。
3. 艾森哈特对硅谷的研究。艾森哈特的研究见于 *Making Fast Strategic Decisions in High-Velocity Environments*，凯思琳·艾森哈特 (Kathleen M.Eisenhardt), *Academy of Management Journal* 期刊，第 32 期，543–

576 页，1989 年。

4. 24 种果酱。*When Choice Is Demotivating: Can One Desire Too Much of a Good Thing?,* 希娜·艾扬格（Sheena S.Iyengar）与马克·莱珀（Mark R. Lepper）,*Journal of Personality and Social Psychology*杂志，第79期，995–1006 页，2000 年。

5. 引发决策瘫痪。研究文献中的最佳佐证显示，只有当选项的数量超过 6 个后，决策瘫痪才有可能会发生，一些近期的评论甚至怀疑是否真的存在决策瘫痪。一个典型的研究案例是将一组 4~6 个不同类别的物品与另一组 20~30 个不同类别的物品进行对比，其结果和此处讨论的果酱研究结果类似，即初始研究显示人们更有可能延迟或抗拒对数量较大的那一组物品的选择。对 21 世纪头几年文献的描述是由巴里·施瓦兹（Barry Schwartz）整理总结的，他提出选项过载的概念，具体内容见于他在 2004 年所著的 *The Paradox of Choice: Why More Is Less* 一书（出版社 New York: HarperCollins）。我们在自己所著的另外两本书——*Switch* 和 *Made to Stick* 中写了选项过载的相关研究内容，引用了埃德尔·沙菲尔等人的研究，他们发现了在只有 2 个选项的情况下也会导致决策瘫痪的证据。不过典型研究认为决策瘫痪一般发生在具有 6~20 个选项之时。

   最近，一些研究人员争辩说即便在面临选项较多的选择时，选择瘫痪也不会成为严重的问题。最初的选择瘫痪案例吸引了众多关注的目光，所以到了 2010 年，一组研究人员开始对涉及 5000 余名参与者的 50 余篇论文展开元分析。他们发现在自己回顾的研究中，选项数量的增加并不一定会降低做出选择的满意度或积极性。实际上，在人们知识充足或偏好明确（例如，常见的饮食类别咖啡）时，较多的选项可能会提高人们的满意度。*Can There Ever Be Too Many Options? A Meta-analytic Review of Choice Overload*，本杰明·谢伯翰（Benjamin Scheibehenne）、雷纳·格雷芬尼德（Rainer Greifeneder）与彼得·托德（Peter M. Todd），*Journal of Consumer Research* 期刊，第 37 期，409–425 页，2010 年。

辩论仍在进行，因此如果要对 *Made to Stick* 或 *Switch* 进行改写的话，我们将会再次对它进行调查，以此来决定是否继续强调书中有关选项过载的调查研究。但是依照多目标追踪而言，我们只是注明：即便选择瘫痪会发生在拥有第 20 个选项之时，研究资料仍然显示这对考虑增加第二个或第三个选项时不成问题（这正是我们的建议）。此外，即便在面对少量选项时出现了选项过载的问题，在保罗·纳特的研究以及下面提到的德国技术公司研究看来，忍受选项过载带来的微小痛苦，去换取从两三个选项中进行选择的许多益处，是值得的。

6. 德国中型技术公司。*Number of Alternatives and Efficiency in Different Types of Top-Management Decisions*，汉斯·格奥格·格明登（Hans Georg Gemünden）与尤尔根·豪希尔特（Jürgen Hauschildt），*European Journal of Operational Research* 杂志，第 22 期，178–190 页，1985 年。曾用来对决策进行评估的程序是严格苛刻的，它总共需要经历 4 次时长为 4 小时的会议（你上一次花费 4 个小时去回顾自己的决定是在什么时候？），而且其数据显示评级者对自身的要求很严苛。在他们对自己决定进行的评级中，只有 26%“非常好”，而“差”和“满意”的比率分别达到了 34% 和 40%。当然，这一数字只有相关性，没有因果关系，但研究发现，不论在复杂还是简单的决策情境中，拥有多个选项总是会帮助我们做出更好的决定，研究者们借此消除了一个可能混淆视听的因素：如此一来，就能说明并非只有在简单的决策情境中，才能找出多个选项。

7. 基辛格的看法。“唯一真实的选择”出自 *White House Years* 一书第 418 页内容，亨利·基辛格（Henry Kissinger）著，出版社 New York: Little, Brown，1979 年。

8. 预防与进取心态。一般来说，在我们思索自己“应该”做什么，考虑责任和义务（正如你和儿子就他的俱乐部主席职务所展开的对话）、评估损失（住房价格）或危险（广播中提到的新技术）时，“预防”心态将会被触发。而在我们思索自己的目标、志向（比如你的儿子对他的俱乐部所怀有的目标）或理想（比如你要美化住房的想法），以及在考虑收益或机遇（比如广播中提到的新技术）时，被触发的则是“进取”心态。在我们所处的文化中有名言警句分别对应这两种心态。表现预防心态的是“安全要比懊悔难过好”、“一鸟在手，胜似二鸟在林”，以及“三思而后行”。表现进取心态的是“把握今天”、“不冒险，无所得”，以及“当断不断，必受其乱”。

   这些心态的发现者是哥伦比亚大学的心理学家托里·希金斯（Tory Higgins）。他有一部相关著作 *Focus: Use Different Ways of Seeing the World to Power Success and Influence*，海蒂·格兰特·哈佛森（Heidi Grant Halvorson）与托里·希金斯（E. Tory Higgins），出版社 New York: Hudson Street Press，2013 年。

9. 各公司如何经历三次全球经济衰退。*Roaring Out of Recession*，兰杰·古拉蒂（Ranjay Gulati）、尼汀·诺瑞亚（Nitin Nohria）与弗朗兹·沃杰佐根（Franz Wohlgezogen），*Harvard Business Review* 三月刊，4–10 页，

2010 年。

10. 多琳。多琳的故事来自 *Women Who Think Too Much: How to Break Free of Overthinking and Reclaim Your Life*，苏姗·诺伦–霍克西玛（Susan Nolen-Hoeksema），出版社 New York: Holt，第 89–91 页，2003 年。

第四章 借助外脑：咨询解决过同样问题的人

1. 沃尔玛公司的巨大规模。2012 年的销售数据来自迈克尔·杜克（Michael T. Duke）的文章 *To Our Shareholders, Associates and Customers*，网址 http://www.walmartstores.com/sites/annual-report/2012/CEOletter.aspx。其他趣闻可见 *Which Is the World's Biggest Employer?*，露丝·亚历山大（Ruth Alexander），BBC News Magazine，2012 年 3 月 19 日。网址 http://www.bbc.co.uk/news/magazine-17429786。*Scary（but True）Facts About Wal-Mart*，Business Pundit 网站的 2012 年 7 月 1 日文章，网址 http://www.businesspundit.com/stats-on-walmart/。你知道吗？在澳大利亚、欧洲大陆和纽约市并没有沃尔玛超市。详情请看沃尔玛的营业地址（Our Locations），网址 http://corporate.walmart.com/our-story/locations；以及 *Walmart in New York City: Just How Desperate Is the Retail Giant to Open in the Big Apple?* 一文，马特·查本（Matt Chaban），《赫芬顿邮报》，2012 年 8 月 6 日。网址 http://www.huffingtonpost.com/2012/08/06/wal-mart-in-new-york-city-losing-fight-to-open-store_n_1748039.html。

2. 山姆·沃尔顿。中心结账区域的故事以及他的“仿效”之说见于 *Giants of Enterprise: Seven Business Innovators in the Empires They Built* 一书的

第 336–339 页，理查德 · 泰德罗（Richard S. Tedlow）著，出版社 New York:Collins，2003 年。其他借鉴的例子来自沃尔顿的自传——*Sam Walton: Made in America*，山姆 · 沃尔顿（Sam Walton）和约翰 · 休伊（John Huey）著，出版社 New York: Doubleday，1992 年。他所说的有关凯马特的话在书中的第 104 页，对其他折扣店的讨论在第 54 页，配送中心的概念在第 102 页。他表示，在初期时，“沃尔玛渺小而无足轻重，吸引不到任何关注”。所以他选择在另一家折扣店的总部亮相，然后说，“嗨！我叫山姆 · 沃尔顿，来自阿肯色州的本顿维尔。我们在那儿开了几家店。”他说很多人会和他聊起来，“也许是因为好奇吧，”他接着说，“总之我会咨询很多有关标价和配送的问题。我通过这个方法学到了很多东西。”（第 105 页）折扣店相当于宠物的主人，饲养了可爱的短吻鳄宝宝，可这只短吻鳄终有一天会长到足够大——吞掉家里的狗。

3. 凯撒医疗机构。这个故事来自奇普 · 希思与罗伯特 · 柏尔、阿兰 · 薇琵和戴安娜 · 克蕾格三位医生在 2012 年 8 月间的交谈。有关前列腺癌和乳腺癌的数据对比的背景知识来自对全美的调查；据估计，每年有 21 万 ~35 万名病人死于脓毒症。详情见美国国立卫生研究院在 2009 年 10 月发布的 *Sepsis Fact Sheet*，网址 http://www.nigms.nih.gov/education/factsheet_sepsis.htm。取这一范围（脓毒症致死人数）的中间值，如果医院能够和凯撒一样，使死亡率下降 28%，那么这就相当于每年拯救了 78 000 名病人的生命。根据 2009 年的美国国家统计报告显示，有 41 000 人死于乳腺癌，28 000 人死于前列腺癌。详情见 *Deaths: Final Data for 2009*，作者肯尼斯 · 科尔奈克（Kenneth D. Kochanek）等人，*National Vital Statistics Reports* 第 3 期第 60 卷，第

105 页，2011 年 12 月 29 日（网址 http://www.cdc.gov/nchs/data/nvsr/nvsr60/nvsr60_03.pdf）。完全披露：奇普·希思与凯撒医疗机构就它所做的变化进行了沟通，奇普就是从这里听到了此故事。他在之前还没有就此个案去和薇琵或克蕾格进行交谈。

4. 迪恩·休斯和马克·约翰逊。这个故事来自奇普·希思和迪恩·休斯的交谈内容，时间是 2010 年 9 月和 2012 年 3 月。鉴于 StrawberryFrog 公司的 CEO 斯科特·古德森（Scott Goodson）曾与休斯和约翰逊一起工作过，所以我们让他谈了谈与这二人的共事经历。古德森的代理公司建立在网络模型的基础上，它与全球百余名自由职业者保持着联系，并挑选一个相关的小团队去为诸如菲多利食品（Frito-Lay）、喜力酿酒（Heineken）、谷歌（Google）和智能汽车（Smart Car）等客户的项目服务。即便见识过全世界众多有创造力的英才，古德森自己仍从休斯和约翰逊那里得到了很多创意想法："和他们一起工作时，我会给他们几天的时间去思考。这之后我会跟他们通电话，每到这时创意就源源不断，'噢，这简直太棒了！这种思考方式太犀利了。'迪恩和马克拥有独特的才华——在对产品的品牌、前景以及世界上正在发生的事情进行思考时，他们拥有无与伦比的绝妙策略，他们能将这些融为一体。"

5. 凯文·邓巴做的科学类比。"寻找其他已经解决的同类问题"以及"科学家们经常会意识不到类比的重要作用"的概念均出自 *How Scientists Think in the Real World: Implications for Science Education* 一文，作者凯文·邓巴（Kevin Dunbar），*Journal of Applied Developmental Psychology* 期刊，第 21 期，第 49–58 页，2000 年。其他内容以及观察结果出自 *How Scientists Really Reason* 一文，作者凯文·邓巴（Kevin

Dunbar)。此文出自 *The Nature of Insight*，编者罗伯特·斯滕伯格(Robert J. Sternberg)与珍妮特·戴维森(Janet E. Davidson)，出版社 Boston: MIT Press，1996 年。

6. 医用塑胶制品设计者的类比。*The Relationship of Analogical Distance to Analogical Function and Preinventive Structure: The Case of Engineering Design*, 勃·T. 克里斯坦森(Bo T. Christensen)和克里斯蒂安·D. 舒恩(Christian D. Schunn)，*Memory & Cognition* 期刊，第 35 期，第 29–38 页，2007 年。
7. 爬梯子。一些营销者在谈及实现消费者核心需求的过程时会使用“爬梯子”这一术语。一个女孩也许会用肥皂洗脸，此时的“爬梯子”技巧是通过对女孩提出几次“为什么”的问题，以确定她对“美丽”的更深层次需求和愿望。对营销者来说，向上爬梯子的行动就是沿着抽象的需求层次向上探索的行动。我们从更直观的角度来运用这个概念——当你沿着名为“类比”的梯子拾级而上时，你将看见更多的类比、范围更广的类比和更抽象的类比。
8. 菲赫斯特的泳衣设计。此例中的大部分内容以及其他大部分引语，包括在自然历史博物馆中的场景在内，都出自“The Waldo Canyon Fire”，The Story(主持人迪克·戈登)，美国公众媒体，2012 年 6 月 29 日，网址 http://thestory.org/archive/The_Story_62912.mp3/view。“粗糙度是关键”引语以及“83% 的奖牌”数据均来自一个视频，里面介绍了为什么菲赫斯特能够成为 2009 年欧洲年度发明奖最终入围者，网址为 http://www.epo.org/news-issues/european-inventor/finalists/2009/fairhurst.html。对“鱼雷”的描述来自 2009 年 4 月 28 日 BBC 的一篇题为 *Inventor Awards to Be Announced* 的报道，http://news. bbc.co.uk/

today/hi/today/newsid_8022000/8022077.stm。对菲赫斯特这款泳衣的争议和禁令的记载出自 *London Olympics: Advances in Swimwear for Atheletes-and You*, 黛德丽·克劳福德（Deidre Crawford），《洛杉矶时报》，2012 年 7 月 29 日，http://articles.latimes.com/2012/jul/29/image/la-ig-olympic-swimwear-20120729。

9. 减少阻力，加大推力。*A Swimsuit Like Shark Skin? Not So Fast,* 彼得·罗尔（Peter Reuell），Harvard Gazette，2012 年 2 月 9 日，http://news.harvard.edu/gazette/story/2012/02/a-swimsuit-like-shark-skin-not-so-fast/（访问时间 2012 年 9 月 11 日）。有意思的是，这位科学家认为在对鲨鱼皮的模拟方面，速比涛团队并没有做得足够好。可同时他又认为，以一些测试为基础来看，游泳者的成绩之所以得到了提高，在很大程度上要归因于“速比涛”泳衣。

第五章 克服证实倾向

1. 海沃德和汉布里克，CEO 们的傲慢自大。这一部分中的材料，包括 41% 的平均溢价以及巴菲特所说的警句在内，出自 *Explaining the Premiums Paid for Large Acquisitions: Evidence of CEO Hubris*，马修·海沃德（Mathew L. A. Hayward）和唐纳德·汉布里克（Donald C. Hambrick），*Administrative Science Quarterly* 季刊，第 42 期，103–127 页，1997 年。巴菲特警句的加长版内容出自 *The Essays of Warren Buffett: Lessons for Corporate America* 一书的第 137–139 页，沃伦·巴菲特（Warren E. Buffett）著，劳伦斯·坎宁安（Lawrence A. Cunningham）编，网址 http://bit.ly/fAQgBX。海沃德和汉布里克同时也向大家揭示了在支付溢价时，CEO 们会超额支付：在支付较高的溢

价后，公司的表现会明显变差。

2. 阿尔弗雷德·斯隆的故事。*The Effective Executive*，彼得·德鲁克（Peter F. Drucker），第 148 页，出版社 New York: HarperBusiness，2006 年。

3. 证实倾向的元分析。*Feeling Validated Versus Being Correct: A Meta-analysis of Selected Exposure to Information*，威廉·哈特（William Hart）等，*Psychological Bulletin* 第 135 期，555–558 页，2009 年。

4. 魔鬼代言人。对魔鬼代言人以及它在天主教中角色的讨论见于 *Billion Dollar Lesson: What You Can Learn from the Most Inexcusable Business Failures of the Last Twenty-Five Years*，保罗·卡罗尔（Paul B. Carroll）和梅振家（Chunka Mui），出版社 New York: Portfolio Books，2008 年。加州大学伯克利分校所做的研究证实了寻求既有的（真实的）异议是有价值的：*Devil's Advocate Versus Authentic Dissent: Stimulating Quantity and Quality*，查兰·内梅斯（Charlan Nemeth），凯斯·布朗（Keith Brown），约翰·罗杰斯（John Rogers），*European Journal of Social Psychology* 第 31 期，707–720 页，2001 年。

5. 射杀委员会和铜锣秀。*Cognitive Repairs: How Organizational Practices Can Compensate for Individual Shortcomings*，奇普·希思、理查德·拉里克（Richard P. Larrick）和约书亚·克莱曼（Joshua Klayman），*Research in Organizational Behavior* 第 20 期，1–37 页，1998 年。

6. 罗杰·马丁与 Copper Range 铜矿。Copper Range 铜矿故事来自奇普·希思对罗杰·马丁、理查德·罗斯和约翰·桑德斯三人进行的访谈，时间分别为 2012 年 3 月、2012 年 4 月以及 2012 年 5 月。引用内容还源于罗杰·马丁发布的一篇博客文章 *My Eureka Moment with Strategy*，哈佛商业评论博客，2010 年 5 月 30 日，网址 http://blogs.hbr.org/

martin/2010/05/the-day-i-discovered-the-most.Html。“如果你认为解决某个事情的某个想法是不对的”就来自这篇博文。

7. 施利茨法官给法学学生的建议。*On Being a Happy, Healthy, and Ethical Member of an Unhappy, Unhealthy, and Unethical Profession*, 作者系美国地区法院法官帕特里克 · J. 施利茨（Patrick J. Schiltz），*Vanderbilt Law Review* 第 52 期,945–998 页,1999 年。我们在网上看到了它的 PDF 版，但因时效问题，我们可能无法提供链接地址；我们给你的建议是搜索关键词“Schiltz unhappy unethical”，但愿你也能找到它。

8. iPod 的研究。*There Is Such a Thing as a Stupid Question: Question Disclosure in Strategic Communication*, 朱莉 · A. 明森（Julie A. Minson）、妮可 · E. 鲁迪（Nicole E. Ruedy）和马利斯 · E. 施维泽（Maurice E. Schweitzer），工作论文，沃顿商学院，宾夕法尼亚大学，2012 年。

9. 约瑟夫的个案研究。*Caring for Patients*，艾伦 · 巴伯（Allen Barbour），Stanford, CA: Stanford University Press 出版社，10–12 页，1995 年。

10. 18 秒。这项由罗彻斯特大学的霍华德 · 贝克曼（Howard Beckman）博士与他的合著者所做的调查，在 1984 年公布结果时引发了恐慌。在 1999 年，也就是在医学院训练医生要对病患更加专注的第 15 个年头上，贝克曼和同事发布了一个追踪调查的结果，它显示出医生们的专注时间提高了……变成了 23 秒。依照这个速度来看，2110 年的病人将能够拥有一分多钟的连续发言权。*Tell the Doctor All Your Problems, but Keep It to Less Than a Minute*，梅雷迪思 · 莱文（Meredith Levine），《纽约时报》，2004 年 6 月 1 日，http://www.nytimes.com/2004/06/01/health/tell-the-doctor-all-your-problems-but-keep-it-to-less-than-a-minute.html。

11. 贝克提出的婚姻日记。请看 *Love Is Never Enough*，阿伦·T. 贝克（Aaron T. Beck），出版社 New York: HarperPerennial，1989 年。戈德斯坦的研究被登在第 248 页上，特德与卡伦的婚姻日记练习登在 245–246 页。

12. 假设积极的意图。英德拉·努伊的话引自 *The Best Advice I Ever Got, CNNMoney*，2008 年 4 月 30 日，网址为 http://money.cnn.com/galleries/2008/fortune/0804/gallery.gallery.bestadvice.fortune/7.html。罗谢尔·阿诺德 – 西蒙斯的话出自她自己的文章，*Day 158 Honoring My Husband Beyond Affection, I Will Honor My Husband*, 2011 年 7 月 22 日，http://iwillhonormyhusband.blogspot.com/2011/07/day-158-honoring-my-husband.html。英思科公司的例子来自于 *Conversational Nuances Come with Working in Asia*，玛莉亚·斯宾塞（Malia Spencer），《匹茨堡商业时报》，2012 年 6 月 15 日，http://www.bizjournals.com/pittsburgh/print-edition/2012/06/15/conversational-nuances-asia.html。

13. 更多信息请参阅注释。对“考虑相反的情况”的价值概述见于 *How Can Decision Making Be Improved*？，凯瑟琳·米克曼（Katherine L. Milkman）、多莉·丘格（Dolly Chugh）和马克斯·贝泽曼（Max H. Bazerman），*Perspectives on Psychological Science* 第 4 期，379–385 页，2009 年。“考虑相反的情况”已被证明能够减少偏见：我们在第 10 章中所强调的“过度自信”（在本章中 CEO 们将其表现了出来），以及其他形式各异的偏见——从事后聪明的偏见（让我们将发生的一切看作不可避免的），到固着数据（例如，即便情形已大不相同，却仍以去年的经费分配为基础做出今年的经费分配）。

14. 休梅克故意犯下的错误。RFP 的蓄意错误故事来自 *Brilliant Mistakes:*

Finding Success on the Far Side of Failure，保罗·休梅克（Paul J.H. Schoemaker），出版社 Philadelphia:Wharton Press，2011 年。“为什么要让意外来制造错误”语出奇普·希思和休梅克在 2012 年 8 月的一次交谈。其他话语则出自于休梅克在 *Brillant Mistakes* 书中的叙述。

第六章 缩小，放大

1. 波利尼西亚度假旅馆。美景照片参见 http://polynesian-resort.com/Amenities.html（访问时间 2011 年 7 月 8 日）。脏乱旅馆的排名在 http://www.tripadvisor.com/Press Center-i4557-c1-Press_Releases.html（2012 年 9 月 27 日）。所有的评论均来自 TripAdvisor, http://www.tripadvisor.com/ ShowUserReviews-g54359-d259744-r115031196-Polynesian_Beach_Golf_Resort-Myrtle_Beach_South_Carolina.html#CHECK_RATES_CONT（访问时间 2011 年 7 月 8 日）。“纵情享受春假的绝佳场所”的用户评论来自 dangle2011，发布于 2009 年 10 月 27 日（访问时间为 2012 年 9 月 27 日）。
2. 计算基本比率。使用基本比率的一个挑战是，明确自己要信任哪一个范围内的基本比率。我们的考察对象是所有行业的创业者，还是仅仅是餐厅创办人？再或者，仅仅是那些将餐厅开在得克萨斯州的人？或奥斯汀市的人？又或者我们只专注于一个目标——在奥斯汀市区开了泰国菜餐厅的人？芝加哥大学商学院的教授，决策专家乔希·克莱曼（Josh Klayman）提出了一个经验法则：即使选择范围最小的一组基本比率，里面仍然应该包含 15–20 个样例。也就是说，如果奥斯汀市的泰国菜餐厅达到了 15 家，那么这就是你应该做的选择；而在这一数目仅有 6 家的时候，你可以将自己的取样范围进行扩大，也许要扩大到奥斯汀市的所有亚洲餐厅。

3. 卡尼曼开发课程的故事。这个“不同寻常的实践”和课程团队的故事出自卡尼曼面向一群杰出的科学家和企业家（包括谷歌和亚马逊的创办人在内）所教授的一堂课。*A Short Course on Thinking About Thinking*，丹尼尔·卡尼曼（Daniel Kahneman），Edge Master Class 07, Rutherford,CA,2007 年 7 月 20-22 日。在线文档展示了他与这群人的讨论内容，网址 edge.org/3rd_culture/kahneman07/kahneman07_index.html。
4. 专家没必要是一个揣满资格证书的权威人士。对双方相互作用的研究发现，在吸收了他人的意见后，人们的判断通常会变得更为精确，即便对方不具备专项的技能。研究显示，在专业知识结构大体相似时，人们重视自己和他人意见的比率为 7∶3。而如果这个比率达到了 1∶1，人们的表现往往会更好。（一项对与外国伙伴共事的人群所进行的调查显示，在 65% 的时间里，人们会更看重自己而非伙伴的意见，即便是在涉及到伙伴祖国的事情上也是如此！）当你向一位学识更丰富的人咨询事情时，你或许应该少看重些自己的想法。*Strategies for Revising Judgment: How (and How Well) People Use Others' Opinions*，杰克·索尔（Jack B. Soll），理查德·拉里克（Richard P. Larrick），Journal of Experimental Psychology: Learning, Memory, and Cognition 第 35 期 780–805 页，2009 年。
5. 布莱恩·齐克蒙德－费希尔。这个故事的细节来自奇普·希思与布莱恩在 2012 年 3 月和 7 月的对话。
6. 适当的情绪。请注意，在走出自己的视野，并站在他人（他自己的女儿）的视角看问题后，齐克蒙德－费希尔做出了最后的决定。这是我们在第一章中格鲁夫的旋转门测试中已看到的现象，这一现象将在“战胜短期情绪”一章再次上演，所用的方法是模拟社会距离（提出“你会建议朋友怎样去做”的问题）。在我们通过留出距离的方法走出情感的短期迷雾后，事情的轻重缓急常常就可以自行浮现。

7. 富兰克林·罗斯福。我们在一篇非常棒的文章中发现了许多此类例子。此文作者为Center for the Study of the Presidency and Congress的一名学生洛林·莱利（Lorraine Riley）。*A Finger in Every Pie: FDR's Mastery of Alternative Channels of Information Gathering*，洛林·艾希莉·莱利（Lorraine Ashley Riley），出自 *A Dialogue on Presidential Challenges and Leadership: Papers of the 2006–2007 Center Fellows*（Washington: Center for the Study of the Presidency and Congress, 2007），第22–32页。读者可通过下面这个网站获取该文件：http://www.thepresidency.org/storage/documents/Vater/Section1.pdf。

在民意调查的概念尚未完全发展的那个年代，罗斯福对信件的使用是尤为重要的。那位“传播小道消息，却发现罗斯福总统早已知道”的员工的话引自 *Presidential Power: The Politics of Leadership*，理查德·诺伊施塔特（Richard E. Neustadt），出版社New York: Wiley，第132页，1960年。在施莱辛格所著的关于新政的书中，有罗斯福所说的“去搜集各种信息”以及埃莉诺·罗斯福的话（第498页），伊克斯的抱怨（第524页），“什么都要掺和”语出第528页。*The Coming of the New Deal*，亚瑟·施莱辛格（Arthur M. Schlesinger），New York: Houghton Mifflin出版，1958年。有趣的是，罗斯福总统明白专家没有必要是一位揣满资格证书的权威人士；他常常会向访客们提出“超出他们的权限”的问题，他会将某次一小时会议中的聪明人拉进他的下次会议中，并不不理会会议的主题是什么。施莱辛格评论说，“所有的这些行动，虽然令循规蹈矩的人不爽，但罗斯福凭此在极易犯错的领域保持了信息通畅”（第 498 页）。这些是拓宽选择空间以及进行现实检验的伟大技巧，即邀请更有可能会对不同的选项进行考虑并提出反面问题的人参与讨论。

8. 安妮·马尔卡希，施乐公司。对“担任当天的客服专员”以及“焦点 500”计划的描述见于 *The New Xerox Battle Cry* 一文，伯特兰·马洛特（Bertrand Marotte），《环球邮报》，2005 年 10 月 15 日，B3 版面。有关金融信息的背景知识见于 *Mulcahy Traces Steps of Xerox's Comeback* 一文，凯文·马尼（Kevin Maney），《今日美国》，2006 年 9 月 21 日，B4 版面。
9. *Genba*。Genba 的背景知识来自维基百科：http://en.wikipedia.org/wiki/Genba。
10. 保罗·史密斯，宝洁公司。这个故事来自奇普·希思和保罗·史密斯在 2012 年 2 月和 7 月的交谈。

第七章 尝试

1. “在跳跃前试跑”。这项个案研究中的材料内容来自奇普·希思和约翰·汉克斯在 2010 年 12 月的一次交谈，以及在 2011 年 4 月间丹·希思对汉克斯的随访。
2. 物理疗法要求。网址 http://www.hunter.cuny.edu/pt/admissions/clinical-experience-requirement。
3. 佩吉，法律秘书。她的故事出自 *Thoughts and Feelings: Taking Control of Your Moods and Your Life*, 马修·麦凯（Matthew McKay）、玛莎·戴

维思（Martha Davis）和帕特里克·范宁（Patrick Fanning）著，第 4 版，Oakland, CA: New Harbinger Publications出版，2011 年。Kindle 位置 1669/5148。

4. 小实验、原型等等。“先发射子弹，再发射炮弹”——在研究哪类公司能够幸存于市场变化时，柯林斯和汉森发现幸存者们在进行简单的、低成本的实验前并不会将赌注全押在创新发明之上；失败的公司也会做“创新”，可它们在测试前就押上了所有赌注，它们的损失有时是巨大的。*Great by Choice: Uncertainty, Chaos, and Luck—Why Some Thrive*，吉姆·柯林斯（Jim Collins）和莫腾·汉森（Morten T. Hansen）著，出版社 New York: HarperBusiness，2011 年；*Little Bets: How Breakthrough Ideas Emerge from Small Discoveries*，彼得·西姆斯（Peter Sims）著，出版社 New York: Free Press，2011 年。

5. 泰特洛克对专家的调查 . *Expert Political Judgment: How Good Is It? How Can We Know?*，菲利普·泰特洛克（Philip E. Tetlock）著，出版社 Princeton, NJ: Princeton University Press，2005 年。对专家们提出的预测问题样例来自书中第 246–247 页。“天没有要塌下来”的趣闻出自书中前言部分的第 14 页。一篇具有绝妙副标题的学术论文是 *The Process-Performance Paradox in Expert Judgment: How Can the Experts Know So Much and Predict So Badly?*，作者科林·凯默瑞（Colin F. Camerer）与埃里克·约翰逊（Eric J.Johnson），出自 *Toward a General Theory of Expertise: Prospects and Limits*，K. A. 埃里克森（K. A. Ericsson）与 J. 史密斯（J. Smith）编，出版社 Cambridge, England: Cambridge University Press，第 195–217 页，1991 年。

6. CarsDirect.com。采访：“Andy Zimmerman on How Fresh Ideas Turn into

Real, Live Internet-Related Companies at idealab!", *Business News New Jersey* 第 13 期，2000 年 9 月 26 日，第 15 页。

7. 萨拉斯瓦斯，企业家和高管。请看 *What Makes Entrepreneurs Entrepreneurial?* 工作论文，萨拉斯·萨拉斯瓦西(Saras D. Sarasvathy)，达顿工商管理研究生院(Darden Graduate School of Business Administration)。她的话引自 PDF（便携式文档格式）版的第 6页，http://papers.ssrn.com/sol3/papers.cfm?abstract_id=909038。读者也可以查阅利·布坎南(Leigh Buchanan) 的著名论述——(*How Great Entrepreneurs Think*，公司杂志，2001年 2月 1日，http://www.inc.com/magazine/20110201/how-great-entrepreneurs-think_pagen_2.html。
8. 斯考特·库克，直觉公司与印度团队的例子。这个例子来自奇普·希思和斯考特·库克在 2011 年 8 月的一次交谈。"政治因素、说服教育和幻灯片" 的话出自于库克的一次演讲——*Leadership in an Agile Age*，会议 Innovation 2011: Entrepreneurship for a Disruptive World conference，2011 年 3 月，讲稿的文字记录网址 http://network.intuit.com/2011/04/20/leadership-in-the-agile-age/。
9. 面试的预测能力较差。请阅读 *Intuition: Its Power and Perils* 一书的第 189 页内容，大卫·迈尔斯（David G. Myers）著，出版社 New Haven, CT: Yale University Press，2002 年。理查德·尼斯贝特所说的"面试错觉"在书中的 190–191 页。这一部分内容借鉴了我们的一篇专栏文章：*Why It Might Be Wiser to Hire People Without Meeting Them, Fast Company* 杂志，2009 年 6 月。
10. 再多录取 50 名学生。对得克萨斯大学医学院事件的描述出自 *House of Cards: Psychology and Psychotherapy Built on Myth* 一书的第 87–88

页，罗宾·道斯（Robyn M. Dawes）著，出版社 New York: Free Press，1994 年。

11. 史蒂夫·科尔，希望实验室的招聘。科尔的话来自 2011 年 5 月奇普·希思对他的访谈。

第八章 战胜短期情绪

1. 汽车销售策略。*Confessions of a Car Salesman*，钱德勒·菲利普斯（Chandler Phillips），Edmunds.com 网站，2001 年 1 月 18 日，http://www.edmunds.com/car-buying/confessions-of-a-car-salesman.html。
2. 百万富翁教师购车。这个故事来自一本伟大的书：*Millionaire Teacher: The Nine Rules of Wealth You Should Have Learned in School*，安德鲁·哈勒姆（Andrew Hallam），出版社 New York: Wiley，2011 年。他在第一章中提到了自己的购车技巧和省钱策略。原则 1：像真正富起来那样花钱。
3. 10-10-10 方法。*10.10.10*, 苏西·韦尔奇（Suzy Welch）著，出版社 New York Scribner。韦尔奇创造的是世界上最为明智以及简洁的决策建议之一。“安妮”和“卡尔”均系化名。他们的故事来自安妮和丹·希思在 2012 年 5 月的一次交谈；以及 2012 年 8 月的后续的电子邮件交流。
4. 曝光效应。黑板研究来自 *Field Extension of the Frequency-Affect Findings* 一文，里克·克兰德尔（Rick Crandall），*Psychological Reports* 第 31 期，第 371–374 页。罗伯特·扎荣茨有一篇文章很经典，它是在社会心理学文献中引用度最高的文章之一：*Attitudinal Effects of Mere Exposure*，罗伯特·扎荣茨（Robert Zajonc），*Journal of Personality and Social Psychology*，第 9 期，第 1–27 页，1968 年。

对面孔照片的研究出自 *Reversed Facial Images and the Mere Exposure Hypothesis*，西奥多·米塔（Theodore H. Mita）、马歇尔·德尔默（Marshall Dermer）以及杰弗里·奈特（Jeffrey Knight），*Journal of Personality and Social Psychology*，第 35 期，第 597–601 页，1977 年。重复促进了信任感的产生：*The Truth About the Truth: A Meta-analytic Review of the Truth Effect*，爱丽丝·德莎恩（Alice Dechêne）等，*Personality and Social Psychology Review*，第 14 期，第 238–257 页，2010 年。

5. 损失厌恶。对"损失厌恶"的首次经典讨论见于 *Prospect Theory: An Analysis of Decision Under Risk*，丹尼尔·卡尼曼（Daniel Kahneman）与阿莫斯·特沃斯基（Amos Tversky），*Econometrica* 第 47 期，263–292 页，1979 年。两位心理学家合作写成的这篇论文出现在了技术经济学领域的最顶级期刊上，并且还成了此期刊上被引用次数最多的论文之一。它也是为卡尼曼颁发诺贝尔奖时的论证中引用的研究课题之一。（遗憾的是，阿莫斯·特沃斯基在几年前去世了。）抛硬币的例子就出自这篇论文。购物保护：*Extending the Theory to Meet the Practice of Insurance*，大卫·卡特勒（David M. Cutler）与理查德·泽克豪泽（Richard Zeckhauser），工作论文，哈佛大学，2004 年。咖啡杯的调查：*Experimental Tests of the Endowment Effect and the Coase Theorem*，丹尼尔·卡尼曼（Daniel Kahneman）、杰克·尼奇（Jack L. Knetsch）以及理查德·泰勒（Richard Thaler），*Journal of Political Economy*，第 98 期，第 1325–1348 页，1990 年。

6. 麦克斯·拉夫琴与他人共同创立了 PayPal 公司。PayPal 最初的名字是 Confinity，该公司制造了一个叫做 PayPal 的产品。在经历了一次合并后，公司将名称改为了PayPal。我们现在直接称其为PayPal。这项个案研究出自杰西卡·利文斯顿所著的一本非常有趣的书。她采访了30余名企业的创始人，这些企业包括Craigslist、Adobe和Hotmail等。*Founders at Work: Stories of Startup's Early Days*，杰西卡·利文斯顿（Jessica Livingston），出版社New York: Apress，第1–17页，2008年。

7. 解释水平理论。这是一个新的研究领域，在其领域内以非研究人员为目标读者的相关叙述并不多见。对此项研究所做的一个优秀综述是*Construal Level Theory of Psychological Distance*，雅科夫·特鲁普（Yaacove Trope）与尼拉·利伯曼（Nira Liberman），*Psychological Review*，第117期，440–463页，2010年。
8. 工作A与工作B。这是劳拉·克莱（Laura Kray）与理查德·冈萨雷斯（Richard Gonzalez）所写的文章中的第一个研究内容，此文章题为*Weighting in Choice Versus Advice: I'll Do This, You Do Tha*t，出自*Journal of Behavioral Decision Making*第12期，第207–217页，1999年。
9. 心理学课上的女生。*Risk Taking in Relationships: Differences in Deciding for Oneself Versus for a Friend,* 艾米·佰斯维格（Amy H. Beisswanger）等人，Basic and Applied Social Psychology，第25期，第121–135页，2003年。

第九章 尊重你的核心重点

1. 金·拉米雷斯。这个故事来自丹·希思和金·拉米雷斯在2012年2月的一次交谈。除“金·拉米雷斯”与“乔什”系化名外，其他全部信息都是真实的。
2. Interplast。对Interplast的讨论出自斯坦福大学商学院的一个题为

Interplast's Dilemma 的案例研究和视频文件，由吉姆·菲尔斯（Jim Phills）制作，案例编号 SI–14，2006 年。“这改变了一切”以及其他背景知识均源于奇普·希思在 2012 年 3 月间对苏珊·海斯进行的一次访谈。

3. 戴尔公司的韦恩规则。这个故事取自奇普·希思在 2011 年 11 月和 2012 年 7 月对韦恩·罗伯茨进行的访谈。
4. “没有一个管理者提到了相关的活动”。庞兹的话出自 *Whatever It Takes: The Realities of Managerial Decision-Making*，摩根·麦考尔（Morgan W. McCall）与罗伯特·卡普兰（Robert E. Kaplan），出版社 Upper Saddle River, NJ: Prentice-Hall，第 40 页，1990 年。
5. 吉姆·柯林斯“停止做的事情”清单。*Best New Year's Resolution? A 'Stop Doing' List*, 吉姆·柯林斯（Jim Collins），《今日美国》，2003 年 12 月 30 日。
6. 迈克尔·阿伯拉肖夫舰长，“本福尔德号”驱逐舰。列表 A 和列表 B 的故事在书中的第 46–48 页，“迷你奥运会”的测试过程在第 102–103 页，这本书是 *It's Your Ship: Management Techniques from the Best Damn Ship in the Navy*，迈克尔·阿伯拉肖夫舰长（Captain D. Michael Abrashoff）著，出版社 New York: Business Plus，2002 年。
7. “当下最需要做的事情”。请阅读 Daniel H. Pink 网站上的 *The Power of an Hourly Beep* 一文，2011 年 10 月 24 日，http://www.danpink.com/archives/2011/10/the-power-of-an-hourly-beep。此外，还有一部关于如何消除干扰因素以及专注于优先事情的书籍，它里面提出了很多非常好的建议。这部书是 *Eighteen Minutes*，彼得·布莱格曼（Peter Bregman）著，出版社 New York: Business Plus，2011 年。

第十章 预防过度自信

1. 布莱恩·本斯托克，硬币之星的投资。这个故事来自丹·希思在2011年9月、2012年3月和8月对布莱恩·本斯托克进行的访谈。收益计算以及服务机的计数分别来自 CSTR 2009 10K 的第63页和35页。受销售影响，硬币之星的股价出现了激增，它在11月24日达到了66.98美元的峰值，这之后的几个月才出现了滑落。本斯托克无疑希望当时的自己选择在11月而非10月卖出股票，但他没有受到错失第二次股价上涨的烦扰。如果他一直持有股票，这个行动就等于是在打赌股票价格会达到区间上限值，而他不愿意打这个赌。
2. 在指数基金上投资。想要了解我们对此话题的详细看法，请阅读在我们的作品集 The Myth of the Garage 中的 *The Horror of Mutual Funds* 一文，它在此网站上是免费提供的：http://www.heathbrothers.com/the-myth-of-the-garage/。想要了解指数基金优点的清晰易懂的资料可以阅读百万富翁教师安德鲁·哈勒姆的书。（哈勒姆是我们在战胜短期情绪那一章中提到的，他找出了如何在不落入汽车销售圈套的情况下购入一辆车的方法）*Millionaire Teacher: The Nine Rules of Wealth You Should Have Learned in School*，安德鲁·哈勒姆（Andrew Hallam）著，出版社 New York: Wiley，2011年。读者可查阅他所写的有关第3个原则的精彩章节，以获得投资方面的知识。该章节先是引用了四位推荐指数基金策略的诺贝尔经济学奖获得者的观点，之后又展示了常见的共同基金所含有的隐性成本和费用。他引用了刊在 *Journal of Portfolio Management* 上的一项研究结果——在15年间，96%的受到积极管理的共同基金的表现要逊于指数基金。个人投资者的表现时常会更为糟糕，尤其是在他们因过度自信而增大交易量的时候。*Boys Will Be Boys: Gender, Overconfidence, and Common Stock Investment*，布拉德·巴伯（Brad M. Barber）与特伦斯·奥丁（Terrance Odean），*Quarterly Journal of Economics*，第 116 期，261–292 页，2001 年。

3. 杰克·索尔和约书亚·克莱曼。有关 80% 的置信区间的研究来自 *Overconfidence in Interval Estimates*，杰克·索尔（Jack Soll）和约书亚·克莱曼（Joshua Klayman），*Journal of Experimental Psychology: Learning, Memory, and Cognition* 第 30 期，299–314 页，2004 年。安吉丽娜·朱莉电影的票房统计来自网站 http://boxofficemojo.com/people/chart/?view=Actor&id=angelinajolie.htm。

4. 第一位亚裔美国总统。启发这个对未来总统进行想象的是 *Winning Decisions* 一书，杰伊·拉索（Jay E. Russo）和保罗·休梅克（ Paul J. H. Schoemaker）合著，出版社 New York: Currency/Doubleday，111–112 页，2002 年。设想员工辞职的场景来自于对这一现象的最早研究：*Back to the Future: Temporal Perspective in the Explanation of Events*，黛博拉·米切尔（Deborah J.Mitchell）、J·爱德华·拉索（J. Edward Russo）以及南希·彭宁顿（Nancy Pennington），*Journal of Behavioral Decision Making*，第 2 期，25–38 页，1989 年。

5. 事前析误。*Streetlights and Shadows: Searching for the Keys to Adaptive Decision Making*, 加里·克莱因（Gary Klein）著，出版社 Cambridge, MA: MIT Press，第 63 页，235–236 页，2009 年。

6. 十万人安家活动。FMEA 方法和迈伦的故事来自丹·希思在 2011 年 9 月对克里斯蒂娜·巩特尔墨菲的访谈，对贝丝·桑德尔和杰西卡·维内加斯的访谈（同样是在 2011 年 9 月），对玛蒂·洛德的访谈（2012

年 7 月），此外还有与贝基 · 卡尼斯的定期交流。大家可以在 100,000 Homes 网站上的“100,000 Homes Campaign Launch Video”中观看这项运动的启动式，网址为 http://100khomes.org/blog/watch-100000-homes-campaign-launch-video。巩特尔墨菲为健康保健改善协会（IHI）工作，这个协会发起的是“挽救 10 万生命”运动。这项运动很成功，已经有很多人写了与此相关的文章。（请阅读我们在 *Switch* 一书的第一章中所呈现的内容。）

7. Minnetonka 的液皂。对买断塑料泵供应的描述见于 *20/20 Foresight: Crafting Strategy in an Uncertain World* 一书的第 60–61 页，休 · 特考尼（Hugh Courtney）著，出版社 Boston: Harvard Business School Press，2001 年。故事的详细背景出自哈佛商学院的个案研究：Minnetonka Corporation: From Softsoap to Eternity，亚当 · 布兰登伯格（Adam Brandenburger）和维佳 · 克里斯纳（Vijay Krishna），编号为 HBS case 9-795-163，1995 年。

8. 一次紧急迫降。美国的读者会记得发生在全美航空 1549 号班机（US Airways Flight 1549）的不凡故事，这一事件发生在 2009 年。http://en.wikipedia.org/wiki/US_Airways_Flight_1549。

9. 安全系数。此处提到的安全系数值来自 *Factors of Safety* 一文，韦恩 · 霍尔（Wayne Hale），*Wayne Hale's Blog*, http://blogs.nasa.gov/cm/blog/waynehalesblog/posts/post_1229459081779.html。

10. 微软的缓冲时间表。*Microsoft Secrets*, 迈克尔 · 科索马罗（Michael A. Cusumano）与理查德 · 塞尔比（Richard Selby）著，New York: Free Press 出版，第 94 页，1995 年。

11. 呼叫中心的个案研究，Evolv 公司。马克斯 · 斯密科夫（Evolv 公司的

CEO）与奇普·希思和丹·希思在 2011 年的 8 月和 9 月进行了面谈。

12. 40 个真实工作预览的案例。*Effects of Realistic Job Previews on Multiple Organizational Outcomes: a Metaanalysis*，吉恩·菲利普斯（Jean M. Phillips），*Academy of Management Journal*，第 41 期，673–690 页，1998 年。

第十一章 设置一个止损点

1. Zippos。“被忘记的鞋子”的故事得到了广泛报道，例如：*Outstanding Customer Service Beyond Zappos*，吉姆·莱恩（Jim Ryan），*Interactive Depot*，2012 年 5 月 15 日，http://talk2rep-call-centers-idea-depot.com/tag/zappos/。“百合和玫瑰花”的故事出自 Zappos Sends You Flowers，梅格·马尔科（Meg Marco），The Consumerist，2007 年 10 月 16 日，http://con.st/311369。奇普·希思在 2011 年 8 月采访了乔恩·沃斯克。
2. 剥香蕉皮。该视频地址是 http://www.youtube.com/watch?v = nBJV56WUDng。（视频中的人声称他演示的就是猴子吃香蕉的方法，但是在 YouTube 上播出的仅仅几分钟的研究视频显示，猴子是直接从香蕉的中段开始吃的。）基尔施纳通过电子邮件回应了我们在 2012 年 8 月时事简讯上的关于“自动驾驶”故事的采访请求。他说，另一个为他提供“顿悟时刻”的视频是玛莎·斯图尔特（Martha Stewart）叠 T 恤的视频。“对我来说，在洗完衣服后最难的事情就是把它折叠好。任何能节约时间的技巧都对我有用。”看看玛莎·斯图尔特是如何节省时间的：http://www.youtube.com/watch?v=Jvcuy4k17DI。在晚餐时与家人更好地交流方面，奇普和他的家人从一个父母指南团那里，借鉴到了一个“难过，疯狂，开心”（sad, mad, glad）的方法——家庭成员围绕餐桌走动，每个人都要说在一件当天令自己难过、疯狂和开心的事。到目前为止，这种方法已经帮助人们跟 2~10 岁的孩子进行非常顺畅的交流，不过此法无法保证适用于青春期后的孩子。

3. 柯达。柯达公司的故事出自下面这本书的第 88–100 页：*Billion Dollar Lessons: What You Can Learn from the Most Inexcusable Business Failures of the Last Twenty-five Years*，保罗 · 卡罗尔（Paul B. Carroll）和梅振家（Chunka Mui）著，New York: Portfolio 出版，2008 年。它的市值历史数据出自于 Wolfram Alpha：http://www.wolframalpha.com/input/?i=market+cap+eastman+history&dataset=（访问时间 2012 年 7 月 20 日）。
4. 阿莫斯 · 特沃斯基和埃尔德 · 沙菲尔。*Choice Under Conflict: The Dynamics of Deferred Decision*, 阿莫斯 · 特沃斯基（Amos Tversky）和埃尔德 · 沙菲尔（Eldar Shafir），Psychological Science, 第 3 期，358–361 页，1992 年。
5. 决定取消提交申请资料的最后期限。经济和社会研究委员会的例子来自 *Regulation for Conservatives: Behavioral Economics and the Case for 'Asymmetric Paternalism*，科林 · 凯莫瑞（Colin Camerer）等，*University of Pennsylvania Law Review* 第 151 期，1211–1254 页，2003 年。
6. 隔断研究。饼干试吃研究源于 *The Effects of Partitioning on Consumption*，迪利普 · 索曼（Dilip Soman）和艾马尔 · 奇默（Amar Cheema），*Rotman*, Spring 2008，第 20–22 页。对临时工的研究来自 *Earmarking Money*，迪利普 · 索曼（Dilip Soman），*Rotman*, Fall 2009，第 96–98 页。
7. 心理预算和升级循环。参见 Escalation and De-escalation of Commitment in Response to Sunk Costs: The Role of Budgeting in Mental Accounting, 奇普 · 希思（Chip Heath），Organizational Behavior and Human Decision

Process, 第 62 期，38–54 页，1985 年。

8. 露西尔 · 帕卡德儿童医院，快速反应小组。这篇文章来自奇普 · 希思在 2012 年 3 月对吉特 · 梁和卡拉 · 厄内斯特的访谈内容。对其工作进行报道见于文章 *Mortality and Code Rates Outside the ICU in a Children's Hospital*，保罗 · 沙瑞克（Paul J. Sharek）等，*Journal of the American Medical Association*，第 298 期，2267–2274 页，2007 年。

9. 意想不到的成功。德鲁克的话出自 *We'll Accept It if You Like This Post for Reasons We Didn't Anticipate*，德鲁克研究会（Drucker Institute），*Drucker Exchange*博客，2011年 11月 14日，http://thedx.druckerinstitute.com/2011/11/well-accept-it-if-you-like-this-post-for-reasons-we-didnt-anticipate/。落健的故事可见于维基百科 http://en.wikipedia.org/wiki/Minoxidil。有关万艾可的故事来自 *Viagra: A Chronology*, Viagra.md网站，http://www.about-ed.com/viagra-history。新闻记者的话引自 *The Discovery of Viagra*，西蒙 · 戴维斯（Simon Davies），Biotech/ Pharmaceuticals@Suite101，2007年 8月 1日，http://suite101.com/article/the-discovery-of-viagra-a27733。

10. 第 523 件不可思议的事。*When You Learn a New Word and Then Suddenly Start Seeing It Everywhere*, 1000 Awesome Things，2010 年 4 月 20 日，http://1000awesomethings.com/2010/04/20/523-when-you-learn-a-new-word-and-then-suddenly-start-seeing-it-everywhere/。

第十二章　决策流程的公正性

1. 纳特的讨价还价研究。*Search During Decision Making*，保罗 · 纳特（Paul C. Nutt），*European Journal of Operational Research*，第 160 期，第

851–876 页，2005 年。在决策的质量方面：使用了讨价还价方法的决策经常会被独立评级者们评为“很好”或“杰出”。在讨价还价的时间优势方面：对纳特所提出的两种决策模式——推行理念以及讨价还价进行对比，前者是指在发现了一个有益的事情后，一名构思提倡者会尝试说服整个组织去做这个事情。（我们应该学习 Lands’ End 的订单处理系统，因为它的效率要更高！）这是常常被大众媒体所拥戴的创新模式：找到一个构思倡导者！拥护创新者！不出所料的是，由于一名构思提倡者已有了预先准备好的点子，所以做出决定的速度就会很快——平均为 6 个月；而在纳特的数据库中，平均的决策时间是 9 个月。讨价还价模式的用时是 7.5 个月，速度相对较慢（不过有趣的是，它仍然快于平均时间）。

虽然在决策阶段的速度很快，但是那些被倡导的点子在执行阶段却不尽人意。当决定被“做出”后，它们的初步执行率仅有 56%，对比之下，通过讨价还价方法所得出决定的执行率达到了 79%。几年过后，前者中有 40% 的想法得到了彻底执行，而后者达到了 75%。该模式显示，纵使构思倡导者们在初始决策阶段获得了速度优势，但他们却在执行阶段牺牲了更多的速度与成功概率。（请注意，纳特称推行理念为“意外机遇”，但我们觉得“推行理念”这一表达更加准确。）

2. 程序正义。关于迈克、克洛斯以及珍的感受判断，基于显著的统计交互作用：*An Integrative Framework for Explaining Reactions to Decisions: Interactive Effects of Outcomes and Procedures*，乔尔·布罗克纳（Joel Brockner）和贝提亚·罗森菲尔德（Batia M. Wisenfeld），*Psychological Bulletin* 第 120 期，第 189–208 页，1996 年。

3. 能比对方更好地阐述他们的观点。奇普记得芒金的这句话出自 1989 年

左右的一次决策 / 谈判的研讨会上。他能从那时起一直记得此事，这着实令人吃惊。

4. 戴夫 · 希茨，NetApp 公司的创始人。这一处理反对意见的策略出自 *How to Castrate a Bull: Unexpected Lessons on Risk, Growth, and Success in Business*，戴夫 · 希茨（Dave Hitz）著，San Francisco: Jossey-Bass 出版，第 152 页，2009 年。此书见解深刻，内容颇具趣味性，任何一位想要扩大业务范围的企业家都应该将其列入自己的阅读清单中。
5. 马特 · 达瑞格。此个例源自奇普 · 希思及丹 · 希思在 2010 年 6 月、2010 年 8 月、2012 年 2 月、2012 年 3 月以及 7 月间与马特 · 达瑞格进行的交流。
6. 老年人的遗憾懊悔。请阅读 *Failing to Act: Regrets of Terman's Geniuses*，尼娜 · 哈迪安格迪（Nina Hattiangadi），维多利亚 · 赫斯特斯 · 麦维琪（Victoria Husted Medvec）与托马斯 · 基洛维奇（Thomas Gilovich），*International Journal of Aging and Human Development* 期刊，第 40 期，175–185 页，1995 年。这篇论文使用了"推孟的天才儿童"（Terman's geniuses）的研究成果。在 20 世纪 20 年代，斯坦福大学的心理学家刘易斯 · 推孟（Lewis Terman）的研究课题涉及到了这些拥有天才级智商的儿童，这些儿童一直都受到研究人员的跟踪调查，直至他们在世纪之交时离世。即便是在这群卓有成就的人中，因未曾采取行动而感到遗憾的人也要多于因曾采取了行动而感到懊悔的人，二者之间的比率超过了 4∶1。总之，托马斯和麦维琪的研究发现，令我们在短时间内感到懊悔的，是那些我们本不应该做，但却做了的事情；但从长远来看，我们则会因为自己本可以去做，但最终却没有去做的事而感到懊悔。这篇论文引用了诗人约翰 · 格林利夫 · 惠蒂尔（John Greenleaf

Whittier）的话："在所有悲伤的话语和文字中，最令人感到难过的是'其实本来可以'"（第 176 页）。

案例研讨

1. 案例研讨 1：一家小公司应该起诉规模大于它的竞争者吗？《Inc.》杂志的案例研究是 *Case Study: To Sue or Not to Sue*，詹妮弗·奥瑟沃（Jennifer Alsever），2012 年 1 月 24 日，详情见 Inc. 网址 http://www.inc.com/magazine/201202/case-study-the-rival-mixed-chicks-sally-beauty.html。

致 谢

所有对决策进行相关论述的人都应对丹尼尔·卡尼曼和阿莫斯·特沃斯基怀有深深的感念之心。奇普非常感谢是阿莫斯引领他进入了决策领域，并且教会他如何欣赏高端学术研究成果。

有一些读者——你知道我在指谁——给本书初稿提供了非常重要的反馈。你们的见解对今天的这本书产生了很大影响；我们希望这些读者能够在本书中看到自己的痕迹。本书内容已完善很多，我们对此非常感激。（再见了，“柠檬汁”劫匪[①]……）

感谢拉斯·福莱特莫（Lars Flatmo）运用考古妙计找到了那些晦涩的参考文献的来源。

感谢这些加入到研讨中，并帮助我们对本书中的想法进行试验的人：比尔·托宾（Bill Tobin），菲尔·威克汉姆（Phil Wickham）以及其他考夫曼院士（Kauffman fellows）；贾宁·梅森（Janine Mason）和 Fieldstone Foundation 团队（我们在这

① “柠檬汁”劫匪是指非常愚蠢的错误。在 1995 年的匹兹堡，一名叫麦克阿瑟·惠勒（McArthur Wheeler）的男子抢劫了两家银行。他并未蒙面，只在脸上涂了柠檬汁，因为他听说柠檬汁可用于制作隐形墨水。惠勒当晚就被警方逮捕。——译者注

里首次与马特·达瑞格谈论了他的决策）；卡里·松冈（Cary Matsuoka）和 California Superintendents 休养地；卡拉·奥戴尔（Carla O’Dell）和 APQC 团队；盖·霍格兰（Gay Hoagland）和旧金山湾区的校长；罗塞拉·德里克森（Rosella Derickson）以及 GSBInsider 的参与者；安德鲁·艾尔纳（Andrew Ellner）、索马福·斯多特（Somava Stout）和哈佛医学院的创意人员；迈克尔·诺顿（Michael Norton）和哈佛商学院的参与者；埃里克·约翰逊（Eric Johnson）、埃尔克·韦伯（Elke Weber）、迈克尔·莫里斯（Michael Morris）以及哥伦比亚决策座谈会的与会人员；迈克·史密斯（Mike Smith）院长，以及北卡罗来纳大学政府学院讨论会的与会人员；凯文·特拉帕尼（Kevin Trapani）、柯特·哈泽贝克（Curt Hazelbaker）以及基督教青年会南区。

衷心感谢那些打电话来讨论自己人生中的重大决策的人。你们的坦率和反馈对本书思想脉络的发展起了至关重要的作用。

感谢下面这些谈及了决定和决策过程的人：杰夫·贝克拉（Jeff Belkora）、希拉里·布里吉斯（Hilary Briggs）、蕾切尔·布朗（Rachael Brown）、奇普·康利（Chip Conley）、罗伯·德拉马特（Rob Delamater）、凯伦·道格拉斯（Karen Douglas）、詹姆斯·杜宾（James Durbin）、安迪·爱泼斯坦（Andy Epstein）、克里斯·弗林克（Chris Flink）、杰·弗里德曼（Jay Freedman）、布莱恩·吉布斯（Brian Gibbs）、里克·格雷夫（Ric Grefe）、克里斯蒂娜·巩特尔墨菲（Christina Gunther-Murphy）、玛赛拉·古铁雷

斯（Marcela Gutierrez）、史蒂夫·海勒（Steve Heller）、莎拉·荷恩霍姆（Sarah Hernholm）、卡尔·肯普夫（Karl Kempf）、克林特·科沃尔（Clint Korver）、莎伦·劳伦斯（Sharon Lawrence）、丹·利蒙（Dan Leemon）、珍·马汀（Jean Martin）、佩吉·涅西斯（Paige Nesis）、多恩·诺曼（Don Norman）、罗伯特·柏尔博士（Robert Pearl）、玛莎·派柏（Martha Piper）、戴维·莱克（David Reinke）、津哲尔·罗娜（Ginger Rona）、凯文·斯凯利（Kevin Skelly）、卡尔·斯普兹勒（Carl Spetzler）、戴夫里恩·托雷斯（Devlyn Torres）、贝丝·瓦伊纳（Beth Viner）、谢利·沃尔兹（Shelley Volz）、多娜·维克托洛夫斯基（Donna Wiktorowski）、约翰·维拉德（John Willard）以及余纯（Soon Yu）。

特别感谢阅读了本文的全部原稿并给予深度反馈的人：乔纳·伯格（Jonah Berger）、罗伯·格特纳（Rob Gertner）、芭芭拉·基维亚特（Barbara Kiviat）、里克·拉瑞克（Rick Larrick）、迈克尔·莫里斯（Michael Morris）、卡拉·奥戴尔（Carla O’ Dell）以及郝什·舍夫林（Hersh Shefrin）。此外，我们非常感谢乔治·吴（George Wu）和乔希·克莱曼（Josh Klayman）同我们进行的有关本书以及决策问题的多次长谈。

我们很幸运能有如此优秀的合作伙伴：贾斯汀·戈蒙（Justin Gammon）、克里斯蒂·达尼尔（Christy Darnell）、克里斯蒂·弗莱彻（Christy Fletcher）以及她在 Fletcher & Co 的团队；莱斯·蒂尔克（Les Tuerk）、汤姆·尼尔森（Tom Neilssen）以及 BrightSight

团队的所有人。当然，我们还要感谢皇冠出版社团队，尤其是塔拉·吉尔布莱特（Tara Gilbride）和罗杰·肖勒（Roger Scholl）。你们都提供了极大的帮助，并且为本书注入了鲜活的思想。真诚地谢谢你们。

最后要感谢我们的家人：感谢妈妈和爸爸（他们已走过了50多年的婚姻），感谢苏珊、埃默里、奥布里、阿曼达、苏珊、欧克桑纳、亨特和达比。感谢你们的包容和理解。